진인진

정근식, 교육감의 길

정근식 **지음**

진인진

학생의 꿈과 선생님의 긍지, 학부모의 신뢰가 어우러진 교육공동체를 위하여

정근식, 교육감의 길

초판 1쇄 발행 | 2026년 1월 28일

저　자 | 정근식
발행인 | 김영진
발행처 | 진인진
등　록 | 제25100-2005-000003호
주　소 | 경기도 과천시 관문로 92, 101동 1818호
전　화 | 02-507-3077-8
팩　스 | 02-507-3079
홈페이지 | http://www.zininzin.co.kr
이메일 | pub@zininzin.co.kr

ⓒ 정근식 2026
ISBN 978-89-6347-669-8 03370

* 책값은 표지 뒤에 있습니다.

학생의 꿈과
선생님의 긍지,
학부모의 신뢰가
어우러진 교육공동체를 위하여

차례

2024년 10월 17일부터 오늘까지 서울시교육감으로 보낸 479일, 감히 제 인생에서 가장 길고 치열한 시간이었다고 말하고 싶습니다. 보람을 씨실로, 번민을 날실로 삼아 모시천을 짜는 심정이었다고 할 수 있을까요.

서울특별시 교육감으로 일한 지 1년이 되었을 때, 많은 분들이 저에게 지난 1년간의 소감과 앞으로 해결해야 할 과제들에 관해 물었습니다. 짧은 시간이었지만 저를 돌아보는 성찰의 시간을 갖지 않을 수 없었습니다. 재작년 가을 갑자기 닥쳐온 교육감 보궐선거 과정에서 일생을 대학교수로 보낸 사람이 어떻게 초중등교육을 책임질 수 있겠는가라는 질문을 많이 받았기 때문에 제가 지금까지 교육자로 그리고 연구자로 살아온 과정을 알려드릴 필요가 있겠다는 생각도 했습니다.

서울교육은 여전히 어려운, 많은 질문 앞에 서 있습니다. 교육은 '더 빨리'가 아니라 '더 단단하게' 바뀌어야 하는 방향을 잡아가는 길이었습니다. 정책의 성패는 새로움이 아니라, 학교의 하루를 실제 바꾸었는지 증명하는 길이었습니다. 기술이 앞서갈수록 교육은 더 인간적이어야 한다는 진실을 새삼 깨닫게 되는 시간이었습니다. 그 하루하루 속에서 교육감의 역할은 앞서 달리는 것이 아니라, 흔들리는 현실을 붙잡고 길을 잃지 않게 책임지는 일이라고 믿고 걸어왔습니다.

이런 생각을 모아 한 권의 책으로 정리했습니다. 교사가 가르침에 집중할 수 있는 학교, 아이가 사람답게 성장할 수 있는 교실, 학부모와 마을이 함께하고 믿을 수 있는 교육의 길을 생각했습니다. 저는 아직 길 위에 있습니다.

저는 지난 15개월동안 시간이 날 때마다 학교현장을 찾아 학생들과 선생님, 그리고 학부모 대표들로부터 많은 이야기를 들었습니다. 유치원을 비롯하여 초등학교, 중학교, 고등학교에 이르기까지 모든 학교들이 나름대로 발전하고 있는 모습을 보여주었고, 저 또한 발랄하고 생기있는 학생들을 만나보는 것은 무엇과도 바꿀 수 없는 큰 즐거움이었습니다. 그러나 그에 못지 않게 학교와 선생님들이 직면하고 있는 어려움을 들을 때마다 제가 짊져야 할 책무가 엄청 크다는 것을 느꼈습니다. 선생님들이 부족하다는 호소, 노후시설을 개선하는데 필요한 예산이 부족하다는 요청, 그 배후에 더 근본적인 문제들이 도사리고 있다는 것을 깨닫는 것은 어렵지 않았습니다. 난독이나 난산, 그리고 느린 학습자의 재발견이 지난 1년간의 가장 큰 보람이었다면, 극단적 선택으로 우리 곁을 너무 일찍 떠나버린 학생들의 경위서를 받아드는 순간들은 견딜 수 없는 고통이었습니다. 학교폭력이나 악성 민원은 우리 선생님들의 몸과 마음을 멍들게 하였습니다.

우리가 근대 교육을 도입한 지 140년이 경과하는 동안 식민지로 전락하고 전쟁의 참화를 겪기도 했지만, 이후 우리 교육의 발전은 말로 다 표현하기 어려울 만큼 큽니다. 그 바탕에는 모든 국민들의 불타는 교육열과 교사들의 헌신이 있었습니다. 급속한 인구증가, 도시화와 산업화가 진행되면서 학교 또한 크게 팽창했습니다만, 늘어나는 학생을 감당하기 어려웠습니다. 과열된 입시경쟁과 세계 최고 수준의 대학 진학율이 이를 말해줍니다. 그러나 지역간 불균등발전과 2000년 이후의 급속한 출생율 감소는 우리 교육의 지속적 발전을 위협하기 시작했습니다. 교육격차도 심화되었습니다. 여기에 더하여 최근의 인공지능 사회의 도래는 우리 교육의 패러다임을 근본적으로 바꿔야하는 상황을 만들어내고 있습니다. 교육에 관한 근본적 질문들이 쏟아지고 있는 사회적 배경입니다.

이제 우리가 교육의 본질을 성찰하고 출발점으로 돌아가야 한다는 인식이 커지고 있습니다. 교육(敎育)은 '교(敎)'와 '육(育)'으로 구성됩니다. 가르치고 키우는 과정입니다. 교육은 학습의 다른 얼굴이기도 합니다. 학습(學習)은 '학(學)'과 '습(習)'으로 구성됩니다. 교육이 가르치고 키우는 과정이라면 학습은 배우고 익히는 과정입니다. 인간이 성장하고 사회가 발전하기 위해서는 교육과 학습이 잘 어울려야 합니다. 최근의 사회구조적 변화는 교육과 학습의 관계 뿐 아니라 이를 구성하는 각각의 요소들의 관계를 재구성하도록 촉구하고 있습니다. 교육과 학교구성원들의 관계 뿐 아니라 학교와 가정, 그리고 지역사회의 관계 또한 변화를 요구받고 있습니다. 교육이 사회의 재생산에 걸림돌이 아니라 촉진제가 되어야 한다는 요구를 받고 있는 것입니다. 경험에 기초한 지식전수교육으로부터 창의와 공감 중심의 인성지혜교육으로 전환해야 할 뿐 아니라 배타적인 경쟁교육을 넘어 다층적 복합적 협력교육으로의 전환이 필요합니다. 뿐만 아니라 서울교육은 시민들에게 장기적인 비전을 제공하는 나침반이 되어야 합니다. 내부의 교육격차를 해소하고 전국적, 세계적 지평 속에서 담당해야 할 역할과 책무를 재설정할 필요가 있습니다.

이 책은 크게 3부로 구성되었습니다. 1부는 태어나서 교육감이 되기 전까지의 제가 걸어온 길을 돌아보는 것입니다. 40년간의 교육과 연구활동, 그리고 사회참여와 실천 경험을 가급적 짧게 정리하려고 하였으나, 좀 길어졌습니다. 2부는 우리 교육이 당면하고 있는 문제들, 즉 협력교육의 가치, 민주시민교육과 역사교육, 교육격차 해소와 기초학력 보장, AI시대의 교육을 다루었습니다. 3부는 제가 이상적으로 생각하는 학교의 모습을 염두에 두고 실제로 학교 현장에서 실현가능한 정책들을 추려 보았습니다. 마음 건강, 학생들의 행복과 안전, 특수교육과 다문화교육, 교권과 재정문제 등을 다루었고, 마지막으로 모두가 함께 성장하기 위한 대학 입시 및 대학구조의 개편에 관한 구상들을 담았습니다.

지난 1년간 저는 정말 많은 분들께 도움을 받았고, 가르침을 받았습니다. 제가 40년 전 학업을 마치고 교육현장에 뛰어들 때처럼, 그리고 20여 년 전, 광주를 떠나 서울로 향할 때 말했던 것처럼, 학생들로부터, 선생님들로부터, 그리고 학부모님들로부터 배우고 또 에너지를 얻었습니다. 서울교육청의 실국장님들이나 교육장님들은 늘 든든한 동반자였고 친구들이었습니다. 서울교육을 위해 조언과 질책을 아끼지 않은 교육활동가들이나 어려운 환경에서도 서울교육 공동체의 성원임을 잊지 않고 묵묵히 일하고 계신 모든 분들께, 이 책을 통하여 심심한 감사의 말씀을 올립니다.

2026년 1월, 새로운 교육의 봄을 기다리며
교육감 정근식 씀

제1부

나는 어떻게 서울교육감이 되었나

제1장 퇴행하는 역사에 직면하여

12·3 계엄을 겪으며

2024년 12월 4일 새벽 2시를 조금 넘긴 시각, 저는 서울교육청 교육감실에서 어둠에 싸인 경희궁을 바라보고 있었습니다. 교육청의 실국장들과 비상회의를 마친 직후입니다. 온갖 상념이 밀려왔습니다. 믿기지 않았습니다. 21세기가 벌써 4반세기나 흐른 지금 대한민국에서 비상계엄이라니! 어디서부터 잘못된 것일까? 대통령이라는 사람이 도대체 무슨 생각으로 이런 일을 벌인 것일까? 이것이 우리가 늘 말하던 "산업화와 민주화를 함께 이룬 자랑스러운 국가"의 모습인가? 과연 이 난국을 무사히 극복하고 다시 정상적인 민주주의 국가로 돌아갈 수 있을 것인가? 착잡했습니다.

불과 몇 시간 전, 집에서 TV를 통해 비상계엄 소식을 처음 접한 순간, 어안이 벙벙했습니다. "이게 무슨 일이야?" 윤석열 대통령은 "종북 반국가 세력을 일거에 척결하고 자유 헌정질서를 지키기 위해 비상계엄을 선포한다"고 말했습니다. "국회와 지방의회의 활동을 포함해 모든 정치 활동을 금지하고, 언론의 자유도 정지한다"는 말을 듣는 순간, "웬 뚱딴지같은 소리야"라는 느낌이 들면서 가장 먼저 떠오른 생각은 우리 학생들이었습니다. '이 난리판 속에서 어린 학생들을 어떻게 지켜야하나' 하는 생각에 한동안 머리가 멍해졌습니다.

또한 저 멀리 1972년 10월 17일 저녁, 박정희 대통령이 10월 유신을 발표하던 순간, 그리고 1980년 5월 17일 밤, 신군부의 전국계엄 발표직전 대학 캠퍼스를 허겁지겁 나오던 순간이 떠올랐습니다. 분노와 함께 '독재자의 말로'를 생각했습니다.

위기 상황에서 '내가 있어야 할 자리는 어디인가, 그래 교육청으로 가자'하는 결심이 서자마자 교육청 총무과장에게 연락했습니다. 교육청 간부를 소집해 달라고 말했습니다. 그리고 상황 파악을 위해 몇몇 지인들에게 전화를 걸었습니다. 모두 저만큼이나 어이없는 상황에 당황하면서 몇몇 정치인들이 그런 위험한 시나리오를 이미 언급했었다는 점을 상기시켰습니다. 어떤 친구는 혹시 있을지도 모르는 대대적인 체포를 거론하면서 "여의도에 나가 볼까"라는 이야기도 했습니다. 불법적인 체포와 구금이 일상이던 유신체제하에서 학창시절을 보내고 5·18을 직접 겪었던 세대들에게 비상계엄은 곧 공포입니다. 그러나 국가폭력의 트라우마와 함께 민주주의 회복력에 대한 자신감도 동시에 지니고 있습니다.

대통령의 발표 직후 당연히 있어야 할 군의 움직임이 없다는 느낌이 들었지만, 11시쯤 국회출입문 폐쇄, 계엄사령관 임명과 정치활동을 금하는 계엄사령관의 포고령 발표가 이어졌습니다. 포고령에는 "전공의를 비롯하여 파업 중이거나 의료현장을 이탈한 모든 의료인은 48시간 내 본업에 복귀하여 충실히 근무하고 위반시는 계엄법에 의해 처단한다"는 어이없는 내용이 포함되어 있었습니다. 윤석열 대통령이 의대 증원 문제를 심각하게 생각하고 있었다는 반증입니다.

이어 계엄군 헬기 이동, 국회 진입과 함께 우원식 국회의장, 이재명 민주당 대표, 심지어 한동훈 국민의힘 대표까지 계엄에 반대한다는 소식이 이어졌습니다.

집에서 30분이면 가는 교육청이지만 기다리는 시간이 매우 길게 느껴졌습니다. 그 사이에 계속 계엄관련 뉴스를 청취했습니다. 놀랍게도 계엄군은 선거관리위원회에 진입하였습니다. 일반적인 상식과 동떨어진 모습이었습니다. 야당이 국회로 의원들을 긴급 소집했다는 소식은 희망을 갖게 했습니다. 이어 놀라운 장면이 펼쳐졌습니다. 비상계엄에 반대하는 시민들이 국회로 몰려와 맨몸으로 계엄군의 진입에 저항하고 있었습니다. 대통령과 일부 군인들이 총칼로 무너뜨리려는 민주주의를 시민들이 온 몸으로 지켜내고 있었던 것입니다. 자정 무렵 국회 상공에는 헬기가 출현하였습니다. 계엄군이 국회에 진입하였고, 국회에서는 군의 진입을 막고, 소화기를 분사하며 대응하는 장면이 보도되고 있었습니다.

교육청에 도착했을 때, 총무과장과 비상계획관이 맞이해주었습니다. 교육감실로 정책국장, 초등과장, 중등과장, 창의미래교육과장, 유아교육과장, 감사관 등의 간부들이 앞서거니 뒷서거니 도착했습니다. 긴급비상회의 중 체포 위협에도 불구하고 국회로 달려온 의원들 덕분에 정족수가 채워졌고, 국회 본회의가 무사히 열렸습니다. 마침내 국회 본회의에서 출석 의원 215명 중 투표한 190명 만장일치로 '비상계엄해제요구결의안'이 가결되었습니다. 저의 오랜 친구였던 우원식 의장의 의사봉을 내리치는 장면이 인상적이었습니다. 새벽 2시, 국회의장은 대통령과 국방부에 '계엄해제요구' 통지를 보냈습니다. 교육청

비상계엄 서울교육청 비상회의(2024.12.4)

비상회의가 이런 상황의 추이를 살펴보면서 진행되었으므로 휴교 조치와 같은 긴급 결정을 하지 않아도 되겠다는 데 의견이 모아졌습니다.

긴급심야 비상회의에 참석했던 간부들은 모두 집으로 돌아갔지만 저는 교육감실을 지켰습니다. 새벽 4시를 넘기면서 계엄군들은 소속 부대로 복귀하였고, 비상계엄이 해제되었습니다. 한국 민주주의의 끈질긴 생명력을 확인한 순간이었습니다. 마치 몇 년을 보낸 것 같은 긴 밤의 끝에는 깊은 안도의 한숨이 있었습니다.

모든 상황이 마무리된 12월 4일 아침, 저는 다음과 같은 입장을 발표했습니다.

"지난 밤, 우리는 큰 혼란과 충격을 경험했습니다. 대통령이 비상계엄을 선포하고, 계엄군이 국회에 진주하며, 국회에서 계엄령 해제안을 가결하고, 국무회의에서 비상계엄 해제 요구안을 의결하기까지 6

시간 동안 서울시민과 교육공동체는 뜬눈으로 지새워야 했습니다. 역사가 45년 전으로 퇴행할 위기 앞에서 대한민국 국회와 시민은 침착하게 민주주의를 지켜냈습니다. 국회와 시민께 고개 숙여 감사 인사를 드립니다.

서울교육청은 지난밤 긴급대책회의를 통해 민주주의를 지키고 안정적인 교육활동 보장을 위한 논의와 결정을 했습니다.

서울의 교직원과 학생들은 지금 평소와 다름없이 교육활동을 하고 있습니다. 서울교육공동체는 이번 사태를 헌법의 가치와 민주주의의 소중함을 깊이 되새기는 계기로 삼을 것입니다. 흔들림 없는 책임감으로 학생들을 지키며 수업하고 계시는 선생님들께, 교육감으로서 진심 어린 감사 말씀을 드립니다. 학생과 학부모님들께도 안심하고 수업과 양육에 전념하시라는 말씀을 드립니다. 서울교육공동체는 학교 밖의 어떤 혼란과 위협에도 흔들리지 않고, 우리 학생들이 건강한 민주시민으로 자랄 수 있도록 모든 노력을 다할 것입니다."

아침 동이 트기 전까지 교육청 사무실에서 상황 전개를 예의주시하는 동안 만감이 교차했습니다. 가장 먼저 든 생각은 우리 민주주의에 대한 걱정이었습니다. 국회와 시민의 힘으로 비상계엄을 저지하고, 민주주의를 지켜낸 강인한 회복력에 감탄하면서도, 대통령을 비롯한 일부 정치인들의 허황한 생각들에 의해 민주주의가 일거에 흔들릴 만큼 취약하다는 점에 생각이 미쳤습니다. 비상계엄은 엉성하기 짝이 없는 계획과 일부 참 군인들의 올바른 선택으로 무위에 그쳤지만, 저들의 의도대로 진행될 수도 있었습니다. 완전한 민주주의 국가로 평가받는 나라에서 어떻게 저런 권력 집단이 정권을 잡고, 또 그 권력을 활용해 민주주의를 무너뜨릴 시도를 할 수 있었던 걸까? 헌법과 제도의 문제인가? 민주주의적 가치를 내재화하고 공고히하지 못한 정치 문화의 문제인가? 우리의 민주시민교육이 잘못되었거나 불충분했기 때문일까?

제가 서있는 자리를 돌아보는 시간도 가졌습니다. 은퇴한 학자 또는 평범한 시민이 아니라 서울교육감으로서 비상계엄에 대처하는 심경은 남달랐습니다. 지난 교육감 선거에서 제가 아니라 보수 후보가 당선되었더라면 어떻게 되었을까 하는 가정도 해보았습니다. 그는 우리 학생들에게 이 사태를 어떻게 설명했을까? 혹시 계엄이 무산된 이후 일부 보수진영 인사들이 그랬던 것처럼 계엄을 옹호했다면, 서울교육은 어떻게 되었을까? 극단적인 혼란을 겪었을 것이 틀림없습니다. 더 나아가 혹시 지난 10월의 교육감 보궐선거의 결과가 12·3 비상계엄의 선포에 영향을 미치지 않았을까라는 질문도 할 수 있습니다. 그것은 2024년 8월부터 12월에 이르는 짧지만 결정적인 전환 국면의 역사적 의미를 묻는 것입니다. 교육감 선거에서의 민주진보진영의 승리가 갖는 정치사적 의미는 무엇이었을까요.

2024년 12월 4일, 계엄해제가 이루어진 후 한국사회는 두 번째 대통령 탄핵국면을 맞이했습니다. 열흘 후인 12월 14일, 국회는 대통령 탄핵소추안을 204명의 찬성으로 가결했습니다. 그날 몹시 추웠지만 수많은 시민들이 국회앞 광장에 집결했기 때문에 혹시 있을지도 모르는 학생들과 청소년들의 안전사고에 대비하여 저를 포함한 서울교육청 직원들이 현장에 나가 살폈습니다.

　2025년 1월에는 국민들의 관심이 한남동 대통령 관저 주변을 향했습니다. 대통령 체포를 둘러싸고 대규모 시위대들이 그 주변에 집결했습니다. 서울교육청은 그곳에 있던 한남초등학교 학생들의 안전과 학습환경을 보호하기 위하여 신경을 쓰지 않을 수 없었습니다. 겨울방학이었지만 돌봄 프로그램이 진행되고 있었기 때문입니다. 저는 1월 15일, 학생 안전과 평화로운 일상을 유지하기 위하여 노력해 준 모든 분들에게 대한 감사의 글을 발표하였습니다.

　그 후 탄핵심판을 맡은 헌법재판소 주변이 대규모 시위대들에 의해 어려움을 겪었습니다. 특히 재동초등학교와 교동초등학교 학생들의 안전이 염려되었습니다. 저는 1월 10일 재동초등학교 졸업식에 참석한 것을 시작으로 몇 차례 인근 학교들을 방문하여 통학로 안전과 돌봄이나 방과후 프로그램 운영상황을 점검하였습니다. 신학기가 시작되고 탄핵심판 선고일이 가까워지면서 학교안전이 더 중요해졌습니다. 3월 14일, 탄핵선고 당일에는 인근 학교들의 휴교를 결정하였는데, 탄핵선고가 예상보다 늦어지면서 어려움이 가중되었습니다. 드디어 4월 4일 탄핵선고일이 결정되었을 때 다시 한번 현장을 점검하였는데, 학생들에게 계기교육을 실시할지를 둘러싸고 많은 학교에서 문의가 들어왔습니다. TV로 중계되는 헌법재판소의 결정장면을 학생들이 시청하도록 할 것인가의 문제였습니다. 저는 당연히 학교가 스스로 결정할 수 있는 문제라고 생각했으나, 적극적으로 민주헌법교육을 실시할 필요가 있다는 의견을 존중하여 지침을 보냈습니다.

　2024년 12월 3일부터 2025년 4월 4일까지의 4개월은 한국 현대 정치사에서 두 번째 탄핵국면이었으며, 한국 민주주의의 회복력을 세계에 보여준 대사건입니다. 우리 학생들이나 청소년들에게는 이런 상황이 헌법적 가치의 중요성을 교과서에서 배우는 것이 아니라 직접 체험하고 민주시민으로 성장할 수 있는 소중한 기회가 된 것입니다. 저는 헌법재판소의 "대통령을 파면한다"라는 결정장면을 본 후 학생들이 헌법적 가치의 의미를 깊이 새겼으면 좋겠다는 글을 작성하여 4개월간 진행된 탄핵국면을 마무리하였습니다.

2024년 광복절 파행, 그리고 서울교육과 교육혁신의 위기

윤석열 정부에 대해 심각한 문제 의식을 갖기 시작한 것은 2023년 여름입니다. 몇 가지 불길한 조짐들이 보였습니다. 어느날 국방부가 육군사관학교에 설치된 이회영, 홍범도, 김좌진, 이범석, 지청천 등 독립군 및 광복군 지도자들의 흉상을 철거 이전한다고 발표했습니다. 그 흉상들은 독립기념관에 모시는 것이 낫고, 육사에는 독립운동보다 군사 분야에 기여한 분들을 모시는 것이 적합하다는 등 여러 이유를 들었지만 그것은 명백한 견강부회였습니다. 검찰총장이 자신을 임명한 대통령을 등지고 야당의 대통령 후보가 되는 것은 정치도의상 있을 수 없는 일이지만, 우당 이회영의 기념관에서 그의 손자였던 이종찬 광복회 회장의 후광을 입고 정치에 입문했기에 설마 하는 마음이 있었습니다. 그러나 대통령 취임후 기대와는 전혀 다른 길을 가고, 국제 관계 뿐 아니라 독립기념관 등 역사관련기관들이나 이행기 정의를 위한 기구에 이념적으로 편향적인 인사들을 계속 배치하는 것을 보면서 실망하지 않을 수 없었습니다. 국제관계를 다루는 외교안보 정책은 이런 실망을 더욱 심하게 만들었습니다.

우리나라는 1960년대 권위주의 독재와 절대적 궁핍의 시대를 벗어나기 시작한 후 지속적으로 경제성장과 정치민주화의 길을 걸었고, 평화와 통일을 지향하는 역사를 발전시켜왔습니다. 그러나 1997년 IMF사태를 겪으면서 경제가 성장이 아니라 퇴보할 수도 있다는 교훈을 얻었고, 2010년대에는 극단적 보수주의로 인하여 민주주의와 평화가 후퇴할 수도 있다는 교훈을 얻었습니다. 근래에는 저출산과 함께 코로나19 팬데믹을 겪으면서 사회가 축소될 수도 있다는 경험을 하였습니다. 윤석열 정부가 들어서면서 우리는 극단적 우경화와 함께 역사의 퇴행에 직면했습니다. 경제와 정치 영역의 후퇴는 일시적이지만, 사회의 축소와 역사의 퇴행은 그렇지 않다는 점에서 심각한 우려를 하지 않을 수 없던 것입니다.

2024년 광복절의 대통령 경축사는 재앙적 징후가 표출된 전환점이었습니다. 많은 국민들이 귀를 의심했습니다. 언론과 각계의 항의가 이어졌습니다. "일본의 마음"이 중요하다는 안보실 관계자의 해명이 더 걸작이었습니다. 나치에 학살된 유대인을 추모하기 위해 세워진 홀로코스트 역사박물관 앞에 있는 비문에는 "용서는 하되 잊지는 말자"는 경귀가 새겨져 있습니다. 이것은 우리에게 울림을 줍니다. 식민지 지배의 아픔과 그 유산을 극복하기 위한 숱한 노력들을 완전히 망각한 듯이, 일본의 극단적 역사수정주의를 추종하는 담론들이 횡행하는 것은 참을 수 없는 모욕에 해당합니다. 한일관계가 사죄와 용서 그리고 화해의 바탕 위에서 미래의 협력을 향해 나아가야 한다는 주장은 가능하지만, 그 전제가 되는 일본의 책임 문제를 완전히 도외시하고 정부가 앞장서 국민들에게 망각을 강요하는 것은 말이 되지 않습니다.

윤석열 전 대통령은 검찰총장 시절, 우당 이회영 기념관 개관행사에 참석하는 것으로 첫 공개적 정치 행보를 시작했습니다. 대통령 출마선언은 매헌 윤봉길 기념관에서 했습니다. 누가 보아도 일제하 독립운동을 자신의 정치적 자산으로 삼으려는 의도가 분명했습니다. 그러나 대통령이 되자마자 돌변했습니다. 이종찬 광복회장이 느꼈을 배신감과 분노는 이루 말할 수 없었을 것입니다. 그는 정부가 주관하는 광복절 기념식에 참석하지 않았습니다. 오죽하면 대통령실에 일정의 밀정같은 사람들이 있다며 분개했겠습니까.

저는 다산포럼에 작은 분노의 칼럼을 썼습니다.

"우리는 지난 'IMF 사태'에서 경제는 항상 성장하는 것이 아니라 퇴행할 수 있다는 것을 체감했고, 대통령 탄핵국면에서 정치가 퇴행할 수 있다는 것을 배웠다. 거기에는 항상 정치지도자의 역사적 무감각과 아집, 소통 부재가 있었다. 이제 우리는 정치와 경제뿐 아니라 역사도 퇴행할 수 있다는 것을 배우고 있다."('역사의 퇴행은 어떻게 이루어지는가', 2024.8.20)

2015년 박근혜 정부는 역사교과서 국정화 계획을 발표했습니다. 역사학계와 교육계를 비롯해 야당과 시민사회에서 광범위한 반대 움직임이 일었습니다. 야당 대표 시절 "어떤 경우든지 역사에 관해서 정권이 재단하려고 해서는 안된다"고 했던 박근혜 대통령은 시정연설에서 "역사교과서에 친일 및 독재를 미화하는 기술이 들어가지 않을 것"이라고 말하면서 국정화를 밀어붙였습니다. 하지만 가장 먼저 나온 초등학교 국정교과서에서 우려했던 내용이 그대로 드러났습니다. 대통령이 중도에 하차하면서 역사교과서 국정화는 백지화되었습니다. 공교롭게도 역사의 퇴행을 시도한 두 대통령이 모두 자신의 임기를 채우지 못했습니다.

2024년 광복절 파동 이후 우려했던 일이 뒤를 이었습니다. 8월 29일, 조희연 서울교육감이 대법원의 최종 판결로 자리에서 물러나게 되었습니다. 해직된 전국교직원노동조합(전교조) 교사를 특별채용한 것이 불법이라는 것이었습니다. 저는 진실·화해위원회의 위원장으로 일하면서 과거 해직된 전교조 교사들이나 시위전력 때문에 교원 임용에서 배제된 분들의 진실규명과 명예회복 조치를 한 바 있기 때문에, 조희연 교육감의 충정을 잘 이해하고 있는 편입니다.

조 교육감은 직원들의 배웅을 받으며 교육청을 떠났습니다. 눈물을 참았던 것이 분명합니다. 저는 조희연 교육감이 재직하고 있는 동안 서울교육청을 방문한 일이 거의 없었는데, 2024년 초에 서울교육청으로부터 8월에 열릴 국제교육포럼의 사회를 맡아달라는 요청을 받고 수락했습니다. 시드니대학교 매건 모리스(Meaghan Morris) 교수와 조희연 교육감의 대담 사회였는데, 주제는 '환대의 공동체'였습니다. 다문화학생이 증가하고 있는 한국의 교육현실에서 어떻게 공존과 포용의 가치를 실현할 것인가라는 문제의식이었습니다. 8월 23일 서울교육연수원에서 포럼이 열렸고, 대담은 잘 진행되었습니다. 그러나 조 교육감에 대한 대법원 최종 판결을 며칠 앞둔 상황이어서 행사장의 분위기가 무거웠습니다. 저 또한 불길한 느낌을 지울 수 없었습니다. 그런 느낌이 현실이 된 것입니다.

조희연 교육감의 교육감직 상실에 대해 여러 가지 해석이 있을 수 있습니다. 해직교사들에 대한 특별채용이 불법인 것은 분명하지만, 이에 대한 법적 심판의 정치적 의도나 불법성과 정의의 관계에 관해서는 서로 다른 의견이 제기될 수 있습니다. 예상보다 빠르게 대법원 판단이 내려진 것이 서울 혁신교육의 위기를 잘 보여주는 핵심적 지표였습니다. 그가 곽노현 교육감에 이어 지난 10년간 서울의 진보교육 또는 혁신교육을 이끌어온 상징인 것은 분명합니다.

우리 교육계는 오랫동안 지속된 교육자치운동의 소중한 결실로 교육감 직선제를 쟁취했습니다. 2009년 김상곤 교수(한신대학교)가 경기교육감에 당선되었고, 2010년 전면적인 교육감 직선제에서는 곽노현 교수(방송통신대학교)가 서울교육감에, 김상곤 교수가 경기교육감에 다시 당선되었습니다. 김상곤 교육감께 저는 작은 마음의 부담을 안고 있는데, 그것은 2005년 전국 교수노조 위원장으로 취임한 김상곤 교육감이 저에게 부위원장으로 함께 일할 것을 요청했을 때 응하지 못했기 때문입니다.

조희연 교육감은 2014년부터 10년간 서울교육감으로 일했습니다. 저와의 관계가 특별합니다. 그는 전주북중학교를 졸업하고 중앙고등학교를 거쳐 서울대학교 사회학과를 졸업하였습니다. 저는 남성중학교을 졸업하고 전주고등학교를 거쳐 서울대학교 사회학과를 졸업하였습니다. 전주북중학교과 전주고등학교가 동일계 학교여서 친구들이 같습니다. 조희연 교육감은 젊었을 때부터 상아탑에만 머물지 않고 여러 학술단체와 시민단체에서 중요한 역할을 맡아 활동해왔습니다. 한국의 진보적 학술운동의 출발이었던 산업사회연구회가 창립될 때에도 조희연 교육감과 저는 함께 참여했습니다. 그는 1990년부터 성공회대학교 사회과학부 교수로 일하면서 민주화를 위한 교수협의회(민교협)를 이끌었습니다. 그는 전국 민교협 대표로 일했고, 저는 서울대학교 민교협 의장으로 일하기도 했습니다. 동아시아의 평화나 학술적 교류에도 열성이었습니다.

민교협 상임대표였던 조희연 교수는 2014년 지방선거를 앞두고 훌륭한 서울교육감 후보를 모시기 위해 동분서주하였고, 존경받던 모 대학 총장님께도 권유했지만 동의를 이끌어내지 못했습니다. 결국 그는 진보진영을 대표해 자신이 교육감 선거에 출마하였고, 악전고투 끝에 당선되었습니다. 저는 조희연 교수의 당선을 누구보다 크게 기뻐했습니다. 그가 펼칠 서울교육의 미래에 대해 커다란 희망을 가졌고, 하나둘 성과를 거두는 모습을 기쁜 마음으로 지켜봤습니다.

당시 진보교육계는 무상급식과 학생인권조례 제정에 많은 노력을 기울였습니다. 그가 자평했듯이 교육과정을 재구성하고 과정중심평가와 학생별 성장기록까지 이어지는 '교실혁명 프로젝트'를 통한 교실수업의 혁신은 중요한 성과입니다. 학교 통합지원센터를 만들었고, 모두가 존중받고 함께 협력하는 '공동체형 학교'를 만들고자 했습니다. 첫 임기때 고교평준화의 근간을 흔드는 특목고와 자율형사립고를 일반고로 전환하기 위해 많은 노력을 했지만 수많은 반대에 부딪쳐 힘들어하기도 했습니다. 그의 마지막 임기 때는 혁신교육에 대한 입장 차이로 시의회와의 갈등이 매우 증폭되어 큰 어려움을 겪었는데, 그 갈등의 정점이 학생인권조례 폐지입니다. 조희연 교육감은 시의회의 결정에 농성으로 맞섰습니다. 2024년 4월말입니다. 대학 은사였던 박경서 선생님이 전화로 농성하고 있는 조 교육감을 응원하러 가자는 제안을 주셨을 때, 기꺼이 함께 교육청을 찾아 격려하기도 했습니다.

　　조희연 교육감은 2021년 봄, 전교조 해직교사 몇 분을 서울교육청에 특별채용하였습니다. 이들은 2008년 교육감 선거를 지원하면서 전교조 조합원들을 대상으로 기부금을 모금했는데, 이것이 국가공무원법에 저촉되어 유죄판결을 받았습니다. 우리나라가 교사를 비롯한 국가공무원들의 정치적 기본권을 제약하고 있기 때문에 일어난 사건이었습니다. 당시 국회에서 해당 법률의 개정을 논의하고 있던 상황이었기에 조희연 교육감은 이들의 원상회복이 정의로운 것이라고 판단했습니다. 그러나 감사원은 현행 법률을 근거로 이 조치가 불법이라고 고발했고, 공수처를 거쳐 2022년부터 재판이 시작되었습니다. 대법원은 결국 2024년 8월 29일 최종적으로 유죄판결을 내렸습니다. 이로 인해 조 교육감이 주도했던 혁신교육정책들이 중단될 위기에 처했고, 서울 교육 또한 위기에 처했습니다.

교육감 보궐선거와 소명감

2022년 12월 10일, 저는 2년간의 진실·화해위원회 위원장 임기를 끝내고 서울대학교 교수로 돌아왔습니다. 교수로서의 마지막 강의는 울산 부근의 한 고등학교에서 이루어졌습니다. 서울대학교 학생들이 지방의 고등학생들을 위해 마련한 프로그램에서 학생들과 만나 우리 사회의 미래에 관해 이야기를 나누었습니다. 저는 대학교수 시절 후반기에 전북 정읍이나 전주, 강원도 춘천의 고등학교에서 한국의 교육과 학생들의 미래에 관해 강의를 한 바 있습니다.

　　2023년 2월 말, 저는 서울대학교에서 정년 퇴임을 했습니다. 교수로 정년 퇴임을 할 수 있었다는 것은 정말 행운이었습니다. 저는 오랫동안 써온 칼럼들을 모아 『한국사회와의 대화』를 출판했고, 대학이나 연구기관에 자리잡은 제자들은 저와의 학문적 인연을 떠올리며 『사회학적 상상력의 방법을 찾아서』를 출판하여 축하해주었습니다. 1983년 8월에 서울대학교 조교로 일하기 시작하여 40년간을 쉼없이 달려온 교육·연구자로서의 삶에 대한 징표로 황조근정훈장이 주어졌습니다. 오랫만에 찾아 온 휴식이었지만, 형평운동 100주년 기념 강연을 시작으로 여러 대학을 돌아다니며 강연을 하고 제자들의 근황을 살피는 즐거움이 있었습니다. 보다 자유롭게 칼럼을 쓰고 그림 그리기 취미도 시작했습니다. 고향의 역사에 대한 관심도 커졌습니다. 당시 부산대학교 차정인 총장님의 배려로 부산지역의 학술적 역량을 증진하기 위한 방안을 논의하기도 하였습니다. 한완상 선생님의 학술적 성과를 정리하는 인터뷰도 진행하였습니다.

이런 와중에 광복절 파동이 발생하였고, 조희연 교육감이 직을 상실하는 사건에 직면했습니다. 조 교육감이 대법원 선고를 받은 이튿날 저녁, 저를 포함해 몇몇 지인들이 한 자리에 모였습니다. 우리 사회의 중요한 사건이 있을 때마다 모여 의견을 나누던 모임이었습니다. 여기에서 서울교육의 위기와 갑자기 닥친 서울교육감 보궐선거에 관해 이야기하게 되었습니다. 이 선거가 정치적으로 매우 중요하며, 적극적인 대처가 필요하다는 것, 좋은 결과를 가져오기 위해서는 반드시 경쟁력이 있는 사람이 후보가 되어야 한다는 점에 의견이 일치했습니다. 누가 그런 조건에 합당한가라는 질문으로 옮겨가면서 분위기가 무거워졌습니다. 후보가 정해지면 모두 힘을 합쳐 도와야 한다는 약속도 이루어졌습니다.

몇몇 사람들을 검토하다 결국 서로가 서로의 얼굴을 쳐다보는 상황이 되었습니다. 이는 곧 우리 내부에서 후보를 찾는다는 의미였습니다. 저에게 불똥이 튀었습니다. 여러 가지 정치적 환경과 경력, 출신 배경 등을 고려할 때, 제가 짐을 지는 것이 좋겠다는 것이었습니다. 그러나 제가 쉽게 감당할 수 없는 주문이었습니다. 서울시민 전체를 대상으로 한 선거는 상상한 적이 없었습니다. 결국 좀더 생각해보자는 말로 자리를 마무리했습니다.

공교롭게도 서울교육감 보궐선거가 이야기되기 시작했을 때, 제 아내의 정년 퇴임식이 있었습니다. 저는 진주에 있는 경상국립대학에 내려가 퇴임식에 참석했습니다. 학장을 역임한 간호대학의 많은 동료와 제자들이 축복해주는 행복한 퇴임식이었습니다. 아내의 정년퇴임은 교육과 연구에 몰두했던 30여 년간의 생활을 접고 이제는 좀더 평안하게 쉬고, 여가를 즐길 수 있는 기회가 생겼을 뿐 아니라 서울에서 진주로 매주 이동해야 하는 불편을 끝낼 수 있는 것을 의미합니다. 이런 분위기에서 서울교육감 보궐선거에 관한 이야기를 꺼내기가 어려웠습니다. 서울로 돌아오는 고속도로 톨 게이트에 가까워졌을 때 겨우 이야기를 꺼냈습니다. 아내는 깊은 한숨을 쉬었습니다.

가족들의 우려는 저를 무척 곤혹스럽게 했지만, 9월 초 다시 친구들이나 지인들을 만났을 때 교육감 선거 출마는 점차 기정사실화되어 갔습니다. 많은 분들이 저에게 선거출마를 권유하였고, 선거를 돕겠다는 분들이 여러 곳에서 나타났습니다. 당시에는 잘 몰랐지만, 서울교육에 대한 위기감, 특히 진보 교육의 위기에 대해 그만큼 많은 분들이 절박함을 공감하고 있었던 것입니다.

최종적인 결심을 하기 어려웠습니다. 서울교육을 둘러싼 정치적·사회적 환경도 좋지 않았습니다. 역사교육을 둘러싼 큰 싸움도 기다리고 있었습니다. 윤석열 정부는 역사 및 역사교육 관련 기관에 뉴라이트 인사들을 전면 배치하였습니다. 이러한 흐름이 서울교육에 영향을 미치지 못하도록 막는 일도 서울교육감의 몫입니다. 지인들과 이야기를 나누면서, 역사의 퇴행을 막기 위해서라면 무슨 일이든지 해야하는 것은 아닌가라는 막연한 걱정이 현실적인 책임으로 굳어지고 있었습니다. 역사의 퇴행이 우리 학생들의 교육에 미칠 부정적 영향을 차단하는 것만으로도 중요한 역할이 될 수 있겠다는 생각이 커졌습니다.

교육감이란 직책이 갖는 특별한 의미도 생각했습니다. 교육감은 개인의 욕망을 실현하기 위한 자리가 아닙니다. 소명감과 결단이 필요한 자리입니다. 10년 전 조희연이 교육감 후보로 출마를 결심할 때의 어려움을 이해할만 했습니다. 1970년대 유신독재의 엄중한 학창시절을 보낸 우리들은 늘 결단의 순간을 예비했고 피하지 않으려 했던 많은 친구들도 떠올랐습니다. 이제 저에게도 그런 결단의 순간이 찾아온 것입니다. 저에게 출마를 권유한 것은 그들의 입을 빌어 역사가 부르는 것이라는 착각마저 들게 했습니다.

저의 교육감 선거 출마 결심에는 조희연 교육감과의 인연이 작용한 것이 사실입니다. 2014년 조희연 교수의 교육감선거 출마 역시 그가 의도한 것이 아니었습니다. 서울교육이 다시 보수성향의 교육감 손에 맡겨지는 것을 막아야 한다는 문제의식에서 출발하여 적임자를 찾는 노력은 전국 민교협 대표의 책무감의 발로였습니다. 그는 문제의식을 공유하는 사람들과 함께 교육계의 신망 있는 인물들을 찾았고, 여러 사람에게 출마를 권유했습니다. 심지어 서울대학교 민교협 의장을 역임했던 저와도 상의했습니다. 그러나 당시 저는 서울대학교 평의원회 의장으로 활동하면서 법인화가 가져온 변화와 발전을 위해 노력할 때입니다. 서울교육도 중요하지만 서울대학교 문제도 중요했기 때문에 저는 교육감 선거에 신경을 쓰기 어려웠습니다. 마땅한 후보감을 찾지 못한 조 교수는 결국 직접 출마하여 멋진 승리를 거두었습니다. 저의 마음 한 켠에는 미안한 마음이 자리잡고 있었지만, 그의 당선은 그런 마음을 상쇄하고도 남을만한 기쁜 일이었습니다.

2024년 9월 13일, 저는 공식 선거운동을 시작하면서 서울시민들에게 다음과 같이 출마의 변을 말씀드렸습니다.

"저는 오늘 무거운 마음으로 이 자리에 섰습니다. 불과 두 주 전, 조희연 서울교육감이 교육청을 떠났습니다. 지난 10년 동안 쉼 없이 이어졌던 서울 혁신교육도 함께 위기를 맞았습니다. 역사의 상처를 보듬어 화해를 이루려 했던 10년차 교육감의 갑작스런 중도 하차를 보며, 많은 분들이 불안해하십니다. 공존과 포용을 향해 나아가던 서울교육의 흐름이 역류해 적대와 갈등의 역사가 반복되는 것은 아닌지, 걱정하시는 분들이 많습니다."

적대의 악순환을 끊고 공존과 포용을 향해 나아가던 우리 교육이 다시 희망으로 가득차기 위해서는 화해와 공존의 실천이 밑바탕이 되어야 한다는 말씀을 드렸습니다.

체벌과 촌지, 권위적이고 수직적인 학교 문화가 사라지고, 암기식 지식교육을 넘어 자기 주도적인 지식탐구 교육이 자리 잡는 등 조희연 교육감이 추진해온 지난 10년 혁신교육의 성과를 잇고, 그 한계를 넘어 새로운 혁신의 길을 찾는 서울교육감이 되겠다고 선언했습니다.

소수자와 약자를 존중하고, 누구도 소외되지 않는 학교를 만들겠다고 약속드렸습니다. 교육이 절망이 아니라 모든 이의 희망이 되려면 부모의 사회경제적 격차가 교육격차로 이어지는 격차의 재생산을 막아야 합니다. 아울러 장애 학생, 다문화 학생, 경계선 지능을 가진 학생 등을 위한 교육적 배려를 강화하고, 공교육 밖에 있는 대안학교, 홈스쿨링, 학교 밖 청소년까지 포괄하는 맞춤형 정책을 추진해 학교 구성원 가운데 누구도 소외되지 않는 학교공동체를 만들겠다고 약속했습니다.

제가 살고 있는 서초동의 한 초등학교의 비극적 사건을 떠올릴 때마다 갖게 되는 의문은 학생인권과 교권이 서로 충돌한다는 잘못된 시각을 어떻게 바로 잡을 수 있을까 하는 것이었습니다. 학생인권과 교권은 서로 배치되는 것이 아닙니다. 함께 존중받는 학교를 만들어야 합니다. 이를 위한 새로운 시각과 언어가 필요합니다. "저는 이 사건 당시 학교 담장을 둘러싸여 있는 수많은 조화들에 담겨있는 추모와 분노의 글들을 읽고 또 읽었습니다. 이를 상기하면서 저는 대학에 있는 동안에도 초중등 선생님들의 고뇌와 열정에 대해 깊이 공감하고 소통했으며, 민주시민교육에 대해서도 꾸준한 토론과 실천을 이어온 저의 경험이 민주화 이후 새로운 학교문화를 찾아가는 길에 요긴하게 쓰일 것"이란 기대도 말씀드렸습니다. 저를 분노하게 했고, 출마 결심을 굳히게 만들었던 역사 왜곡 시도에 대한 단호한 대응도 말씀드렸습니다.

저 이외에 진보교육계를 대표해 많은 후보들이 출마를 선언했습니다. 곽노현 전 서울교육감, 김용서 교사노조연맹 위원장, 김재홍 전 서울디지털대 총장, 안승문 전 서울시 교육위원, 김경범 교수(서울대학교), 강신만 선생, 홍제남 교장 등이 출마를 선언했습니다. 몇 분은 제가 존경하는 분이었고, 몇 분은 제가 잘 모르는 분이었습니다. 그렇지만 진보교육계가 선거에 승리하기 위해서는 후보 단일화가 불가피했습니다. 보수진영의 후보들도 단일화가 예정되어 있었기 때문입니다. 서교협을 중심으로 한 진보교육계는 발빠르게 '2024 서울민주진보교육감 추진위원회'라는 이름의 단일화기구를 출범시켰고, 후보들의 단일화 참가동의를 얻어냈습니다. 저도 여기에 참여하였습니다. 단일화 경선과정에서는 후보를 선출하기 위한 규칙을 정하는 것이 난제였습니다. 최종적으로 경선추진위원회에 참여한 분들의 1인 2표제와 여론

민주진보 교육감 후보들과 함께 ⓒ연합뉴스

조사를 통해 후보를 결정하기로 하였습니다. 쉽지 않은 경선과정을 거쳐 제가 단일후보로 선출되었습니다.

그러나 단일화 경선과정에 참여하지 않았던 분들이 별도로 출마의사를 밝혀 어려움이 생겼습니다. 방현석 교수(중앙대학교)나 조기숙 교수(이화여대자대학교)도 출마의사를 밝혔고, 최보선 후보가 유세를 계속했습니다. 저는 끝까지 단일화를 위해 성심껏 노력했는데, 고맙게도 이분들 모두 의사를 접고 저에 대한 지지를 선언해주었습니다. 곽노현 전 교육감을 비롯해 저와 경쟁했던 후보들 모두 저의 선거운동을 도와주었습니다. 진보적 혁신교육의 중단을 막아야 한다는 열망이 모아졌기 때문이라고 생각합니다. 이 분들의 헌신에 깊이 감사하면서 광화문 앞에서 열린 마지막 유세에서 감사의 인사를 드렸습니다.

경선과정이나 본 선거과정에서 어떤 교육정책을 할 것인가가 늘 쟁점이 되었습니다. 경쟁 후보들은 제가 평생을 대학에서 보낸 사람이어서 초중고 교육현장을 잘 모른다고 비판하였습니다. 저의 약점을 인정할 수밖에 없었지만, 동시에 젊었을 때부터 한국 교육의 역사에 관해 연구한 바가 있고, 교육의 본질이나 사회적 약자에 대한 관심과 애정이 저의 삶의 토대가 되고 있다는 생각을 속으로 되뇌였습니다. 학부시절의 야학경험, 교수 초창기 농촌교육의 실태에 대한 관심, 식민지 교육의 본질적 성격과 고등교육의 의미, 그리고 통일을 내다보면서 북한 대학을 연구했던 경험이 이런 자신감의 바탕이 되었습니다. 대학에서 지속적으로 여러 연구소들을 이끌었던 경험이나 대학 평의원회 활동 경험은 행정적 역량를 키운 토대가 되었습니다.

당시 상황에서 올바른 역사교육에 관한 의지 표명이 중요했지만, 조희연 교육감의 공존교육이나 '국토인생'과 같은 정책을 얼마나 충실하게 계승할 것인가도 중요한 숙제였습니다. 논의 끝에 혁신교육의 뼈대를 충실히 계승하면서 역사교육을 강조하는 방향으로 정책이 결정되었지만, 시간이 너무 촉박했기 때문에 기존 정책들에 대한 충분한 검토가 부족했던 것이 사실입니다. 이런 약점들을 메우기 위해서는 교육현장인 유초중고 학교들을 방문하여 의견을 경청하고 선생님들과 함께 협의하는 수밖에 없었습니다. 이것이 제가 교육감 취임 후 자주 학교를 방문하게 된 근본적 이유입니다.

선거과정에서 절실히 깨달은 것은 제가 유권자인 시민들에게 별로 알려지지 않았다는 것이었습니다. 대학 교수로 생활할 때는 전혀 생각해보지 못한 현실적 장벽이었습니다. 많은 분들이 선거에서의 승리를 위해서는 지명도를 높이는 것이 시급하다고 조언해주었고, 이를 위해 헌신적으로 노력해주었습니다. 공영방송보다도 유튜브방송의 영향력이 훨씬 크다는 것을 KBS 후보토론회 파행사건을 통해 깨닫기도 했습니다. 후보토론회에 관한 KBS의 편파적 결정에 대한 진보적 유튜브 연합의 반격이 홍보전의 백미였습니다. 뉴스공장과 매불쇼, 스픽스 방송출연이 지명도를 높이는데 큰 도움이 되었습니다. 뉴스공장을 통하여 '정저러정정'으로 시작되는 노래가 널리 회자되었습니다.

저는 서울교육감 보궐선거의 사전투표에 참여하면서 투표를 독려했지만, 최종 투표율은 매우 낮았습니다. 50.2%의 득표율로 당선되었습니다. 진보와 보수 모두 단일화된 후보들끼리 경쟁하는 선거였기 때문에 그런 득표율을 기록할 수 있었습니다. 열렬히 지지해준 분들이 고마웠고, 그 기대에 어긋나지 않도록 노력해야 한다고 다짐했습니다. 조희연 교육감도 직접 나와 축하를 해주었습니다.

교육감은 선거를 통해 선출되었다는 점에서는 정치인일지 몰라도 근본적으로는 교육자이자 행정가입니다. 우리 학생들과 청소년들의 미래를 내다보면서 정책을 구상하고 집행해야 합니다. 민주 진보 교육의 가치를 보편적 가치로 만들기 위해 노력해야 할 뿐 아니라 현실적으로 존재하는 보수적 열망에도 귀를 기울이면서 토론하고 설득하는 길을 걸어가야 합니다. 정치적 적대의 길이 아니라 상호이해를 통하여 갈등을 조정하고, 통합하는 길을 걸어야 합니다. 현재보다는 미래사회에 필요한 역량을 길러 주어야 합니다. 저는 10월 17일 취임사에서 그런 뜻을 분명히 밝혔습니다.

제2장 삶과 학문적 여정

교육감 선거과정에서 많은 분들이 저를 잘 모른다는 평가를 하였기 때문에 저는 최대한 많은 분들을 만나 저를 소개할 필요가 생겨났습니다. 저 자신을 돌아볼 필요도 있었습니다. 제가 걸어온 삶과 학문적 여정을 돌아보는 것은 저에겐 초심으로 돌아가는 길이기도 합니다. 초중등 학교를 마치고 대학의 학부와 대학원을 거치면서 갖게 된 저의 교육적 철학이 편협되지는 않았는지, 교육과 학문에 뜻을 두게 되었을 때, 그리고 본격적으로 학자의 길에 접어들었을 때 가졌던 문제의식과 학문적 관심사를 되돌아보고 싶었습니다. 그것은 우리가 현재 직면하고 있는 교육적 문제들의 기원을 생각하는 기회이기도 합니다. 교육과 연구의 길에서 만나고 교감했던 많은 훌륭한 선생님과 동료 학자들, 그리고 저의 학문적 안내자의 역할을 했던 많은 제자들과 연구의 중심 주제로 삼았던 사회적 약자들을 생각해보는 것은 서울교육의 현재와 미래에 대한 자양분이 될 수 있다고 생각합니다.

소년시절

저의 가장 어렸을 때의 기억은 부산 동래고등학교 뒷담 부근에 살았을 때의 기억입니다. 아마도 다섯 살 정도였을텐데, 길거리 노점에 놓여 있던 빨간 물고기가 인상적이었습니다. 지금 생각하면 그것이 도미였

을 겁니다. 집 부근에 유치원이 있었는데, 이곳에 다니는 유치원생들이 부러웠습니다. 얼마 전에 기억을 더듬어 그 학교에 가보았는데 놀랍게도 그 집터가 그대로 있었습니다.

군장교였던 아버지는 1961년 부산에서 춘천으로, 이어 인제로 이동하여 병기중대 중대장으로 복무하였습니다. 1963년 봄에 인제군 남면 가로국민학교를 입학하였는데, 작은 소년의 눈에는 입학식이 열린 운동장이 넓었습니다. 인제 읍내에 있는 학교를 간 일이 있는데 훨씬 큰 학교여서 놀랐습니다. 봄에는 나물캐고 여름에는 가재잡던 시절입니다. 그러나 그 해 여름에 아버지가 돌아가셨기 때문에 전북 익산의 고향으로 돌아와 황등국민학교로 전학하였습니다.

아버지의 별세는 저뿐 아니라 우리 가족 전체의 삶을 바꾼 사건이었습니다. 그 후 저의 실질적인 보호자는 할아버지였고, 어머니는 우리 3남매 뿐 아니라 큰 며느리로서 대가족을 뒷바라지하느라 무척 고생했습니다. 마을에서 학교까지 약 3km의 신작로를 걸어 다녔습니다. 우리 마을 바로 옆에는 한국전쟁 당시 피난 내려온 사람들이 거주하는 정착마을이 있었는데, 그 마을의 교회와 참 어렵게 살았던 그 마을의 친구들이 기억납니다. 당시에는 중학교 입학시험이 있었는대 6학년 담임 선생님이 저녁에 일부 아이들을 모아 입학시험에 대비하는 공부를 하도록 하였습니다. 시골학교의 초등학교 졸업식에서 준 상품이 무엇이었을까요? 6년 개근상은 삽 한자루였고, 우등상은 낫 한 자루였습니다. 여름방학 숙제가 퇴비모으기이고 겨울에는 쥐잡기와 솔방울따기가 일상적이었던 1960년대 국가정책에서 비롯된 풍경입니다.

저는 익산시(당시 이리)에 있는 남성중학교를 다녔습니다. 비교적 유명한 사립학교이지요. 기차역에서 멀리 떨어진 시골 마을에서 이리에 있는 학교 다니기가 무척 힘들었습니다. 중학교 1학년 조그만 아이가 새벽에 일어나 고3이던 막내 삼촌과 함께 황등과 함열 사이에 있던 다산역이라는 간이역까지 가서 기차를 타고 이리역까지 가서 다시 학교까지 가는 것을 지금은 상상하기 어렵지만, 당시는 흔한 일이었습니다. 친구 한 명은 기차 사고로 다리를 잃기도 했습니다. 한두달 다니다 보니 너무 힘들어서, 시내에 아주 작은 방을 얻어 자취생활을 하게 되었습니다. 손바닥에 두부를 놓고 칼로 잘게 썰어 된장찌게를 끓이던 생각이 납니다.

중학교 1학년 2학기가 되자 성적우수학생들을 모아 별도로 한 학급을 편성했는데, 1년간 운영하고 폐지했습니다. 이 시기에는 상급학년 학생들로 구성된 기율부가 우리들에게 자주 폭력을 휘두르기도 했습니다. 이들이 툭하면 찾아오는 점심시간은 악몽이었습니다. 저는 이때 제도화된 학교폭력의 폐해를 깨달았습니다. 2학년이 되자 어머니와 동생들이 뒷바라지를 위하여 시내에 있는 외숙 댁으로 이사를 하여 고생을 면했습니다. 이 무렵에 학교 인근에 있던 전북대학교 공대 학생들이 시위하는 모습을 처음으로 보았습니다. 3선 반대 데모였을 겁니다. 조금 후에는 인근 학교 운동장에서 열린 대통령 후보 연설회에 참석하게 되었습니다. 많은 시민들이 김대중 대통령후보의 연설을 듣기 위해 운집하였습니다.

3학년에 진학하면서 비로소 고등학교 입시에 성적이 중요하다는 것을 알게 됩니다. 친구들과 밤늦게까지 도서관에서 공부했습니다. 늘 따뜻한 사랑을 주셨던 담임 선생님은 동일계 고등학교 진학을 권유했지만, 저는 부친이 졸업한 전주고등학교를 선택하였습니다. 처음으로 고등학교 진학이 대학 입학과 밀접하게 연관되어 있음을 느끼게 되었습니다.

고등학교 생활도 이리에서 전주까지의 기차통학으로 시작되었습니다. 새벽 5시 30분에 집을 나서서 6시에 기차를 타면 6시 45분에 전주역에 도착하고, 7시에 학교에 도착합니다. 겨울철에는 어두컴컴하지만 여름에는 아침 운동하기 좋은 시간이지요. 고교 시절 단연 유명한 에피소드는 우리 교장 선생님의 독특한 교육철학이었습니다. 우리 선배들은 중학교에서 고등학교로 진학할 때 무시험 동일계 진학을 하였지만, 우리는 입시를 거쳐 입학하였기 때문에 교장 선생님은 우리를 '옥동자'라고 부르면서 방과 후에 꼭 1시간씩 운동을 하도록 하였습니다. 모든 학생들이 유도를 배웠고, 운동 특기자, 음악과 미술 특기자들도 같은 반에서 공부했습니다. 학교에 테니스장이나 수영장이 새롭게 만들어졌지만, 우리가 사용하지는 못했습니다. 대신 공부하다 지칠 때 가끔씩 노래 잘 부르는 친구들이 나와 머리를 식히기도 했습니다.

우리에게는 2년 위 채수찬 선배(전 카이스트 교수), 1년 위 이을호 선배(민청련 부위원장)가 우상이었습니다. 채수찬 선배는 졸업 직전 시위를 모의했다고 곤경에 빠졌습니다. 이을호 선배는 어느날 조회에서 교장 선생님의 추천으로 연단에 올라가 플라톤에 관한 이야기를 한 적이 있습니다. 그는 후에 민주화운동청년연합(민청련)의 핵심 활동가였으나 심한 고문 후유증으로 세상을 하직하였습니다.

우리는 사교육 한번 받은 적 없이 오로지 밤늦게까지 학교에서만 공부하는 행복한 고교시절을 보냈지만, 교장 선생님의 체력 중시 정책 때문인지 우리 동기들의 대학 입학성적은 유례없이 참담했습니다. 그 때문에 교장 선생님은 문책성 인사를 당하게 되었습니다. 모든 것이 서울대학교 입학성적으로 평가받던 시절입니다. 그러나 지금 생각하면 교장 선생님의 정책이 나쁘지 않았던 것 같습니다. 모두 건강하게 운동하면서 성장했으니까요. 제가 함께 공부했던 3학년의 친구들 중에는 훌륭한 인재로 성장한 사람들이 많이 있습니다. 유명한 법률가도 있고, 서예가도 있고, 좋은 교육자로 활동한 사람들이 많이 있습니다.

대학시절과 야학

1970년대 중반 대학입학시험은 예비고사와 본고사로 구분되어 있었습니다. 저는 별다른 고민없이 고등학교 성적에 맞추어 서울대학교 사회계열에 지망했지만 낙방하였습니다. 담임선생님의 실망한 목소리를 듣는 순간, 하늘이 노랗게 변했던 기억이 생각납니다. 가까운 친구들과 함께 어떤 극장에 들어가서 영화를 보는 둥 마는 둥 울분을 삭였습니다.

3월이 되자 생전 처음 타보는 고속버스로 서울에 왔습니다. 종로3가에서 어렵게 살았던 이모할머니에게 신세를 졌습니다. 10개월간 집에서 학원을 왔다갔다하는 정말 단조로운 재수 생활을 하였습니다. 서울대학교 특정 학과가 목표가 아니라 사회계열 합격 자체가 목표였습니다. 고투 끝에 목표를 달성할 수 있었습니다. 당시 서울대학교 사회계열은 사회대, 법대, 경영대를 포괄하는 광역계열이었고, 540명 중에서 여학생은 단 2명 밖에 없었습니다. 계열별 모집과 학과별 모집은 각각 장단점이 있습니다. 계열별 모집은 1년 기초교양공부를 한 뒤 학과를 선택하는 것으로, 대학의 입장에서는 성적이 좋은 학생들을 빠짐없이 선발할 수 있는 장점이 있지만, 학생들은 소속감이 약하기 때문에 적응에 어려움을 겪습니다. 또한 원하는 대학과 학과에 진학하기 위하여 1년간 고등학교처럼 열심히 공부해야 합니다.

저는 대학 입학초 낯선 환경에 적응하지 못하고 약간 방황했던 것 같습니다. 당시 시골출신 신입생들은 순진하여 타임지와 같은 잡지 외판원들뿐 아니라 긴급조치 9호에 따라 지하화하기 시작한 대학서클(동아리) 선배들의 좋은 '먹잇감'이었지요. 신입생들에게는 학과 선택 이전에 대학 동아리 선택의 기회가 주어졌고, 이 선택이 인생을 좌우하기도 했습니다. 저는 여러 서클을 기웃거렸지만, 관악캠퍼스의 기숙사에서 생활하면서 고교 친구들과 더 자주 어울렸습니다.

2학기가 되면서 낯선 환경에 조금씩 적응하기 시작했고, 고교 친구들과 함께 만든 한울이라는 모임에서 최인훈의 『광장』이나 이청준의 『당신들의 천국』등의 소설을 읽고 토론하였는데, 이런 경험이 훗날 저의 연구에 큰 영향을 미치게 된다는 것을 당시에는 알지 못했습니다. 『광장』은 약 40년 후에 이루어진 한국전쟁 포로, 특히 중립국으로 간 포로 연구에 큰 영감으로 작용했으며, 『당신들의 천국』은 약 20년 후에 본격적으로 수행했던 한국 한센병사 연구의 나침반과 같은 역할을 하였습니다.

얼마 전에 1976년에 대학에 입학한 동기들이 학창시절 읽었던 책들 중에서 가장 큰 영향을 받은 책을 하나씩 선정해 글을 쓰고, 그 글들을 모아서 책을 낸다고 해서, 저는 주저없이 『광장』을 골랐습니다. 이 책에 대한 기억과 함께 한국전쟁 포로에 대한 저의 연구를 소개했습니다. 독서의 힘은 강력하고 오래 갑니다.

저는 2학년으로 진급할 때 사회학과를 선택했습니다. 법학이나 경제학보다 사회학이라는 학문이 매력적으로 다가왔기 때문입니다. 몇

개월이 지난 후 기숙사를 나와 중학생을 가르치는 입주 아르바이트를 하였습니다. 학부모님이 초대하여 처음으로 맛본 함흥냉면은 정말 먹기 힘든 음식이었습니다. 또한 전혀 공부에 열의가 없는 학생을 가르친다는 것이 매우 어렵다는 것을 처음으로 깨달았습니다. 명륜동에서 봉천동 하숙집으로 거처를 옮긴 후, 통인동에서 여고생 2명에게 영어를 가르치게 되었는데, 이것도 오래가지 못했습니다. 그후 문래동에서 중학생 2명에게 수학을 가르쳤는데 이것은 오래 지속되었습니다.

그 무렵 학과 친구였던 공제욱 군(전 상지대학교 교수)이 사당동에서 집안 형편이 어려운 어린 청소년들을 가르치는 야학에 참여해달라는 요청을 해왔습니다. 이 요청이 저의 대학생활뿐 아니라 삶에 결정적인 영향을 끼쳤다고 생각합니다. 이 야학은 사당동 성당 지하실을 빌려 운영하였는데, 원래 1975년 이 지역의 판자촌 청소년들을 대상으로 지하 방공호에서 시작한 것입니다. 별다른 고민없이 여기에 합류하였고, 새로운 친구들을 만나고, 이후 대학생활의 절반을 야학의 학생들과 함께하는 생활이 시작된 것입니다. 사당동 야학은 집안 형편이 어려워 중학교 진학을 하지 못한 학생 뿐 아니라 고속터미널이나 신영섬유 공장에서 일하는 노동자들이 참여하였고, 교사로 활동한 동료들은 관악캠퍼스뿐 아니라 연건캠퍼스의 의대와 간호대, 그리고 이화여대의 대학생들이었습니다.

당시 관악구에는 사당동 뿐 아니라 봉천동, 신림동, 난곡 등에 판자촌으로 불리는 빈민주택들이 널리 퍼져 있었고 이를 배경으로 검정고시를 목표로 한 야학들이 설립되어 운영되었습니다. 영등포 신정동이나 동대문 지역에도 야학들이 운영되고 있었습니다. 당시 야학 교사

사당동 야학시절 학생들과 함께(1978년)

들은 이오덕 선생님의 어린이 관련 책이나 파울로 프레이리의 『페다고지』, 또는 본 회퍼의 신학 책들을 공부하면서 야학의 의미에 관하여 토론하기도 하고, MT를 가서 동료들간 단합을 도모하였습니다. 1978년경부터 야학들간의 상호 교류가 이루어지기 시작하였습니다. 동료들 중에는 광주 출신이 있었기 때문에, 이를 통해 1978년 겨울, 광주 광천동에 설립된 들불야학으로부터 교재에 관한 도움 요청을 받기도 했습니다. 1979년에 이르면 김민기의 〈공장의 불빛〉 노래극도 하였고, 야학 졸업생들간의 연대의식이 커지면서 빈민야학으로부터 노동운동으로의 전환필요성도 논의되기 시작했습니다. 가장 안타까운 것은 사당동 야학의 졸업생 중 가장 어른스러웠던 친구 정운현 군이 노동운동에 뜻을 두고 필요한 자금을 마련하기 위해 과천 정부청사 공사현장에서 일하다가 가스중독으로 세상을 하직한 것이었습니다. 표현하기 어려울 정도로 커다란 충격이었습니다. 야학졸업생 중에는 중학교에 진학한 학생도 있고, 후일 선교사가 된 사람도 있습니다.

저는 야학 활동을 하면서 대학 생활을 좀더 충실하게 보낼 수 있었습니다. 야학에 거의 매일 나갔기 때문에 학과 공부를 위해 낮 시간을 좀더 효율적으로 쓰려고 노력했습니다. 2학년까지 정치학과나 경제학과, 철학과, 미학과 등의 강의를 많이 들었지만, 점차 사회학 공부에 집중하게 되었습니다. 그러나 치열했던 학생운동의 영향도 무시할 수 없었습니다. 1977년 10월에 발생했던 26동 사회학과 심포지엄 사건은 잊기 어려운 충격이었습니다. 당시 3학년들이 주축이 되고 2학년 일부가 참여하는 이 심포지움은 '민족운동의 사회학'을 주제로 계획되었는데, 행사 당일 학과 교수님들의 만류로 발표자들은 행사장에 가지 못했고, 오히려 심포지움을 듣기 위하여 모였던 학생들은 본의 아니게 농성을 하다가 전원이 연행되었습니다. 이 사건으로 8명의 학생들이 구속되었는데, 여기에 저의 학과 친구들이 포함되었습니다. 이 사건이후 서울대학교 학생들은 좀더 강력한 저항을 하게 됩니다. 이 과정에서 저의 모임 후배들이 경찰에 연행되고 제적당하는 아픔이 있었습니다.

저는 3학년이 되면서 선생님들의 강의를 더 재미있게 들었습니다. 학과 동료들과도 세미나를 하고, 고전 강독도 함께 읽었습니다. 그러나 경찰과 정보기구의 감시가 운동권 학생들뿐 아니라 평범한 학생들에게도 미쳤습니다. 이들은 종종 활동적인 학생들에게 군대에 가도록 압력을 넣었습니다. 사회학과 교수님들은 학생들에게 전공 공부에 전념하도록 필독도서를 정하여 읽고 리포트를 제출하도록 했습니다. 대부분의 친구들은 이를 외면했지만, 저는 목민심서와 열하일기를 읽고 신용하 교수님의 한국사회사 강의에서 배웠던 신분제에 관한 지식을 활용하여 리포트를 작성했습니다. 이를 김진균 선생님이 읽고 칭찬해 주셨고, 이것이 저를 연구자의 삶으로 인도한 작은 계기가 되었습니다. 박경서 선생님의 유럽 사회민주주의에 관한 강의와 독일어로 된 참고자료들이 학문적 도전의식을 자극했습니다. 생시몽, 푸리에, 고드윈 등 공상적 사회주의로부터 독일의 사회민주주의로 이어지는 사상들은 현대 자본주의를 다시 보도록 했습니다.

이 시기의 가장 큰 아픔, 또는 시대적 고통은 가까운 친구들이 제적될 줄 알면서도 권위주의 독재에 항거하는 시위를 조직하고, 기꺼이 대학을 떠났다는 것입니다. 조희연 전 교육감도 여기에 속합니다. 친구들은 시위를 계획하면서 조금이라도 더 시간을 끌기 위하여 위험한 도서관 난관을 이용하기도 하고, 감시를 따돌리기 위한 치밀한 계획을 짜기도 하였습니다. 고교 친구 2명이 그 해 대학 캠퍼스를 떠났습니다.

1979년, 그러니까 대학 4학년 시절은 좀처럼 무너질 것 같지 않았던 거대한 정치권력이 어떻게 금이 가고 나아가 어떻게 무너지는가를 경험한 시간들입니다. 특히 9월부터 10월까지 두 달이 그렇습니다. 어느날 아침, 친했던 사회학과 친구를 화장실에서 만났는데, 그 친구가 나직히 말했습니다. "내가 오늘 일찍 졸업한다" 이 말을 듣는 순간 저는 "그래?" 외에는 아무 말도 못했습니다. 오전 강의가 끝나던 시각, 친구가 말한 시위 현장에 나가 보았을 때, 친구는 게시판에 올라가 소리쳤습니다. 그러나 곧바로 경찰이 달려들었고, 개처럼 끌어갔습니다. 저는 학과 사무실로 돌아와 울었습니다. 애꿎게도 후배들에게 화풀이를 하기도 했습니다. 이 사건 이후 상황은 하루가 다르게 변해갔습니다. 역사가 저벅저벅 앞으로 나아가고 있는 느낌, 이 거대한 전진에 함께 해야 하는 것은 아닌가라는 느낌을 처음으로 받았습니다. 당시에는 알지 못했지만, 1979년 서울대학교의 학생시위는 고교 친구 이원주 군이 지휘했다고 합니다. 그 친구는 이듬해 무림사건으로 구속되었고, 오랜 고생 끝에 지금은 5 · 18 묘지에 누워 있습니다. 대학 1학년 때 "한사"로 불리던 동아리 신입생 모집에 같이 갔었는데, 그때 친구의 운명이 달라졌다고 생각합니다.

자취하던 방에 불을 때지 않아서 몹시 추웠던 10월 26일 아침, 라디오에서는 구슬픈 음악이 나왔고, 곧 대통령 유고 방송으로 이어졌습니다. 초등학교 1학년부터 대학 4학년이 되기까지 줄곧 오직 한 사람만이 대통령이던 시간이 끝난 것입니다. 우리를 옭죄던 긴급조치 9호가 해제되고, 시위로 구속된 친구들이 석방되었다는 것이 큰 기쁨이었습니다.

그때 저는 졸업논문으로 막스 베버(Max Weber)의 지배의 유형론을

대학졸업식 때 이현재 학장님으로부터 상장 수여(1980.2)

원용하여 '가짜 카리스마'에 관해 발표했는데, 박정희 비판의 일환이었습니다. 저는 대학 졸업 후에 무엇을 할 것인가에 대한 별다른 고민 없이 대학원 진학을 결정하고, 약 2달 간의 준비 끝에 시험에 합격하였습니다. 대학원 진학이 예정된 신입생들이 이만갑 선생님의 경기도 광주 농촌지역연구에 조사원으로 참여하게 되었습니다. 창뜰이나 수레실 같은 아름다운 이름을 지닌 마을이었고, 주제는 통혼권이었습니다. 사회조사의 경험을 쌓은 것이지요. 대학 졸업식에서 저는 이상백 선생님의 이름을 딴 상백상과 학장상을 받았습니다. 그러나 입학 동기 중 절반 이상이 함께 졸업하지 못하는 씁쓸함 때문에 마냥 즐겁지는 않았습니다.

대학원 시절, 그리고 5·18

1980년 3월 대학원에 진학하면서 학과의 행정조교(TA – Teaching Assistant)가 되었습니다. 1979년 서울대학교에 처음 도입된 이 제도는 매월 5만원 씩의 장학금과 함께, 학과 조교를 도와 각종 사무를 처리하는 것입니다. 이 장학금은 생활에 큰 도움이 되었는데 이의 일부는 동생의 학원 수강료로 사용되었습니다.

1980년 봄은 유신잔재 척결이라는 정치적 과제와 함께 해직되었던 교수님과 학교를 떠났던 학생들이 돌아오는 계절이었습니다. 당시 복학생 환영회가 아크로폴리스에서 열렸을 때 정치학과 친구 김부겸의 연설이 많은 관심을 끌었습니다. 학생회가 부활하고, 대학원생들도 원우회를 결성하였습니다. 인문대와 사회대 대학원의 1학년 3명, 2학년 3명 등 6명이 원우회 대표로 활동했는데, 저도 그 중 한 사람이었습니다. 처음에는 어용교수 조사 이야기가 있었지만, 전두환 보안사령관의 중앙정부장서리 겸직이 이루어지면서 중단되었습니다.

사회학과에서는 신용하 선생님 주도로 대학원생 중심의 사회사 연구모임이 시작되었습니다. 이 모임이 오늘날 큰 학회로 발전한 한국사회사연구회의 출발입니다. 저는 여기에서 사회학에 역사적 시각을 더하는 연구방법의 기초를 닦았습니다. 또한 해직되었던 한완상 선생님이 돌아오셔서 대학원에 사회심리학연구라는 강의를 개설하였기 때문에 이를 수강할 수 있었습니다. 당시 3김씨 중에서 김대중과 김영삼 두 정치지도자의 향배가 큰 관심이었는데 저는 한 교수님께 어떤 분을 지지하느냐는 당돌한 질문을 하였던 기억이 있습니다. 또한 대학원생들이 미국의 유명한 사회학자인 밀스(C. Wright Mills)의 '군산복합체'론에 입각하여 학과 교수임용과정의 문제를 지적하는 이른바 사회학과백서 사건이 있었습니다. 교수님들과 대학원생들이 밤 늦게까지 이를 둘러싼 논의를 하였는데 분위기가 무거웠습니다.

5월이 되면서 대학은 신군부에 대한 정치투쟁의 열기로 뜨거워지기 시작합니다. 5월 초, 학생들의 대규모 집회에서 시국선언문이 발표되었습니다. 학생들은 신군부를 겨냥하여 계엄해제와 민주화, 유신헌법 철폐를 요구하였습니다. 복학생 대표였던 이해찬 선배의 요청에 따라 대학원 원우회에서도 성명서를 작성하였는데 저도 여기에 참여했던 기억이 있습니다.

5월 13일부터 학생들은 캠퍼스 내에서 항의 시위를 하는 것에서 벗어나 시내로 진출하였고, 유인물을 만들에 시민들에게 나누어주는 활동을 하였습니다. 그 절정은 5월 15일 서울역 대집회였습니다. 그러나 신군부에게 쿠데타 명분을 줄 수 있다는 이유로 학생회장단은 각각의 캠퍼스로 돌아가는 결정을 하였습니다. 이른바 서울역 회군입니다. 그러나 이 결정이 결과적으로 광주의 학생들과 시민들의 대규모 희생되는 '5·18'을 낳을지 당시에는 전혀 몰랐습니다. 뿐만 아니라 광주에서 전남대학교 교수님들과 학생들이 '민족민주화 대성회'를 거창하게 진행하고 있었던 것도 몰랐습니다. 5월 17일 밤, 저는 학과 사무실 옆의 연구소에서 유인물을 인쇄하는 것을 지켜보고 있었는데, 군인들이 캠퍼스로 들어온다는 소식에 허겁지겁 집으로 돌아갔습니다.

계엄 확대 조치가 내려진 이튿날 아침, 학교 상황이 궁금하여 버스를 타고 봉천동 고개를 넘어 대학 정문을 바라보았을 때 장갑차들이 늘어서 있었습니다. 물론 학교로 들어가지 못했습니다. 당시 학생들 사이에서는 만약 신군부가 휴교령을 내리면 각 대학마다 특정 장소에 집결하여 항의 시위를 한다는 약속이 있었습니다. 서울대학교 학생들은 영등포역 광장이 집결지였기 때문에 거기에 나가 보았는데, 소수의 학생들이 모여 있다가 곧바로 해산당했습니다. 요샛말로 멘붕이 왔습니다.

5월 21일 무렵입니다. 광주에 다녀온 집주인 아저씨가 광주 상황이 심각하다고 알려주었습니다. 저와 함께 생활했던 친구 손용엽(전 전남대학교 교수)과 마침 우리 집에 놀러 온 2명의 후배들이 함께 관악산을 등산하였습니다. 대학이 휴교령으로 폐쇄되었고, 광주 소식 때문에 몹시 불안하고 무료한 상황이었습니다. 우리들은 전주에서 일어난 대학생들과 전경의 충돌이나 광주 상황에 관해 걱정하면서, 서울에서도 무엇인가를 도모해야 광주 시민들이 덜 다친다는 순진한 생각을 하게 되었습니다. 그래서 "25일 종로 3가 단성사 앞에서 시위가 있으니 모두 모여라”는 이야기를 여러 경로로 알리자는데 합의하였습니다. 약속한 날, 그곳에 나갔는데, 웬걸 수경사 군인들을 태운 트럭들이 대규모로 지나가는 것이었습니다. 일종의 무력시위였지요. 아무 일도 일어날 수 없었습니다. 허탈하게 돌아왔습니다. 그리고는 5월 27일 아침, 5·18 광주항쟁이 비통하게 끝났습니다.

5월 31일 자정 무렵 막 잠에 들었는데, 갑자기 저벅저벅 소리가 들리더니 방문이 활짝 열리고, 몇 명의 건장한 사람들이 저와 친구의 이름을 불렀습니다. 그 길로 차에 태워져 알 수 없는 곳으로 끌려 갔습니다. 왜 끌려 가는지도 알 수 없었습니다. 어디엔가 도착한 후 곧바로 지난 5월 한달간의 행적을 쓰라는 심문을 받았습니다. 김대중선생님에 대한 생각도 물었습니다. 자술서를 쓰고 또 다시 쓰는 방식으로 괴롭히면서 잠을 재우지 않았습니다. 이튿날 아침, 이곳이 용산경찰서임을 알게 되었고, 함께 끌려간 친구는 뺨이 크게 부풀어 있었습니다. 우리가 잡혀온 이유는 단성사 시위 모의에 관한 것이었고, 배후를 경제학과 모 선배로 상정한 심문과 구타가 이어졌다고 합니다. 구속 여부를 둘러싸고 옥신각신한 끝에 연행 한달만에 결국 유치장으로 들어갔고, 이틀 후 서대문구치소로 넘겨졌습니다.

일제 때부터 있던 9동 2층의 독방이었는데, 감방 안에는 여기에 갇혔던 사람들의 흔적이 가득했고, 신체의 구속이 무엇인지를 처음 알게 되었습니다. 2주간 이곳에서 ‘사회’에 대한 그리움을 키웠습니다. 이곳에서 황지우선배를 만났습니다. 곧 입대한다는 젊은 간수가 가끔씩 말을 걸어 왔습니다. 그 사이에 수도경비사령부 검찰부에 2차례 다녀왔는데 호송버스 안에서 파란 하늘과 거리를 걷는 사람들의 모습을 보면서 '자유'의 의미를 새삼스럽게 깨달았습니다. 천만다행으로 수경사 검찰부의 결정으로 기소유예로 풀려났습니다. 노심초사하셨을 어머니는 의외로 의연하셨지만 그동안 얼마나 속을 태웠겠습니까.

1980년 여름, 서울대학교에서 약 100명의 학생들이 제적되고, 사회학과에서는 한완상 선생님과 김진균 선생님이 해직을 당했습니다. 저는 대학원 친구들과 함께 몹시 무거운 마음으로 해직된 김진균 선생님의 연구실 짐을 독산동 자택으로 옮겼습니다. 우여곡절 끝에 2학기부터 다시 대학원에서 공부할 수 있었지만, 몹시 어수선한 상황이 이어졌습니다. 이런 상황에서 절친한 친구였던 이기홍 군(전 강원대학교 교수)이 우리가 3학년때 김채윤 선생님의 사회계층론 강의에서 언급했던 오소프스키의 책을 번역하자고 제안하여 인간출판사에서 『사회의식과 계급구조』라는 이름으로 출간하였습니다. 저의 생애 최초의 번역서입니다. 당시에 우리 사회는 '계급'이라는 용어가 학계에서조차 사용하기 어려운 금기어였는데, 저는 이 책 때문에 곤욕을 치루었습니다. 영등포경찰서에서 이 책의 원고료가 운동권 후배들에게 지원되었는지 의심했기 때문입니다.

5·18을 겪은 후 좀더 근본적인 인간의 자유와 사회 변혁에 관한 관심이 생겼고, 그 맥락에서 헤겔의 철학에 관심이 갔습니다. 철학과 대학원에서 사회철학을 공부하는 친구들과 헤겔의 정신현상학을 같이 읽기 시작하였습니다. 대학원 석사과정 2학년은 독일어 원전 강독으로 시간을 보냈고, 결국 헤겔 법철학의 사회와 국가의 관계 연구로 석사학위 논문을 작성했습니다. 지도교수는 철학과 차인석 선생님이었습니다. 사회학이라기보다는 사회철학에 가까운 것이었지만, 이것은

대학원 석사 논문 주제였던 헤겔이 공부했던 독일 튀빙겐 방문

사회변동을 바라보는 저의 시각에 큰 영향을 끼쳤다고 생각합니다. 특히 주인과 노예의 변증법, 그리고 인정투쟁에 관한 그의 철학은 후일 사회에서 분배의 문제뿐 아니라 사회적 인정이 매우 중요하다는 인식을 심어 주었습니다.

석사과정을 마친 후 군에 입대해야 했는데, 이 해에는 서울대학교 대학원 졸업생들이 사관생도의 군기에 좋지 않은 영향을 미친다는 이유로 사관학교 교관 제도가 중단되었습니다. 이 해에 예비역 사관, 일명 석사장교 제도가 새롭게 시작되었고, 이에 응시했습니다. 우여곡절 끝에 9월, 영천의 3사관학교에 입교하여 훈련을 받게 되었습니다. 4개월의 훈련이 끝난 후 연천과 철원 사이에 있는 5사단으로 소대장 실습 훈련을 하였습니다. 한 달은 민통선 밖에서, 한 달은 역곡천이 흐르는 군사분계선 철조망을 감시하는 최전선에서 실습 소대장으로 복무했습니다. 이때의 경험이 훗날 비무장지대에 관한 연구로 이어집니다. 전방에서의 실습을 마치고 다시 3사관학교로 돌아와 임관식을 하고 곧바로 예비역 소위로 편입되었습니다.

다행스럽게도 저는 그 사이에 대학원 박사과정에 진학하였습니다. 1983년 봄학기에 홍두승 선생님의 사회계층론 연구에서 화이트칼라에 관한 리포트를 작성했는데, 이것이 저의 논문의 출발입니다. 이각범 선생님의 노동시장과 노동과정, 노사관계를 아우르는 산업사회학 연구 수업에도 참여했습니다. 5월, 결혼을 하였고, 홍제동의 방 두칸짜리 전세집에서 신혼생활을 시작했습니다. 그해 8월부터 학과 조교로 근무하게 되어 생활걱정을 덜었습니다. 학과 조교로서 학생들을 살피고, 교수님들의 강의를 돕기도 하였습니다. 권태환 선생님의 도시사회학 수업을 듣는 학생들을 인솔하고 성남시 조사를 하기도 하였는데, 성남대단지 사건의 흔적이 남아 있었던 것이 기억납니다.

틈틈이 시간을 내서 김진균 선생님의 제안으로 세계의 사회혁명에 관한 글들을 모아 1984년 한길사에서 『혁명의 사회이론』을 출판하였습니다. 영광스럽게도 이 책은 '오늘의 책'으로 선정되었습니다. 1980년의 아픔을 딛고 사회과학의 시대가 시작되던 상황입니다. 이어 사회학과 후배였던 김해식 군(전 KBS 방송문화연구소 연구원)이 제안하여 사회학과 교재로 사용되던 라우어(Robert H. Lauer)의 책 『사회변동의 이론과 전망』을 번역 출간하였습니다. 이 책은 전국의 사회학과에서 교재로 활용되었습니다.

북웨이브 한마당에 참석한 김민석 총리, 정독도서관(2025.6.14)

학과 조교로 일했던 시기는 5·18의 아픔을 떨치고 1970년대와는 질적으로 다른 대중적 학생운동을 만들어가던 시기입니다. 매년 입학생들의 기세가 달랐는데, 특히 1982년과 1983년 입학생들이 뛰어났습니다. 오늘날 한국 정치에서 중요한 역할을 담당하고 있는 김민석 총리도 이들 중 한 명입니다.

드센 학과 후배들을 지도하고 관리해야 하는 일은 만만치 않았습니다. 그래도 학과장님 앞에서 이 후배들을 옹호해주면서 많은 것을 배운 시기이기도 합니다. 조교는 학생들 장학금 분배의 초안을 준비해야 했는데, 학과장 선생님은 성적순을 선호했지만, 저는 늘 집안이 어렵거나 농촌 출신을 추천하였습니다.

또한 이 시기에 해직된 김진균 선생님을 중심으로 선배 동료 대학원생들이 힘을 모아 상도연구실을 만들었습니다. 임영일 선배(전 경남대학교 교수)나 조희연(전 서울시교육감)과 함께 하였습니다. 여기에서 이듬해에 최초의 진보적 학술단체인 산업사회연구회가 태동하였습니다. 그 결성 취지의 초안을 제가 작성했습니다. 이 연구회에는 사회학 전

한국산업사회연구회 정기학술토론회

공이 아닌 젊은 연구자들도 참여하였는데, 점차 이들이 각 학문분야에서 학회를 조직하였고, 후일 학술단체협의회가 결성됩니다.

    딸이 태어나기 직전인 1984년 봄, 응암동으로 이사를 했고, 어머니가 고향에서 상경하여 아이를 돌보아 주셨습니다. 이해 가을은 박사과정 마지막 학기이기도 합니다. 경제학과 안병직 선생님의 한국경제사 연구, 정치학과 김홍명 선생님(서강대학교)의 정치사상사 등을 수강하면서 많은 것을 배웠습니다. 안병직 선생님의 강의는 일종의 연구실 종합토론으로 저는 민족자본 논쟁을 연구했는데, 특히 이병천 선생님(전 강원대학교 교수)이 폭넓은 자료를 제공해주셨습니다. 김홍명 교수님 강의는 캐나다 정치학자 맥퍼슨(C.B. Macpherson)의 『소유적 개인주의(Possessive Individualism)의 정치 이론: 홉스에서 로크까지』(1962)를 중심으로 진행되었습니다. 소유적 개인주의는 각 개인을 자신의 신체, 능력, 노동력의 절대적 소유자로 간주하고, 사회란 기본적으로 시장 관계의 연속이고, 국가를 개인의 인신과 재산에 대한 소유권을 보호하고, 개인 간의 질서 있는 교환 관계를 유지하기 위한 인위적인 장치로 여기는 사상과 문화를 가리킵니다. 강의는 홉스, 로크, 루소로 이어지는 사회계약론의 공통점과 차이점을 살펴보고, 이것이 어떻게 소유적 개인주의를 낳고 다른 한편으로는 사회주의 형성에 기여했는가를 살펴보는 내용이었습니다.

대학원 박사과정을 수료하면서 취업 문제가 다가왔습니다. 당시는 전두환 정부가 대학 졸업정원제를 실시하면서 대학 규모가 급속히 팽창하고 이에 따라 교수요원이 모자라던 시기입니다. 저에게는 선생님들의 배려로 전남대와 전북대학교 사이에서 선택할 수 있는 기회가 주어졌습니다. 제가 그때 윤근섭 선생님의 요청에 따라 전북대학교 사회학과로 갔더라면 거의 틀림없이 동학농민혁명 연구를 했을 것이라는 생각을 합니다. 그러나 전남대학교와의 약속이 먼저 있었기 때문에 광주로 향했고, 이 결정이 결국 오늘날의 저를 만든 결정적 분기점이었습니다. 5·18이 남긴 거대한 소용돌이에서 저의 교육철학과 연구가 형성되었기 때문입니다. 서울대학교 김진균 선생님과 전남대학교 최협 선생님의 배려 덕분입니다.

제3장 연구자의 길

지역산업사와 망운연구

1985년 3월 전남대학교 사회학과에 전임강사로 부임했습니다. 지금은 국회의원으로 활동하고 있는 민형배 의원이 대학원생으로 저를 도와 준 학과 조교였습니다. 당시 전남대학교 사회학과는 인문사회대 소속으로, 사회학뿐 아니라 인류학, 고고학 전공 교수로 구성되어 있었습니다. 인문대와 사회대로 분리된 것은 1987년입니다.

부임 첫해에 저는 강의경험이 거의 없던 햇병아리 교수였고, 무엇을 연구할 것인지 확실하지 않은 상황이었습니다. 대학에서 배운대로

전남대학교 교수 부임 시절 친구들(왼쪽부터 공제욱, 조형제, 김종채)

전남대학교 교수 초기 시절 암태도 답사

가르쳤습니다. 이런 상황은 어떤 할머니의 방문과 전남대학교 선배 교수님들의 열정으로 바뀌었습니다.

전남대학교에 부임한 지 오래되지 않아 할머니 한 분이 제 연구실로 찾아 오셨습니다. 이재윤 할머니입니다. 당신이 일제 말기에 근로정신대로 일본에 끌려갔는데 너무 어려서 돌아왔고, 광주의 종연방적에서 일을 하게 되었다고 말했습니다. 해방과 함께 일본인들이 떠나간 후, 노동자들의 자주관리운동과 전평 노동자들의 부상, 공장 관리인 김형남의 부임, 전쟁으로 인한 공장파괴와 노동자들의 설비 복구, 그리고 이에 기여한 노동자들의 공로주 문제에 관해 이야기하였습니다. 문제는 회사에서 이 공로주를 제대로 보상하지 않았으니 이를 찾아달라는 요청이었습니다.

저는 이런 요청에 충분히 답할 수 있는 지식이 없었지만, 종연방적이라는 일본 독점자본의 역사와 이 회사를 둘러싼 전남 민초들의 삶에 학문적 호기심이 생겼습니다. 종연방적은 1920년대 중반에 서울과 광주 양림동에 제사공장을 설립하고 원료를 조달하기 위하여 인근 농촌에 뽕밭을 조성하였습니다. 1935년 임동에 면방적 공장을 세웠고, 이를 원활하게 운영하기 위하여 화순탄광을 매입했습니다. 전시체제로 가면서 평양 등에 회사를 추가로 설립하였습니다.

종방은 광주 부근의 풍경을 바꿨습니다. 종방 광주공장은 일제와 해방정국, 한국전쟁과 산업화를 거쳐 현재에 이르기까지 광주일대 민중들의 삶에 밀접하게 연결되어 있습니다. 화순탄광에서는 조선노동조합전국평의회(전평)의 주도로 해방 1주년 기념시위를 벌이다 미군정의 탄압으로 다수의 사상자가 발생하기도 했습니다. 종방 광주공장도 해방 후 노동운동의 현장이었습니다. 미군정하에서 이 공장은 전남방직공사가 되어 김형남이 관리인으로 파견되었습니다. 회사의 역사를 하나둘 파헤쳐 들어갈수록 종방이 광주와 인근 지역 근현대사에서 차지하고 있는 위상이 드러났습니다. 여기에서는 3~4천명 정도의 노동자가 일했는데, 대부분 10~20대의 여성노동자였습니다. 귀속재산 불하과정은 지방의 향토자본과 서울의 국가자본의 경합에서 전남방직(전방)과 일신방직 광주공장으로 분할됩니다. 1951년 전남방직공사를 불하할 때 이승만을 배경으로한 김형남 관리인이 한민당 배경의 고광표를 누르고 전방을 인수했고, 이 회사는 다시 전방과 일신방직으로 분리됩니다.

이런 내용들을 추적하여 1986년부터 약 5년간 지속적으로 논문을 발표했습니다. 종연방적을 중심으로 지역산업사 및 노동사 연구를 체계적으로 수행한 셈인데, 많은 분들이 이를 주목했고, 이것이 제가 역사사회학자로 자리잡은 토대가 됩니다.

1986년 종방연구를 시작할 무렵, 전남대학교 경제학과의 조담, 박광서, 정기화 선생님들과 사대 미술교육과 이태호, 광주보건전문대학 이종범 선생님이 광주에 온 저를 반갑게 맞아주면서, 광주의 학문적 풍토를 혁신할 필요가 있다고 말하였습니다. 우리는 자주 만나서 5·18이라는 역사적 대사건을 이해하려면 호남지역의 사회변동을 거시적 시각에서 바라볼 필요가 있다고 의기투합했습니다. 이를 위해 구체적 사례연구를 하기로 하고, 무안군 망운면을 조사대상지역으로 선정하였습니다. 군청에 있는 토지대장을 분석할 수가 있기 때문이었습니다. 이곳은 조선시대에 목장이 설치되어 감목관이 파견된 곳이고 일제하에서는 비행장이 건설된 곳입니다. 목장의 흔적이나 격납고가 남아 있지요.

이곳의 일제하 토지소유구조변동, 금융조합, 농촌기업 등이 연구주제로 선정되었는데, 망운초등학교의 학적부를 분석하게 되었습니다. 저는 이를 통해 진학률과 졸업율을 파악하고, 초등학교 졸업생들의 역할을 통해 식민지 근대 교육이 지역사회에서 차지하는 역할을 이해하려고 하였습니다. 이 과정에서 1930년대 초반 갑자기 학교 중퇴생들이 급증하는 현상을 발견했고, 이것을 세계 대공황이 일본의 식민지였던 조선 농촌에까지 파급된 것으로 해석하였습니다. 이 글이 "일제하 전남농촌의 교육실태-망운지역을 중심으로(1988)"라는 논문인데, 이를 포함한 공동연구의 성과가 『무안 망운면의 사회구조변동 연구』입니다. 저에게는 교육문제에 관한 첫번째 연구였고, 귀중한 공동 연구 경험이었습니다.

이 전남 농촌의 교육에 관한 저의 짧은 생각은 1988년, 대구와 부산, 전주의 지역연구자들이 지리산 피아골에 모여 협력을 모색하는 자리에서 이태호 교수님의 한국미술사에 관한 발표와 함께 발표되었습니다. 이런 점에서 제 학문적 여정의 출발은 사회적 현장이었습니다. 언제나 제가 발을 딛고 선 현장이 학문적 탐구의 출발점이었습니다. 저의 연구는 주체, 사회적 연결, 그리고 역사적 변동을 종합적으로 고려해야 한다는 밀즈의 사회학적 상상력, 그리고 사건, 국면, 구조를 함께 파악해야 한다는 아날 학파의 통찰력에 힘입은 바 크다고 생각합니다.

5·18 연구: 구술사와 기억투쟁

제가 본격적인 학문연구와 교육의 여정을 1985년 전남대학교에서 시작한 것은 숙명이라고 생각합니다. 교수로 첫 걸음을 시작했을 때는 미처 깨닫지 못했지만, 20세기 후반 한국 현대사에서 가장 슬프고, 동시에 가장 뜨거운 시공간이었던 '1980년 광주'에 제가 발을 들여놓은 것은 저의 삶과 학문적 세계를 결정했습니다.

이런 학문적 여정은 1987년 6월 민주항쟁의 과정에서 구체화됩니다. 전남대학교의 대표적인 실천적 지식인이었던 송기숙 선생님은 소설가였지만 5·18을 경험하면서 광주의 진실을 밝히기 위해 광주시민들, 특히 5·18 참가자들의 경험을 모으기로 생각했습니다. 서울과 지방의 선생님들과 지역유지들의 도움을 얻어 연구소를 설립하고 종합적인 구술채록사업을 계획했습니다. 당시의 정치적 여건을 감안하여 한국현대사사료연구소라는 학술적 명칭을 연구소의 이름으로 정하고, 이사장에는 리영희 선생님(한양대학교)을 모셨으며, 서울에서 강만길(고려대학교), 김진균, 김세균 선생님(서울대학교), 대구에서 이수인 선생님(영남대학교), 전주에서 김의수 선생님(전북대학교), 부산에서 황한식 선생님(부산대학교) 등을 이사로 모셨습니다. 송기숙 선생님이 소장이었습니다.

처음에는 박석무 선생님(다산연구소 이사장)의 사무실을 빌려쓰다가 김길 선생님(전 광주시의장)의 후원으로 외곽에 연구소를 차리고, 채록을 담당할 조사원을 모집했습니다. 이들에게는 5·18에 관한 개략적 설명과 함께 구술채록 방법에 대한 교육이 필요했습니다. 연구소 사무는 『죽음을 넘어, 시대의 어둠을 넘어』 편집에 참여했던 조양훈 선생에게 맡기고, 조사원 교육은 주로 저와 안종철 박사가 담당하게 되었습니다. 이를 계기로 구술사에 관한 본격적인 탐구를 하게 되었습니다.

저는 조사원들이 채록해온 원고를 검토하면서 5·18의 진실을 조금씩 조금씩 알게 됩니다. 채록의 방법을 둘러싸고 일반 독자들이 이해하기 쉽도록 표준어로 6하원칙에 따라 기술할 것인가, 구술의 맥락을 중시하면서 사투리를 포함하여 말한대로 기술할 것인가가 쟁점이 되었습니다. 송기숙 선생님은 전자를 강조했지만, 저는 구술의 현재성을 살리자는 생각이었습니다. 구술사(oral history)는 역사적 사건에서의 개인의 경험과 기억을 통해 역사를 재구성하는 것입니다. 가급적 발화자들의 구술을 편집하지 않고, 그들이 말하는 순서와 말투까지 그대로 기록해야 그들의 삶과 생각, 당시에 사회상을 온전히 복원할 수 있고, 그 자체가 하나의 언어사적 자료가 될 수 있다는 것이 저의 생각이었습니다.

구술증언자료집에 포함된 피해자 가족 한 분의 구술증언을 직접 들어보면 생생한 증언과 있는 그대로의 기록이 같는 힘을 바로 확인할 수 있습니다.

"나는 남원에서 중학교를 졸업했다. 그 후 광주로 나와 전남방직에 다니던 중 총파업을 주도했다는 이유로 붙잡혀 16세 어린 나이로 6개월간 옥살이를 하고 풀려났다. 석방된 후 광주로 와 병원에 취직, 그곳에서 약 3년을 간호부로 일했다.

1980년 5월 17일 자정쯤 되었을 때다. 사복형사 4명이 총을 메고 집으로 들어와 당시 조선대 약대 4학년에 다니던 큰 딸을 "한 시간만 이야기하고 보내주겠다"면서 잡아갔다. 그 광경을 지켜보던 작은 딸이 "엄마는 딸을 잡아가도 보고만 있소?"하고 따졌다..... 다음날부터 온 가족이 큰 딸을 찾아 시내 곳곳을 돌아다녔다.

당시 우리 삼촌(시동생)은 전님대 화학과에 다니다 군대에 다녀와서 복학을 준비하고 있었다. 삼촌도 조카를 찾는다고 날마다 시내를 쏘다녔고, 도청으로 가 삼촌과 큰 딸 모두 연락이 없어 불안한 날들을 보냈다. 총소리가 요란했던 27일 지나 다음날부터 기독병원, 적십자병원, 전대병원 등을 샅샅이 뒤지고 다녀도 삼촌은 없었다.

집에 와보니 파출소에서 경찰이 왔었다고 하면서 빨리 나오라고 했다고 한다. 광주경찰서에 갔더니 사진을 보여주었다. "우리 시동생이 확실하다"고 했더니 우선 집으로 가 있으라 해서 돌아왔다.

6월 6일 장례준비를 해서 가독 두 명만 시청으로 나오라는 연락이 왔다. 시청에서 차를 타고 망월동으로 갔다. 망월동 공원묘지에는 향을 피워놓았는데도 시체 썩는 냄새가 어찌나 역하든지 구토가 나고 코가 썩을 지경이었다.

관을 열고 확인해 보니 옷은 삼촌의 것이 분명한데 얼굴은 어찌나 퉁퉁 부었던지 도저히 삼촌이라고 할 수가 없었다.... 자세히 보니 삼촌의 이미 정면에 조그마한 총구멍이 나 있었다.... "놈들이 틀림없이 확인사살을 했는갑다"고 악을 쓰면서 통곡했다. 자식처럼 키운 삼촌을 내 손으로 묻고 돌아오는 길이 얼마나 기가 막혔겠는가!

그후 잡혀간 큰 딸이 송정리파출소에 있다는 연락을 비공식으로 해줘 알게 되었다. 죽었는지 살았는지 소식조차 모르고 지냈던 딸이 송정리에 있다니 정말 반가웠다. 큰 딸은 5개월만에 집행유예로 나왔다.

또 막내아들이 고등학교 3학년 때 5·18 관련 유인물을 뿌린 사실이 발각되어 경찰서로 잡혀간 일이 있었다. 형사가 우리 아들을 때리자 그 아이가 순수히 맞는 것이 아니라 악을 쓰며 반항했는가 보다. 우리 집이 이렇듯 복잡하다"

광주민중항쟁의 격랑 속에서 아들같이 키우던 시동생을 잃고, 큰 딸이 잡혀가 옥고를 치르고, 막내 아들까지 고초를 당한 신애덕 여사의 증언입니다. 이 증언은 제가 앞서 연구했던 종방연구 중에서 해방

후의 노동운동과 한국전쟁, 그리고 광주민중항쟁이 광주지역 일대 민초들의 삶을 통해 서로 깊숙이 연결되어 있다는 것을 알려줍니다.

이 구술채록과 사료전집을 만드는 과정에서 최초로 5·18 학술심포지움이 전남대학교에서 열립니다. 1989년 열린 최초의 5·18 심포지움은 당시가 불완전한 민주화국면이었고, 주제가 무장항쟁의 성격과 의미에 관한 것이어서 매우 긴장된 분위기에서 개최되었습니다. 당시 광주의 사회운동 리더들은 함성지 사건이나 남민전 사건에 연루된 사람들이 많아서 시민군의 무장항쟁을 높이 평가한 반면, 박현채 선생님은 과도한 평가는 금물이라는 냉정한 평가를 하였습니다.

1990년 5월, 두 번째 5·18에 관한 심포지움이 연세대에서 열렸습니다. 연초에 이루어진 보수적 3당합당은 1980년 5월처럼 광주의 고립감을 크게 증폭시켰습니다. 송기숙 선생님과 광주사회운동가들은 이런 고립에서 조금이라도 탈피하기 위하여 5·18 학술회의를 서울에서 개최할 것을 결정했습니다. 저도 "광주 5월 민중항쟁의 사회경제적 배경"을 김진균 선생님과 함께 발표하게 되었습니다.

약 2년간 진행된 채록 작업은 약 500명의 피해자 및 유족의 구술증언과 관련 자료를 묶어 5·18 10주년을 맞이하는 1990년 『5·18광주민중항쟁사료전집』(풀빛)으로 출간되었습니다. 이 구술채록출판은 나병식 선생의 모험적 열정에 기초한 것입니다. 이 사료전집은 5·18의 진상규명운동의 토대가 되었을 뿐 아니라 5·18이라는 역사적 사건에 대한 본격적인 연구를 자극했습니다. 5·18 진실규명과 책임자 처벌운동은 물론이고 최정운 선생님(전 서울대학교 교수)의 유명한 『오월의 사회과학』의 기초가 된 것입니다. 또한 한국 구술사연구의 시발점이 되었고, 일본군 위안부에 대한 구술채록사업으로 이어졌습니다. 더 멀리는 노벨문학상 작가 한강의 『소년이 온다』와 같은 탁월한 작품이 탄생하는데 밑거름 역할도 했습니다. 2025년 5월, 저는 5·18 국립묘지에서 『소년이 온다』의 주인공 문재학 군의 어머니를 만났습니다. 감격적인 순간이었습니다.

한강 작가 『소년이 온다』의 주인공 문재학 군의 어머니와 만남 (2025.5)

제가 종연방적 연구와 5·18 구술채록에 몰두하던 1980년대 후반기는 우리 사회가 지역감정에 의한 정치적 분단이 극심하던 시기입니다. 이 때 영호남 4개 지역의 대학을 중심으로 지역사회연구 붐이 일었습니다. '대구사회연구회', '부산 지역사회연구회', '전주 호남사회연구회'의 움직임에 호응하여 저도 광주에서 여러 선생님들과 '지역사회연구회'를 조직하고 적극적으로 활동했습니다. 이런 움직임은 지방 학계를 활성화시키고, 동시에 지역균형발전에 관한 국가정책을 자극했습니다.

1987년 민주화 운동의 영향과 1988년 총선의 결과로 13대 국회가 여소야대로 구성된 것에 힘입어 총선 직후 여야 합의로 '광주민주화운동 진상조사 특별위원회'가 출범되면서 상대적으로 이르게 5·18 광주 민주화운동 진상 일부를 드러낼 수 있었습니다. 1995년에는 '5·18 민주화운동 등에 관한 특별법'이 제정되어 5·18 민주화 운동의 명예회복과 진전된 진상규명의 길이 열렸습니다. 그러나 광주민주화운동과 1996년에 제정된 '거창사건 등 관련자의 명예회복에 관한 특별조치법' 정도가 예외일 뿐, 더 오래전에 발생했고 오랫동안 진실에 다가갈 수 없었던 사건 대부분은 여전히 진상규명을 기다리고 있었습니다. 권위주의 정권하에 자행된 국가폭력 사건도 마찬가지입니다.

저는 1996년 한국현대사사료연구소가 전남대학교로 이전하여 5·18연구소를 창립할 때 핵심 멤버로 참여하였고, 곧 이어 연구소가 처음 출판한 "민주화와 5월운동, 집단적 망탈리테의 변화"라는 글을 『광주민중항쟁과 5월운동연구』에 게재함으로서 본격적인 5·18연구를 시작하였습니다. 1989년부터 시작된 5·18전야제, 1990년 광주

보상법 제정, 이른바 광주문제 해결 5원칙의 형성과 1995년 광주특별법 제정, 1997년 5·18 국립묘지의 조성과 기념일 제정 등으로 이어지는 과정은 1980년 당시의 민주항쟁 연구와 함께 매우 중요한 영감을 제공했습니다. 이 과정은 한국뿐 아니라 세계적 보편성을 지닌 이행기 정의의 원칙을 만들어가는 과정이었습니다.

저는 매년 주기적으로 이루어지는 전야제를 기억투쟁일 뿐 아니라 일종의 혁명축제로 해석하였습니다. 5·18 기념 행사의 방향을 제시한 "5월 '행사'에서 '축제'로"(축제, 민주주의, 지역활성화 심포지움, 1998)를 발표하였습니다. 1999년부터 이 연구소가 발행하는 학술지 『민주주의와 인권』의 편집위원장으로 일하게 됩니다. 이 무렵 절대공동체라는 개념을 제시한 최정운 교수의 유명한 『오월의 사회과학』이 출판됩니다. 저는 절대공동체가 5·18 항쟁의 초기 국면에 주목한 것으로 해석하고, 마지막 국면의 '초월성'을 강조하면서 역사공동체가 더 정확한 개념이라고 생각했습니다.

1999년부터 2000년까지 5·18재단의 기획위원으로 5월행사를 기획하였고, 2000년 5·18 20주년 행사를 준비하였습니다. 특히 동아시아 평화인권국제회의를 앞두고 일본의 주요 도시들을 순회하면서 5·18의 전개과정과 역사적 의의를 설명하였습니다. 지금도 기억하지만, 5·18이라는 역사적 사건과 이후의 5월운동은 이행기 정의의 원칙을 주체적으로 형성했다는 점에서 매우 극적인 것입니다. 미국의 LA에서도 국제회의를 개최해서 이를 발표하였습니다. 또한 2000년에 이르러 5월 운동의 성과가 4·3특별법 제정으로 이어졌기 때문에, 저는 어느 강의에서 광주와 부산, 그리고 제주의 '역사적 연대'를 강조하기도 했습니다.

광주광역시는 1990년 5·18 피해자에 대한 보상을 시작한 이후 5·18 선양과를 설치하고, 5·18에 관한 다양한 자료들을 보급하기 시작했습니다. 저와 안종철 박사가 이를 자문했습니다. 2000년을 앞두고 사료편찬위원회를 설치하여 김동원 선생님(전 전남대학교 교수)을 위원장으로 모셨는데, 저를 포함하여 박찬승 선생님(한양대학교 교수)과 안종철 박사 세 사람이 『광주민중항쟁사』 편집 책임을 담당했습니다. 저는 "청산과 복원으로서의 5월운동"이라는 글을 여기에 실었습니다.

2001년 5·18 유공자로 보상을 받았을 때 마침 절친한 친구 박관석 선생(목포대학교, 전 조선대학교 이사장)과 황광우 선생(당시 민주노동당 정치연수원장, 작가) 등이 힘을 모아 남원에 있는 두동학교 폐교부지를 사자는 제안을 하였습니다. 이에 따라 10명의 가족으로 구성된 두동공동체가 만들어졌고, 이 폐교를 민주노동당 정치연수원으로 활용하게 됩니다. 이에 관하여 황광우, 노회찬 두 분이 주로 소통한 것으로 압니다.

저는 역사적 사건에 대한 개인과 집단의 기억이 어떻게 사회적으로 구성되고 정치화되는지, 다시 말해서 기억투쟁을 오랜 기간 탐구해왔습니다. 소안도 연구에 이어 5·18의 기억과 이의 진실규명을 위한 문화운동에 대한 관심이 이런 문제의식을 형성했습니다. 1998년과 2000년의 동아시아 평화인권국제회의의 경험은 5·18 진실규명투쟁과 4·3 명예회복운동의 연관성, 그리고 두 지역에서의 문화운동의 연대에 대한 관심을 증폭시킨 중요한 계기입니다. 저는 이를 위하여 나간채 선생님(전 전남대학교 교수), 강창일 선생님 두 분과 함께 광주와 제주의 젊은 연구자들을 묶어 연구팀을 구성하였고, 한국학술진흥재단으로부터 연구비를 확보하여 2년간 연구를 진행하였습니다. 전남대학교 호남문화연구소와 5·18연구소, 그리고 제주의 4·3연구소가 매개가 되었습니다. 여기에서 문학, 음악, 미술 등 다양한 장르의 문화운동을 정리할 수 있었습니다. 그 결과 2004년 『기억투쟁과 문화운동의 전개』, 2006년에 『항쟁의 기억과 문화적 재현』을 출판할 수 있었습니다.

5·18재단은 2006년 저에게 그동안의 학술적 노력에 주목하여 5·18 학술상을 수여하였습니다. 1980년 저는 5·18을 서울에서 경험했고, 1980년대 후반에는 항쟁참여자들의 경험을 채록했으며, 1990년대 이것이 이행기 정의의 문제로 이행하는 과정을이 연구하였습니다. 2000년대에는 광주문제의 해결과정이 4·3문제나 한국전쟁기 민간인학살을 진상규명하고 치유하는 광범한 이행기정의의 확립의 토대가 되는 것을 목격하였습니다. 한국이 세계적인 이행기 정의 실현의 모범국으로 발전하는 것에 대한 이론적 정립에 꾸준히 참여한 것입니다. 전남대학교는 고맙게도 2017년 김대중학술상을 저에게 수여하였습니다. 이 학술상의 역대 수상자들을 떠올리면, 저에게는 과분한 수상이었습니다.

섬과 어촌공동체 연구

저는 학부나 대학원에서 비교적 여러 학과의 수업을 많이 들었던 편이지만, 교수가 된 이후에도 사회학계 내부에 머물지 않고 다양한 분야의 학자들과 교류하면서 함께 연구해 왔습니다. 이런 학문적 경로는 저의 성향이나 선택의 결과라고 할 수 있지만, 그보다는 사회학과의 특성, 특히 신용하 선생님과 김진균 선생님의 존재, 그리고 전남대학교를 둘러싸고 있는 정치사회적 환경에 영향을 받은 것이 분명합니다. 신 선생님은 저로 하여금 사회와 역사를 함께 생각하도록 가르쳐 주셨고, 김 선생님은 진보적 학문의 태도와 교육에 대한 관심을 일깨워 주셨습니다. 5·18 직후의 전남대학교는 자연스럽게 보다 진취적이고 종합적인 시각으로 학문하도록 했고, 특히 학생 맞춤형 교육을 하도록 유도했습니다. 저는 저의 학생들에게 연구 주제를 스스로 선택하고, 머리로 암기하는 공부보다는 발로 뛰면서 조사하고 체험하는 공부가 산 지식이 된다고 강조했습니다.

저의 학문세계에서 학제적 접근을 유도한 것이 전남 무안군의 망운자역연구였다면 이의 유용함을 일깨운 것은 목포대학교 도서문화연구소의 공동연구입니다. 도서문화연구소는 한반도의 도서·해양문화의 기반과 성격을 규명하고, 활용방안을 제시할 목적으로 1983년에 설립된 연구소로, 1990년대 초부터 본격적으로 도서지역 종합조사를 주기적으로 수행했는데, 당시 연구소를 이끌던 이해준 선생님이 이 공동연구에 합류해줄 것을 요청했습니다. 이 연구소는 완도지역의 섬들을 체계적으로 조사하기 위하여 여러 분야의 학자들이 함께 참여하는 공동연구를 기획했고, 사회학 분야 담당자로 저를 지목한 것입니다.

저는 1992년 완도군의 소안도 연구에 참여하였고 여기에서 어촌공동체의 실태와 사회적 분업의 원리를 규명하는 작업을 하였습니다. 저의 어촌공동체에 관한 관심은 영광원자력발전소 건설로 피해를 입은 가마미해수욕장 주변의 주민들 조사로부터 형성되었습니다. 저는 연구소가 간행하는 학술지 『도서문화』 11집에 소안도 조사결과인 "도서지역의 경제적 변동과 마을체계-소안도의 사례연구"(김준 공저)를 발표하였고, 이후 미국에서의 체류기간를 제외한 시기에 고금도, 신지도, 노화도, 완도, 금당도, 생일도 등 여러 섬 연구에 빠짐없이 참여하였습니다. 지금도 동료 학자들과 섬을 방문해 조사활동을 하고, 밤새 이야기를 나누던 시간이 소중한 기억으로 남아 있습니다. 역사학, 민속학, 언어학, 건축학, 인류학, 생태학 등 인문사회과학 여러 분야를 거의 망라하는 학자들과 대화하는 것은 특히 큰 기쁨이었고, 제가 학문적으로 열린 태도를 갖도록 도와주는 훌륭한 자극제였습니다. 육지와는 다른 시공간적 감각을 가진 주민들이 만드는 생활세계, 그리고 시장과 공동체의 관계에 대한 사유를 발전시키는 것은 매우 즐거운 경험이었습니다.

특히 처음 이루어진 소안도 연구에서는 어촌공동체뿐 아니라 기억과 기념비의 세계에 눈 뜨는 신기한 경험을 했습니다. "집단적 역사 경험과 그 재생의 지평-소안도 항일 기념탑의 사회사(1995)"가 그 결과입니다. 자신의 생활세계에서 기억과 망각, 그리고 침묵과 재현의 경계가 어떻게 정치사회적으로 형성되고 재구성되는가의 문제는 이후 집합적 기억의 연구와 구술사연구방법론을 발전시키는 결정적 계기가 되었습니다. 완도의 섬들에 관한 연구는 2002년 "해양축제의 실태와 가능성-장보고 축제를 중심으로"로 이어졌고, 2004년 제자인 김준 박사와 함께 출판한 『해조류 양식어촌의 구조와 변동』으로 매듭지어졌습니다.

요즘은 학제간 연구(Inter-disciplinarity), 또는 통섭과 융합 연구의 중요성이 갈수록 커지고 있습니다. 학제간 연구란 어떤 하나의 연구주제에 대해서 두 가지 이상의 서로 다른 접근을 취하는 학문분야의 연구자들이 제휴하여 공동으로 연구를 진행하는 것을 말합니다. 전통적으로는 아시아학, 미국학, 유럽학 등 지역학이 대표적 분야이고, 제가 참여했던 섬 연구도 일종의 지역학이라고 볼 수 있습니다. 멀리 떨어져있던 분과학문이 융합되는 경향이 갈수록 강화되고 있습니다. 경제학이 심리학과 협업해 행동경제학이 탄생했고, 게임이론은 수학, 경제학, 정치학, 심리학, 인류학, 국제관계학, 진화생물학 등 거의 모든 학문분야에 활용되고 있습니다. 제러드 다이아몬드의 『총균쇠』는 지리학, 생물학, 역사학, 고고학, 문화인류학 등 여러 학문 분야의 연구 성과를 적극적으로 활용했습니다.

외국의 대학에서는 학부 때부터 복수 전공을 적극 권장하고 있습니다. 옥스퍼드 대학의 대표적인 융합전공은 철학, 정치, 경제(Philosophy, Polotics and Economics, PPE)입니다. 영국을 이끌어간 여러 역대 총리를 비롯해 온갖 사회지도층의 산실입니다. 작게는 세상을 바라보는 시야를 넓힌다는 의미가 있습니다. 나아가 많은 창조적 혁신이 융합에서 나옵니다. 뛰어난 혁신가 스티브 잡스도 대학에서 경험한 인문학적 훈련이 최첨단 테크기업인 애플의 탄생에 도움이 되었다고 말하곤 했습니다.

저는 지역 연구, 섬 연구, 사회적 소수자와 약자 연구, 근대 민족운동과 교육 연구, 동아시아 평화연구 등 다양한 주제를 탐구하면서 사회학자들은 물론이고 철학자, 역사학자, 문학자, 정치학자, 교육학자 등 타 전공분야의 연구자들과 함께 토론하고 교류하는 기회가 많았습니다. 지적 호기심과 열린 태도가 연구자가 가져야할 기본적 덕성이라고 생각합니다.

한센병사 연구

1993년 7월부터 저는 어렵게 기회를 얻어 하버드대학 옌칭연구소의 방문학자로 1년간 연구했습니다. 저의 최초의 해외 체류는 옌칭연구소 부소장 에드워드 베이커(Edward Baker) 선생의 호의에 힘입은 바 큽니다. 한국의 민주화와 5·18에 관한 애정이 컸던 베이커 선생은 전남대학교의 젊은 교수를 눈여겨보고 많은 도움을 주었습니다. 처음에 흥남질소비료공장에 관한 연구를 계획했으나 여의치 않았고, 두 번째 연구주제였던 한국의 의료선교와 한국의 한센병사에 관한 연구를 수행했습니다. 한국에서 선교활동을 하다가 은퇴한 선교사들을 만날 수 있기 때문입니다. 특히 광주 나병원을 설립하고 여수 애양원을 운영했던 윌슨 선교사나 대구 애락원을 설립했던 플레처 목사의 자료들을 찾는 것이 연구의 핵심이었습니다. 그래서 가족들과 함께 노스캐롤라이나의 블랙 마운틴에 있는 윌슨 선교사 자택과 장로교 자료센터를 방문하였고, LA에 있는 플레처 선교사의 자택을 방문하였습니다. 아울러 하버드 의대 도서관에서 한센병 선교사들이 작성했던 자료들을 수집했습니다. 그때까지 한센병은 사회복지학이나 의학적 관심사에서만 연구되었을 뿐 역사학이나 사회학에서는 거의 연구되지 않은 주제였습니다. 그러나 한센병사에 관한 연구는 사회적 약자들의 사회적 소외나 차별, 또는 낙인에 관한 연구, 나아가 수용시설의 권력과 질서에 관한 연구의 보고였습니다.

저의 한센병에 대한 관심은 고향 인근에 최대의 한센병 정착촌인 익산농장이 있다는 점과 무관하지 않습니다. 어렸을 때 이들은 가끔 우리 마을을 찾아와 동정을 구했고, 이리 구시장에는 이들이 생산한 달걀이나 채소가 많다는 이야기를 듣고 자랐기 때문입니다. 또한 제가 근무하던 전남대학교에는 최협 선생님이나 신경호 선생님 등 한국 '구라사'의 산 증인이었던 어른들의 가족이 많았기 때문에 이에 관한 이야기를 자주 들을 수 있었습니다. 또한 대학 신입생 시절 읽었던 이 청준의 『당신들의 천국』도 한센병 연구의 자극제였습니다. 이 소설은 1961년 소록도병원에 부임한 조창원 원장을 모델로 하여 그의 부임후 의 에피소드들을 일제하 일본인 원장 시절과 대비시키면서 다뤘습니 다. 이 소설은 1966년 이규태 기자가 국립소록도병원의 오마도 간척 공사를 취재하며 사상계에 기고한 르포 "소록도의 반란"에 영감을 받 아 쓰여졌다고 합니다. 일제하 소록도 갱생원의 확장과정에서 원생들 이 경험한 혹독한 고통을 상기시키면서 한센인들의 의혹과 불신을 이 겨내고 결국 사랑이 바탕이 된 진정한 천국을 꿈꾸는 내용입니다.

이 소설의 배경인 소록도는 고흥반도의 끝에 있는 녹동항에서 바 라보이는 섬입니다. 조선총독부는 1916년 이 섬의 북쪽에 자혜의원을 세우고 나환자(지금은 한센인이라고 부릅니다)들을 격리 수용하기 시작 했습니다. 환자들은 일단 수용되면 퇴원이 거의 불가능하였기 때문에 '천형의 땅'으로 불렸습니다. 1930년대 중반부터 이 시설을 섬 전체로 확장하기 위하여 환자들을 강제로 동원했고, 그 과정에서 수많은 희생 이 이루어졌습니다. 특히 4대 원장 스오 마사스에가 환자들의 원성을 샀고, 급기야 1942년 6월 이춘상이라는 환자의 손에 의해 죽임을 당 했습니다. 해방 직후에는 직원들에 의해 한센인들이 집단적으로 학살 되기도 했습니다. 물론 소록도병원의 역사속에는 어린 환자들을 가르 쳤던 학교와 교육의 문제가 포함되어 있습니다.

그러나 한국의 한센병사는 소록도 역사만으로 설명되지 않습니다.

애양원, 양재평 장로님과 함께

부산 상애원, 광주와 여수 애양원, 대구 애락원 등 선교사들이 설립하여 운영한 수용시설, 그리고 수용되지 않았던 부랑환자들을 포함해야하고, 1960년대 초부터 형성된 정착농장들을 포괄해야 합니다. 이 정착농장은 최대 100여 개에 이르렀습니다.

1994년 미국에서 귀국한 후 저의 제자였던 최정기 군(전 전남대학교 교수)이 국립중앙도서관에 있던 소록도갱생원 연보를 찾아 이를 토대로 쓴 석사학위 논문을 보았습니다. 대단한 연구성과였습니다. 저는 이를 읽고 크게 고무되었습니다. 저는 연구를 진전시키기 위해 미국에서 찾은 자료에 기초하여 여수 애양원을 찾아 여기에 수용되었던 노인들을 만나 인터뷰하였습니다. 특히 양재평 장로님은 소중한 증언을 해준 고마운 분입니다. 이분의 증언은 하마터면 사라질 뻔했던 한국 한센병 환자들의 내면적 세계를 복원하는 귀중한 자료가 되었습니다. 월슨 선교사는 어린 환자 중에서 영민한 아동을 선발하여 초보적인 의학적 지식을 가르치는 의학강습소를 차리기도 하였습니다.

또한 소록도에 생존하고 있는 노령의 환자들을 만났습니다. 일제 하의 소록도 생활에 관한 생생한 증언을 해주었습니다. 그러던 중 일본의 히로시마에 거주하고 있던 다키오 에이지라는 분이 연구실로 찾아왔습니다. 청구문고(青丘文庫)라는 사설 자료관을 운영하던 분이었는데, 최정기 군의 논문을 일본어로 번역하여 손으로 원고지에 쓴 후 인쇄한 자료집을 건네 주었습니다. 이 만남은 저의 한센병사 연구에 큰 도움이 되었습니다. 다키오 에이지 선생과 함께 『소록도 80년사』 편찬의 자문을 하였고, 소록도병원에 남아 있는 화장장과 형무소, 만령당 등을 답사했으며, 익산농장의 심전황 선생, 충광농장의 김신아 장로님을 만났습니다. 두 분 모두 훌륭한 인품으로 소중한 증언을 해

소록도, 성실중고등성경학교

주셨고, 저를 많이 격려해주셨습니다.

저는 이런 조사에 기초하여 1997년 한센병사에 관한 첫 논문으로 "한국에서의 근대적 나구료의 형성"과 "식민지적 근대와 신체의 정치─일제하 나요양원을 중심으로"를 발표했습니다. 이어 "질병공동체의 역사적 형성과 사회구조─익산농장을 중심으로"와 "질병공동체의 역사적 변동"을 발표하였고, "오마도 간척사업의 배경, 전개과정, 의의"를 썼습니다.

한센병의 세계에서는 환자 자신들의 고통을 문학적으로 승화시키는 문학활동이 많았습니다. 대표적인 작가가 한하운 시인입니다. 그의 작품을 다룬 글이 "한국현대사와 사회적 타자, 시적 상상력"입니다. 너무 생생하고 충격적인 표현 때문에 한하운 시인의 초기활동기에 많은 이념적 오해와 편견이 있었는데, 이에 관한 임헌영 선생님의 가르침이 큰 영감을 주기도 했습니다. 한하운보다 앞선 작품을 발표한 작가가 애양원 출신의 심숭입니다. 한하운 연구는 또 다른 한센병 작가인 심숭에 대한 연구로 이어졌습니다. "사회적 타자의 자전문학과 몸─심숭의 '나문학'을 중심으로(2004)"는 한센병 문학 연구의 한가지 성취였습니다.

한센병사 연구는 장애학에 관한 상상력을 자극했습니다. 한센병 환자들은 대부분 장애인이 되었기 때문입니다. 저는 이에 대한 관심으로 "장애의 새로운 인식을 위하여: 문화비판으로서의 장애의 사회사"를 『당대비평』에 발표하였습니다.

저는 2001년 9월부터 일본의 교토대학에 체류하면서 한센병사 연구를 심화시키기 위해 일본의 한센병 요양소들을 방문하고, 이곳에 있는 재일교포 환자들을 만났습니다. 특히 도쿄 근처의 전생원, 나가시마의 애생원, 쿠사츠의 낙천원 등이 인상적이었습니다. 애생원의 김태구 선생님은 재일 조선인 환자에 관해 많은 가르침을 주었습니다. 이를 기초로 한국의 한센병정책과 일본과 타이완에서의 한센병정책의 공통점과 차이에 관한 생각들을 발전시킬 수 있었습니다. 이의 결과가 "동아시아 한센병사 연구를 위하여(2002)"입니다. 또한 "오키나와 한센병사에서의 절대격리체제의 형성과 변이: 미군정의 영향을 중심으로(2007)"처럼 한센병 연구를 동아시아 연구와 결합했습니다.

저의 한센병 연구는 2005년 중요한 전기를 맞이합니다. 최초로 한센병으로 고통받았던 분들과 증언을 모아 국사편찬위원회에서 구술자료집을 출간할 수 있었고, 이춘상 사건에 관한 논문을 써서 그의 명예회복을 위해 노력하였습니다. 이춘상은 경북 성주 출신으로 14세에 한센병이 발병하여 대구 애락원에서 치료를 받고 퇴원한 후 한 때 행상을 하다가 절도혐의로 수감됩니다. 그 과정에서 한센병자임이 밝혀지자 소록도 형무소로 이감된 후 풀려났지만 소록도를 벗어나지 못합니다. 그는 소록도의 조선인 환자들의 어려움을 고발하고 싶었습니다. 특히 일본인 원장과 간호장의 행위에 분개하다가, 1942년 기념 행사장에서 그를 칼로 살해했습니다. 그의 나이 27세 때의 일입니다. 일본인들은 일본인 원장을 제2의 이토 히로부미로 불렀는데, 이는 곧 그가 제2의 안중근의사라는 것을 의미합니다. 저는 이 사건의 전말을 밝혀 "일제말기 소록도 갱생원과 이춘상 사건"이란 논문으로 『역사비평』(2005)에 기고했습니다. 많은 분들이 이춘상 선생의 독립유공자 지정

이춘상 기념비(홍성담 화백 디자인)
이세용 장로, 함세웅 신부, 정학 참길회 이사장, 정근식

을 위해 노력했고, 최근에는 소록도 소송에 참여했던 변호사님들과 이세용 장로, 그리고 함세웅 신부님을 모시고 소록도에 그의 추모비를 세우기도 했지만, 여전히 그는 살인자라는 누명을 쓴 채 남아 있습니다.

저는 소록도병원과 애양원, 익산농장을 중심으로 한센병사를 연구하면서 많은 고마운 분들을 만났습니다. 2001년 '소록도를 사랑하는 사람들의 모임'이 창립되었을 때 저도 참여하였고, 이 모임에서 이춘상 사건의 중요성을 인식하게 되었습니다. 또한 소록도병원 출신의 친구도 생겼습니다. 일본 봉사단이 정착농장에서 봉사활동을 할 때 저는 격려방문을 하기도 하였습니다. 저의 한센병사 연구는 단지 개인적 학술 활동에 머물지 않고, 소록도병원의 여러 시설들을 역사 사적으로 지정하고, 소외와 차별을 받았던 사회적 약자들의 인권회복을 위해 나름대로 기여할 수 있었다는 점에서 보람있는 실천이었습니다. 많은 분들에게 정말 고마운 마음입니다.

또한 저는 2005년, 국가인권위원회의 의뢰를 받아 '한센인 인권실태조사'를 수행하였습니다. 이 프로젝트는 인권위원회 정책국장 박찬운 변호사가 제안한 것입니다. 기꺼이 이 제안을 받아 제자들과 함께 당시 진행되고 있던 일본정부를 상대로 한 소록도 소송 변호단의 변호사들, 그리고 가톨릭대학교 한센병연구소 채규태 선생님과 함께 한국의 한센병 수용시설과 정착농장에 관한 종합적 조사를 하였습니다. 이 실태조사를 바탕으로 우리 정부는 한센인들에게 생활비를 지원하는 한센특별법을 제정했습니다.

2005년은 일본의 한센병사에서도 중요한 해입니다. 일본정부는 2001년 자국의 한센인들에게 보상을 실시했는데, 이를 이끌어낸 일본 변호단은 한국과 타이완 변호사들에게 한국과 타이완에도 이를 적용할 것을 제안하였습니다. 한국 변호사단은 일본정부를 상대로 한 소록도 소송을 제기하였는데, 안타깝게도 한국측은 패소하였고 타이완측은 승소하였습니다. 일본 정부는 이런 결과에 당황하였고, 2006년 법률을 개정하여 일제하 타이완 낙생원뿐 아니라 소록도 갱생원 수용환자들에게도 보상하기로 결정하였습니다. 일본정부가 조선인들에게 보상한 사례는 원폭피해자와 한센인 밖에 없습니다.

한국 변호단은 이에 만족하지 않고 한국정부 하에서 이루어진 한센인들에 대한 인권침해에 주목하여 우리 정부를 상대로 소송을 제기하였습니다. 강제 낙태와 강제 정관절제수술이 중대한 인권침해라는 것이었습니다. 2013년 저는 이 소송과정에서 순천과 서울 지방법원에 출두하여 왜 이런 수술들이 인권침해에 해당하는가를 증언하였고, 결국 피해보상을 이끌어내는데 일조하였습니다. 이 소송 이후 한국변호사단은 2018년 사단법인 '함께하는 빛'을 설립하여 사회적 약자들을 법률적으로 지원하는 활동을 했습니다. 저도 이사로 활동하였고, 필리핀이나 말레이시아의 한센병 시설을 방문하여 시야를 넓히고 교류를 하였습니다.

한국한센병사에서 2009년은 애양원 100주년이 되는 해였고, 2016년은 소록도병원 설립 100주년이 되는 해였습니다. 애양재활병원은 저에게 100주년 기념 책을 발간해줄 것을 요청했지만 여러 사정으로 이를 수행하지 못했습니다. 지금까지도 마음의 빚으로 남아 있습니다. 그러나 소록도병원의 요청은 흔쾌히 수락할 수 있었습니다. 저는 소록도병원 설립 100주년을 앞두고 2011년부터 차례로 구술자료집을 출간하였습니다. 2016년엔 소록도병원 100주년을 기념하여 『한센병 그리고 사람, 백년의 성찰』이라는 이름의 100년사를 3권으로 출간했습니다. 소록도병원은 감사의 표시로 대통령 표창을 추천해주었습니다.

식민지교육과 검열

1995년 망운연구(망운초등학교) 연구에 뒤이어 일제하 교육의 근본적인 원리를 탐구할 수 있는 기회를 얻었습니다. 서울대학교 도서관에 소장되어 있는 『조선의 교육연구』라는 교육 잡지를 분석하여 식민지 조선의 교육정책과 교원계층, 학교제도, 교육담론 등을 연구한 것입니다. 특히 수신교육의 개념과 건민·건아·건병 육성의 수단으로서 교육, 우생학, 집단체조 등을 집중적으로 검토하였습니다.『조선의 교육연구』에 실린 글들은 '보통학교체제'와 학교 내 규율(시간표, 착석형태, 복장·행동 규칙)과 교육과정 지침, 그리고 교과서의 내용 등이 하나의 체계적 교육과정을 구성하며, 이것이 근대 주체 형성의 장으로 작동했다는 구체적 사례를 보여줍니다. 이를 정리한 것이 "식민지 체제와 학교규율(1996,『경제와 사회』, 한울)"이라는 글입니다.

저는 저의 문제의식을 확장하여 서울사회과학연구소(상도연구실 후신)의 후배들과 함께『근대주체와 식민지 규율권력』(1997, 문화과학사)을 발간했습니다. 이 책은 식민지 시기 조선에서 근대적 주체가 어떻게 형성되었는지, 특히 식민지 체제 속에서 규율 권력(disciplinary power)이 어떤 방식으로 작동했는가를 분석한 것입니다. '규율권력'은 미셸 푸코이론의 핵심 개념으로, 감시, 표준화, 훈련, 일상적 규율기술 등이 근대적 기관들을 통해 작동하며 주체를 형성한다는 관점입니다. 식민지 지배권력도 단순히 주권적 폭력만이 아니라, 생활세계에 침투한 규율권력을 동원하여 피지배자의 신체·시간·공간·행위 등을 통제했고, 이를 통해 '식민지적 근대주체'가 만들어졌다는 점을 밝히고자 했습니다.

조선에 설치된 보통학교는 '황국신민을 양성하기 위한 식민교육'의 본질을 보여줍니다. 학교는 단지 교육을 위한 공간이 아니라, 신체와 시간을 규율하고 생활양식을 조직하는 장치였습니다. 그 안에서 학생은 '스스로 정돈된' 근대적 주체로 재배치되었습니다. 식민지 규율권력은 학교를 넘어 공장체제(노동규율), 의료위생제도(신체관리와 위생

교육), 가족 및 어린이기 형성(자녀양육·어린이기 규율) 등 다양한 영역으로 확장되었습니다. 이 시기에 표준화, 분절화, 감시, 자기검열 등의 규율 작동 방식은 한국사회에서 주체들이 '자기 자신을 관리하는' 방식으로 내면화되었습니다. 이렇게 내면화된 규율이란 더욱 교묘하게 설계된 통제와 관리의 장치였습니다. 교토대학에서 1년간의 체류를 끝내고 귀국할 무렵인 2000년 미즈노 나오키(水野 直樹) 교수가 일본 시민들을 대상으로 강의를 해달라는 요청이 생각납니다. 일제하에서 이루어진 신체규율과 집단체조에 관한 강의를 하게 되었는데, 실제로 그 시대를 살았던 일본인들에게 한국인이 강의를 한다는 것이 매우 아이러니한 상황이었지만, 땀 뻘뻘 흘리면서도 강의를 무사히 끝냈습니다. 미즈노 교수님은 그 강의 원고를 포함하여 『생활 속의 식민지주의』라는 책을 출판했고, 이것은 후에 한국에서도 출판되었습니다. 이의 후속연구로 저는 2006년 공제욱 교수와 함께 『식민지의 일상: 지배와 균열』을 출간했습니다.

식민지 시기 규율권력의 실체는 해방 이후 한국사회에서 식민지 유산의 극복의 방향과 내용을 비판적으로 바라보는 시각을 제공해줍니다. 소수의 친일파를 처벌하는 것은 근본적 해결책이 아니라는 것을 알려줍니다. 해방 이후 독립된 대한민국을 이끌어간 엘리트들은 식민지 규율을 내면화한 사람들이었고, 그 결과 해방된 한국의 학교, 군대, 공장, 병원 등 모든 생활공간에서 상당기간 식민지 시기와 동일한 규율이 복제되었습니다. 아직도 대부분의 학교 공간은 일제하에 만들어진 군대 막사와 연병장을 연상시키는 구조로 되어 있습니다. 획일적인 교육시스템에서 크게 벗어나지 못하고 있었습니다. 학교민주화와 함께 혁신교육을 통해 체벌이 사라진 것도 얼마 되지 않습니다. 획일적이고 서울교육이 극복해야 할 과제도 남아 있습니다.

저는 보통학교에서의 규율권력의 형성을 넘어 고등교육에서의 지식권력의 형성과정으로 관심을 확장시켰습니다. 2011년에 서울대학교 사회학과 동료교수와 대학원생들이 3년간 진행한 공동연구의 결과물로 『식민권력과 근대지식: 경성제국대학연구』(2011, 서울대 출판문화원)을 출간했습니다. 이것은 일제 강점기 유일한 종합대학이었던 경성제국대학이 식민 권력 하에서 어떠한 역할을 했으며, 근대 지식이 어떻게 생산되고 유통되었는지를 다룬 책입니다. 표면적으로는 고등교육기관이었지만 실제로는 식민지 통치에 필요한 관료와 전문가를 양성하려는 목적을 가진 기관이었던 경성제국대학이 어떻게 근대지식 형성에 기여했고, 그 유산이 해방 이후 한국 사회에 어떻게 이어졌는지, 그리고 현재 한국 사회의 지적 토대에 어떤 영향을 미쳤는지를 묻는 문제의식에서 출발한 연구였습니다.

2015년에는 대한민국 역사박물관의 의뢰로 우리 교육에서 '자유와 규율'의 상호작용에 대한 글을 『광복 70년, 한국교육의 성취와 과제』(박명규 편)에 기고했습니다. 광복 이후 우리교육의 변화를 간략히 정리해 본 것입니다. 이어 북한의 교육과 대학에 관한 관심으로 이어졌습니다. 한국에 입국한 탈북자 중에서 대학 졸업자들이나 대학 교원으로 활동한 사람들을 인터뷰하고 여러 사회주의 국가들과 비교하여 그 특성을 파악하려고 시도하였습니다. 흥미롭게도 북한의 교육체제는 1948년부터 소련의 교육체제에 큰 영향을 받았으며, 1960년대 이후의 북한의 교육체제는 북한의 정치변동에 따라 소련식 교육과 문화가 부침을 겪지만, 근본적인 틀은 그대로 유지되었다는 사실을 밝혔습니다. 그 연구결과가 『북한의 대학』과 『소련형 대학의 형성과 해체』입니다. 북한 교육이나 대학에 관한 연구는 남북교류가 진행되고 나아가 북한의 교육을 개혁할 때 좋은 참고가 될 수 있을 것입니다.

근대사회에서 검열은 표현의 자유를 억압하고 의사소통을 왜곡시키는 권력작용입니다. 안타깝게도 일제하에 출판된 모든 텍스트는 일제의 검열을 거쳤습니다. 신문이나 잡지는 물론이고, 시와 소설, 심지어 족보도 검열을 받았습니다. 통감부나 총독부가 조선의 언론을 통제하기 위하여 검열기구를 설치하고 검열관들을 배치하여 모든 인쇄물을 통제했다는 사실은 의외로 별로 알려지지 않았습니다. 우리의 일제 강점기 연구가 일제에 의해 검열받은 자료를 토대로 이루어지고 있다는 사실에 대해 치열한 문제의식이 있어야 합니다. 그것만이 아닙니다. 학교에서 사용하던 모든 교과서는 검열과 유사한 검정과정을 거쳤습니다.

식민지적 검열의 목적은 물론 사상통제와 언론통제를 위한 것이지만, 구체적으로 검열이 이루어지는 방식과 이에 대한 기자나 작가들의 대응방식, 그리고 이의 영향을 정확히 파악해야만 일제 강점기의 자료를 올바로 읽을 수 있는 비판적 시각을 가질 수 있습니다.

저의 검열에 대한 문제의식은 2001년 일본의 교토대학에서 연구할 때 싹 텄습니다. 시카고대학의 최경희 선생님이 공동연구를 제안한 것이 계기가 되었습니다. 검열연구는 법령과 제도에 관한 연구와 구체적인 언론이나 문학텍스트 분석으로 구분됩니다. 검열연구는 문학연구자들과의 협업으로 진행되었기 때문에 가급적 텍스트 분석은 하지 않고 사회학적 제도연구에 중점을 두었습니다. 따라서 검열기구, 검열관, 검열기준이라는 미시권력 장치를 통해 식민지 권력이 어떻게 문화를 통치했는지를 살펴보는 것입니다.

검열에 관한 첫 논문은 "식민지적 검열의 역사적 기원-1904~1910(2003)"입니다. 이 논문에서 저는 일제의 검열이 한일병합 이후가 아니라 이미 러일전쟁이 발발한 1904년부터 제도화·체계화 과정을 시작했음을 밝혔습니다. 검열기준이 만들어지고, 검열관이 조직화되며, 출판업체에 대한 사전확인체제가 등장했습니다. "일제하 검열기구와 검열관의 변동(2005)", "도서관의 설치와 일제 식민지 출판경찰의 체계화, 1926~1929(2006)", "구한말 일본인의 조선어교육과 통역경찰의 형성(2007)"등은 검열기구가 제도적으로 완비되고 체계화되는 과정을 다룬 논문입니다.

식민지 검열은 일제 후기로 가면 정보통제 수단에 머무르지 않고 선전과 동원 전략의 일부가 됩니다. "검열에서 선전으로: 일제하 조선에서의 베트남 담론의 추이(2008)", "일본 식민주의의 정보통제와 시각적 선전(2009)", "식민지 전시체제하에서의 검열과 선전, 그리고 동원(2013)" 등의 논문에서 그 과정을 밝혔습니다. "식민지검열과 검열표준-일본 및 타이완과의 비교를 통하여(2012)"은 검열표준의 변화와 제국차원에서 전개과정을 탐구했습니다. 저의 식민지 검열연구는 해방후의 검열 연구로 이어졌습니다. 그것이 "해방 후 검열체제의 연구를 위한 몇 가지 질문과 과제-식민지 유산의 종식과 재편 사이에서(1945~1952)(2011)"입니다.

검열은 작게는 반식민적 담론과 독립운동 담론의 유통을 차단하는 수단이자 궁극적으로 조선인을 '황국신민'으로 재구성하는 권력기술입니다. 검열기준은 명확하게 공표되지 않았고, 실제 과정에서는 검열관의 '감'이나 개인적 판단에 의해 좌우되는 경우가 있었습니다. 이런 상황에서 문학·출판·언론 종사자들이 검열관의 눈을 회피하는 전략을 구사하는 것이 일반적이었다는 사실도 밝혀냈습니다.

저의 검열연구는 주로 검열제도가 구체적으로 어떤 텍스트(신문, 잡지, 출판물)와 어떤 행위(검열, 압수, 자기검열) 사이에서 작동했는지를 밝히도록 자극했고, 언론사, 식민지사 등의 관련 분야 연구에 기여했다고 생각합니다. 저의 검열제도에 대한 연구는 특별히 근대문학연구자들의 관심을 끌었습니다. 이런 검열에 관한 문학연구자들과의 공동연구의 성과가 2011년 『식민지검열: 제도·텍스트·실천』의 출판으로 나타났습니다. 이런 성과는 일본학계에도 영향을 미쳐 일본 연구자와의 교류와 공동연구로 이어졌습니다. 일본대학의 고노교수, 고영란 교수 등입니다. 이 결과 『검열의 제국: 문화의 통제와 재생산』이 일본과 한국에서 출판되었습니다.

동아시아 냉전분단체제: 오키나와, 금문도, 다롄연구
서울대학교로 옮긴 뒤 임현진 선생님과 전경수 선생님의 제안에 따라 2005년 오키나와 연구팀을 조직하고 한국학술진흥재단이 도움을 받아 오키나와 연구에 착수했습니다. 1999년 오키나와에서 열린 동아시아 평화인권 국제회의에서 얻은 영감들이 크게 작용했습니다. 오키나와의 역사와 평화운동에 관심을 가진 박훈(서울대학교 교수), 강상규(한국방송통신대학교 교수), 이지원(한림대학교 교수), 신주백(전 독립운동사연구소장) 등 젊은 연구자들을 모으고 김민환(한신대학교 교수), 정영신(가톨릭대학교 교수), 강성현(성공회대학교 교수) 등 저의 대학원 제자들을 합류시켜 매우 큰 규모의 연구팀이 조직되었습니다. 오키나와의 국립대학인 류큐대학 나미히라 선생님, 오키나와대학 야가비 선생님 등과 협력 네트워크도 만들었습니다.

우리 연구팀은 말 그대로 신나게 연구하였고, 현지 연구자들과 학문적 교류도 활발하게 진행하였습니다. 오키나와에서도 우리 연구팀의 활동에 주목하였고, 저는 오키나와 신문에 기고를 하기도 하였습니다. 2~3년간의 연구 끝에 2008년, 『기지의 섬, 오키나와: 현실과 운동』과 『경계의 섬, 오키나와: 기억과 정체성』을 발간할 수 있었습니다. 공동연구를 수행했던 젊은 연구자들은 대부분 여러 대학의 교수로 임용되었습니다.

오키나와 연구는 동아시아 냉전분단체제라는 개념을 발전시키는 결정적 계기가 되었습니다. 오키나와 연구에서 착상된 동아시아 냉전분단체제라는 개념은 냉전분단체제가 한반도에 국한된 것이 아니라 일본과 오키나와, 중국과 타이완을 포괄하는 것이라는 생각에서 출발합니다. 이는 19세기 중반이후의 동아시아의 변화서 시작된 중화제국의 해체, 일본 제국의 형성으로부터 조선과 중국의 식민지화와 해방이후의 분단, 현재까지 지속되는 동아시아의 지정학을 포괄합니다. 여기에는 1945년부터 1972년까지 일본으로부터 분리되었다가 다시 귀속된 오키나와의 역사가 포함됩니다.

저는 오키나와 연구에서 시작된 동아시아 연구를 중국 본토와 타이완, 또는 양안 사이에 끼어 있는 금문도의 사례분석까지 연장하고 싶었습니다. 금문도는 중국 복건성의 샤먼에 붙어 있는 작은 섬인데, 1949년 국공내전의 후반기에 처음으로 공산당 군대가 국민당 군대에게 패배한 지역입니다. 이 금문도 전투는 금문도가 오늘날까지 중국이 아닌 타이완 영토로 귀속되는 결정적 사건입니다. 양안의 분단은 한국전쟁 발발로 고착화되었습니다. 흥미롭게도 금문도는 한국전쟁 휴전 후 1954년과 1958년 양안간 전투의 현장이 되었고, 한국에서 타이완으로 돌아간 중국군 포로들이 다시 자신의 고향을 향해 대포를 쏘았던 아이러니한 운명을 맞이한 현장입니다. 2012년부터 금문도 연구에 착수하여 한반도의 남북관계와 중국의 양안관계의 연관성을 탐구하였습니다. 그 결과가 "금문도 냉전생태의 형성과 해체-지뢰전시관 형성의 경로를 따라서(2014)"와 "동아시아의 냉전·분단체제의 형성과 해체: 지구적 냉전하의 동아시아를 새롭게 상상하기(2014)", "동아시아에서의 탈냉전과 전장관광의 지속가능성: 진먼을 중심으로(2016)", "동아시아 "냉전의 섬"에서의 평화 사상과 연대(2016)" 등입니다. 저는 젊은 제자들과 함께 『냉전의 섬, 금문도의 재탄생』을 출간했습니다.

저는 1894년의 동학농민혁명이 동아시아에 미친 영향을 연구하기 위해 중국의 다롄과 산둥반도의 웨이하이를 방문했습니다, 중국에서는 청일전쟁을 갑오전쟁이라고 부릅니다. 웨이하이의 유공도에는 엄청난 규모의 갑오전쟁박물관이 있습니다. 박물관은 학생들에게 생생한 역사 교육의 현장이 됩니다. 특히 체험형 역사교육의 중요한 장소입니다. 동학혁명이나 청일전쟁을 묶어 1894년 동아시아전쟁으로 파악해야 한다고 생각했습니다. 중국의 산둥반도는 중국의 근대사뿐 아니라 중요한 의미를 지닌 지역입니다. 웨이자이와 칭다오는 1898년 이른바 3국 간섭의 시기에 각각 영국과 독일의 식민지가 되었습니다.

이 시기는 크게 보면 북쪽의 러시아 남쪽의 영국이 서로 대치하는 상황이었습니다. 그런 대치상황이 러일전쟁으로 귀결됩니다. 이런 고민의 결과, 서울대학교 아시아연구소 신혜선 박사와 함께『산둥에서 떠오르는 동아시아를 보다』를 출판했습니다.

저는 이어 동아시아 냉전분단체제의 형성과 신중국의 등장에서 결정적 역할을 한 장소가 랴오둥반도 끝단에 있는 다롄이 아닐까를 생각했습니다. 안중근의사와 밀접한 관계를 가진 뤼순을 포함하고 있는 다롄, 그 도시는 1894년 청일전쟁으로부터 시작하여 1898년 3국간섭, 1904년 러일전쟁의 현장이었습니다. 일제는 이곳을 남만주 철도망의 시발점으로 삼아 만주를 점령했습니다. 뿐만 아니라 1945년 8월 14일에 맺어진 중국과 소련사이의 다롄조차에 관한 비밀협정은 1946년부터 시작된 국공내전의 키를 쥐고 있었습니다. 다롄은 한국전쟁에 참전했던 소련군들의 유해가 묻혀 있는 도시이기도 합니다. 저의 다롄연구는 이 도시의 약 100년 간의 변화를 다룬 것으로 2016년『다롄연구: 초국적 이동과 지배, 교류의 유산을 찾아서』의 출간으로 매듭지어졌습니다. 이 책에는 신혜선 박사의 다롄 한국학교에 대한 연구가 포함되었습니다.

다른 한편으로, 오키나와와 금문도 연구는 우리의 제주도에 대한 시각을 새롭게 했습니다. 저는 1998년 제주에서 열렸던 제2회 동아시아 평화인권 국제학술대회와 그후 제정된 제주4·3특별법을 계기로 제주도민들이 제주를 평화의 섬으로 만들려는 탈냉전의 희망을 주목했습니다. 강정 해군기지 건설이라는 암초와 미·중 갈등이라는 신냉전 체제의 등장을 보면서, 냉전의 예외적이고 집중적인 피해자인 오키나와, 타이완 금문도, 제주 등을 '냉전의 섬'이라는 개념으로 묶어 평화 사상의 형성과 이들 사이의 연대의 가능성을 물었습니다.

　동아시아 냉전분단체제의 형성국면에는 1945년부터 1949년까지의 중국내전, 제주의 4·3, 1950년부터 1953년까지의 한국전쟁, 1954년부터 1958년까지의 양안분쟁과 금문도 포격전이 자리잡고 있습니다. 우리에게 한국전쟁은 북한의 침략을 상기하는 6·25전쟁이지만, 미국이나 기타 유엔참전국에게는 한국전쟁입니다. 이와는 달리 중국에게는 항미원조전쟁으로 기억되고 있습니다. 그런 점에서 한국전쟁의 기억은 국가에 따라 다르게 각인되어 있습니다. 또한 한국전쟁의 기억은 전후세대에게 당시 촬영된 사진의 이미지가 큰 영향을 미치게됩니다. 이런 문제의식이 2016년에 강성현 박사와 함께 발간한『한국전쟁의 사진의 역사사회학』과 한국, 미국, 중국, 그리고 북한의 전쟁기념관을 비교분석한『한국전쟁의 기억과 기념의 문화정치』에 표현되어 있습니다. 미국의 국립문서청에서 자료들을 찾던 시간들이 귀하게 다가옵니다.

　저는 1990년대 중반부터 중앙아시아나 사할린의 한인 사회와 디아스포라 문제에 깊은 관심을 가져왔습니다. 우즈베키스탄, 카자흐스탄 등의 협동농장에 거주하는 고려인, 그리고 사할린 한인들을 만나 이들의 이주와 현지 생활을 현지조사를 통하여 연구했습니다. 점차 탈사회주의 이후 우즈베키스탄의 민족국가형성 과정이 후속연구 주제로 자리를 잡았습니다. 1937년의 연해주의 비극과 강제이주, 1945년의 제2차 세계대전 종결과 사할린의 소련 영토화는 우리 민족의 비극적 역사의 일부입니다.

교토대학의 외국인 방문연구자로 체류하다가 귀국할 무렵인 2002년, 히로시마 평화공원에 있던 조선인 위령비를 생각하면서 한국인 피폭자로 일본정부를 상대로 피해소송을 제기한 곽귀훈 선생님과 이 운동을 지원하던 이치바 준코(市場淳子) 선생을 만났습니다. 곽귀훈 선생님은 교사 출신이었습니다. 저는 한국으로 귀국한 후 한국의 원폭피해자들을 만나 구술 채록을 진행하였고, 이를 정리하여 『고통의 역사 : 원폭의 기억과 증언』을 2005년에 출간했습니다. 동북아역사재단에서 이를 일본어로 번역하도록 후원하여 일본에서 출간했습니다. 공교롭게도 2024년 일본의 피폭자단체가 노벨평화상을 받았는데, 한국의 피폭자 대표 두 분이 시상식에 참석하게 되어 교육청으로 모시고 축하를 드렸습니다.

학생주도적 수업과 교육방법론

전남대학교에 부임하면서 저의 전공분야라고 할 수 있는 한국사회사나 사회운동론뿐 아니라 '사회조사연습'이라는 과목을 담당하게 되었습니다. 당시 사회학과에는 학부에서 사회학과를 졸업한 교수님들이 없었기 때문에 제가 담당할 수밖에 없는 사정이었는데, 돌이켜보면 그것은 저의 교육과 연구에서 천금과도 같은 기회를 제공해주었습니다. 무엇보다도 지금까지의 일방적인 강의에서 선생님과 학생들이 함께 탐구하는 방식으로 바꿨습니다. 학기 초에 먼저 학생들에게 뭘 어떻게 조사할지 아이디어를 내게 하고, 비슷한 아이디어를 가진 동료들과 팀을 짜게 했습니다. 학생들은 팀별로 조사계획을 발표하고 제 코멘트를 받게 합니다. 보완된 계획에 따라 현장조사를 수행한 후 조사가능성을 확인합니다. 그 결과를 발표하고, 상호토론과 저의 코멘트를 받아 보완한 후 2차 발표를 합니다. 다시 한번 그 과정을 반복하면 어엿한 글이 됩니다. 가급적 팀별로 평가를 합니다. 이런 수업을 하다보면, 저절로 학생주도적 방식으로 변하고 학생들의 조사 및 발표능력이 향상됩니다. 학생들의 발표문 중에서 훌륭한 것은 학생잡지에 실었습니다. 저의 도움을 받긴 했지만 자신들의 아이디어와 자신들의 노력으로 작성한 조사보고서가 잡지에 실리는 것은 그들에게 큰 성취감을 안겨주었습니다. 뿐만 아니라 지도교수인 저도 학생들로부터 배우는 것이 많게 되고, 다음 수업이 기대됩니다. 제가 1991년 서울대학교 대학원에 제출한 박사학위논문은 이런 수업과정에서 얻은 연구주제와 방법으로 작성한 것입니다.

주민운동·사회운동은 저의 지속적 관심분야였습니다. 제 박사학위 논문은 "주민운동의 구조와 역학에 관한 비교연구: 1980년대 전남지역 개발 사례를 중심으로"입니다. 영광원자력발전소, 주암댐, 광양제철, 하남공단 등 전남 지역에서 이루어진 지역 개발사업을 둘러싸고 전개된 주민운동을 지역사회·개발체제·정책메커니즘 등 구조의 측면과 주민운동이 전개되는 방식·주체관계·결과 등 역학의 측면에서 분석한 내용입니다. 여기에 포함된 광양제철 건설 당시의 주민운동에 관한 연구는 이런 현장중심의 수업에서 아이디어를 얻은 것입니다.

제가 2003년 서울대학교로 옮긴 후에도 이런 학생주도적 수업이 제가 담당한 강의에 많이 적용되었습니다. 부안의 중저준위 방사성폐기물처분장(방폐장) 반대운동이나 5·18 연구수업은 물론이고, 비무장지대 인근 전략촌 연구시리즈는 이런 수업혁신이 만들어낸 성과입니다. 연구의 대주제는 교수인 제가 제시하더라도 보다 구체적인 연구는 학생주도적 아이디어, 자율적 현장조사로 구성되며, 특히 방학을 이용한 계절학기 수업에서 충분한 시간이 확보되고, 적절한 교수의 조언이 더해지면, 대부분 학생들은 학생잡지 기고 수준의 논문을 작성할 수 있었습니다. 이런 수업방식은 교수인 저를 변하게 합니다. 우리나라 인문사회계 대학에서는 아직 낯설지만, 학생들을 학문의 동반자로 인정하여 함께 연구하는 경험을 제공하는 것은 매우 중요합니다. 제가 교육감이 된 후, 그동안 초중고의 혁신학교 선생님들이 추구한 수업혁신의 기본 정신은 이와 크게 다르지 않다는 것을 깨달았습니다. 혁신교육이 지향하는 학생주도형 수업과 질문중심형 수업은 초중고뿐 아니라 대학교육에도 적극 도입되어야 합니다.

통일과 평화연구

저는 대학에서 40년 가까이 근무하면서 주로 연구소에서 젊은 연구자들과 함께 연구팀을 조직하고 제자들을 연구자로 육성하는 일에 주력하였습니다.

전남대학교에서 1996년 사회과학연구소 소장을 맡아 지역 상징에 관한 연구를 수행하고 연구소가 발행하는 학술잡지를 활성화하기 위해 노력했습니다. '축제, 민주주의, 지역활성화'라는 심포지움이 중요한 성과였습니다. 이때 연구행정의 경험을 쌓은 셈이기도 합니다. 1999년에는 전남대학교의 전통있는 연구소였던 호남문화연구소의 소장을 맡아 지역연구를 활성화하기 위하여 노력하였습니다. 지역 공동체를 구조적이고 역사적 맥락에서 탐구한 "지역사회 장기구조사의 구상-구림을 중심으로(2001)"과 "한국전쟁 경험과 공동체적 기억-영암 구림권을 중심으로(2002)", "지역 정체성, 신분투쟁 그리고 전쟁기억-장성에서의 전쟁경험을 중심으로(2004)" 등을 발표했습니다. 이 연구가 2003년 『구림연구』와 2005년 장성지역을 연구한 『지역전통과 정

체성의 문화정치』로 결실을 맺었습니다. 아울러 연구소의 젊은 연구
진들이 처음으로 영광지역의 한국전쟁경험을 연구하여 책으로 출판하
였습니다.

2000년 광주항쟁 20주년을 맞아 저는 광주비엔날레 발전을 위한
연구를 수행했습니다. 이것이 『광주비엔날레 장기발전을 위한 연구』
입니다. 또한 광주광역시의 요청으로 광주를 어떻게 문화도시로 만들
것인가를 논의했고, 그 결과가 『빛과 생명의 문화광주 2020』입니다.
여기에서 제시한 아이디어가 2002년 노무현 대통령 후보의 광주지역
공약인 '문화수도 만들기'로 발전했습니다. 이 프로젝트가 오늘날 광
주 아시아 문화의 전당의 기원이 됩니다.

제가 서울대학교로 옮긴 뒤에도 다양한 학문적 관심사와 연구성과
덕분에 여러 학회에서 역할을 하지 않을 수 없었습니다. 한국사회사학
회(2004~2005), 한국제노사이드연구회(2009~2012), 산업사회연구회에
서 발전한 비판사회학회(2010), 한국구술사학회(2015~2016), 한국냉전
학회(2015~2017) 등의 회장을 역임했습니다. 제노사이드연구회는 진
화위 출범과 함께 다루어진 다양한 국가폭력 사례들을 발굴하고 위원
회 활동을 지원하기 위해 조직되었는데 홍순권 교수님의 뒤를 이어 제
가 회장을 맡아 『제노사이드 연구』라는 학술지를 출간했습니다. 한국
냉전학회는 서울대학교와 성공회대학교를 비롯하여 다양한 냉전 연구
자들을 결집시키기 위해 조직했습니다. 한국이나 동아시아 사례들과
유럽의 사례들을 비교하는 연구들을 많이 발표하고 토론하는 학술장
을 제공했습니다.

뿐만 아니라 대학의 여러 연구소에서 연구활동을 이끌어가는 역할을 맡았습니다. 서울대학교로 자리를 옮긴 후인 2006년부터 서울대학교 통일연구소에서 박명규 소장님을 도와 통일연구실장(2006~2007)으로 일했습니다. 또한 서울대학교 규장각 한국학연구원에서 김영식 원장님을 도와 기획연구부장(2006~2007)을 맡게 되었고, 시카고대학에 방문교수로 다녀온 뒤에는 부원장(2008~2010)을 맡았습니다. 당시 서울대학교에서 추진하고 있던 한국학 진흥사업을 총괄하는 한국학위원회 위원장을 겸했습니다. 이를 통해 한국의 고문헌 관련 분야 뿐 아니라 규장각 관련 연구자들로부터 많은 것을 배우게 됩니다. 『한국학연구사업 10년, 그 성과와 과제』라느 보고서를 작성하였습니다. 이어 서울대학교 아시아연구소가 임현진 선생님의 주도 아래 야심차게 출범했을 때 저는 동북아센터장(2013~2016)을 맡아 일했습니다. 여기에서 다양한 동아시아 근대사와 사회변동을 위한 연구를 조직할 수 있었습니다.

저의 본격적인 평화연구는 오키나와 평화운동에 고무된 바 있습니다만, 동아시아 평화인권 대학생 캠프를 운영하면서 자주 가보았던 일본의 평화도시, 즉 피폭의 아픔에 기초하여 평화도시로 성장한 히로시마나 나카사키에 대한 관심으로부터 싹트기도 했습니다. 흥미로운 것은 이 도시들이 평화도시를 내세우고 있지만, 배후에는 여전히 군항으로 사용되고 있는 도시들이 있다는 사실입니다. 나가사키의 배후에 사세보가 있고, 히로시마의 배후에 구레(吳)가 있습니다. 특히 구레는 태평양 전쟁당시 일본인들의 희망이었다가 침몰한 전함 야마토의 기억이 선명하게 남아 있는 도시입니다. 저는 서울대학교 일본연구소의 후원으로 이 도시에 대한 공동연구를 수행하여 2015년 『포위된 평화, 굴절된 전쟁기억: 히로시마만의 군항도시 구레연구』를 출판하였습니다.

서울대학교 평의원회 의장의 임기가 종료된 이후인 2016년 2월, 어렵게 기회를 얻어 독일 베를린자유대학의 초빙교수로 한국을 잠시 떠나 통일독일에서 한국학에 관심을 가진 학생들에게 자유롭게 강의하는 기회를 얻었습니다. 주로 한국의 이행기 정의에 관한 강의를 진행했습니다. 베를린에 체류하면서 독일의 나치 및 포로수용소의 경험, 그리고 통일과정을 연구했고, 틈틈이 제가 관심을 가졌던 탈사회주의 국가들을 연구하기 위해 폴란드, 에스토니아, 라트비아 등을 방문했습니다. 불가리아에서 탈사회주의 실태를 조사하고 있는데, 성낙인 서울대학교 총장님으로부터 연락을 받았습니다. 서울대학교 통일평화연구원 원장을 맡아달라는 것이었습니다.

저는 귀국하여 10년간 연구원을 잘 이끌어온 박명규 원장님 후임으로 연구원 운영을 맡게 되었습니다. 저는 지금까지의 성과를 이어받으면서 한편으로는 연변대학을 매개로 한 남북 대학간 학술교류를 촉진하고, 다른 한편으로는 연구원의 전임 교수 뿐 아니라 연구원 모두가 참여하는 연구체제를 만들고 싶었습니다. 특별히 발트 3국이나 몽골, 베트남 등의 사례로 하여 탈사회주의 연구를 진전시키고, 한반도 평화연구를 진척시켰습니다. 2018년 공저로 출판한『탈사회주의 체제 전환과 북한의 미래』,『발트 3국의 탈사회주의 연구』등이 그 결과입니다.

아울러 통일부의 후원으로 대학 학생들에게 제공하는 통일교육을 진행하였습니다. 젊은 세대의 통일의식이 점차 희박해지는 상황은 많은 문제를 제기하고 있었습니다. 당시 서울대학교는 전공을 불문하고 북한 연구와 통일 평화연구의 활성화를 위해 많은 지원을 하고 있었습니다. 통일연구를 사회과학 뿐 아니라 인문학, 자연과학, 공과 대학, 의과대학, 간호대학 등 모든 대학구성원이 참여할 수 있도록 개방하였습니다.

이 시기에 평화연구를 진전시키기 위한 노력도 함께 하였습니다. 거제시의 의뢰로 전갑생 선생(서울대학교 사회발전연구소)과 협력하여 한국전쟁포로에 관한 자료를 미국 국립문서청에서 찾아 정리하고, 유네스코 세계기록유산으로 등재할 가능성을 타진하였고, WCC 아시아국장과 초대 인권대사로 활동한 박경서 선생님의 평화를 위한 노력들을 인터뷰하여 『평화를 위한 끝없는 도전』을 출판하였습니다.

통일평화연구원 원장으로 일하던 2018년 초에 저는 상상하기 어려운 도전을 하게 됩니다. 절친한 선배였던 박명규 교수에게 법인화된 서울대학교 개혁과 발전을 위하여 서울대학교 총장 선거 출마를 여러 차례 요청했으나 박 교수는 쉽게 결정하지 못했습니다. 결국 제가 직접 출마할 결심을 하지 않을 수 없었습니다. 저는 서울대학교의 전통에 비추어보면 매우 보잘 것 없는 교수였지만, 대학 개혁과 발전을 위해 도전했습니다. 2008년 1학기에 치루어진 선거에서 총장으로 선출된 후보가 일신상의 사유로 사퇴하는 바람에 2학기에 다시 선거를 치루게 되었습니다. 한 한기만에 많은 변화가 있었습니다. 저는 21세기 한국사회의 지속적 발전을 위해서는 의생명산업과 AI산업을 획기적으로 육성할 필요가 있으며 이를 위해서는 서울대학교가 주도하여 의대와 공대가 좀더 자율적으로 운영될 필요가 있다는 생각을 했습니다. 이들이 신산업을 배태할 수 있는 학술적 중심이 될 수 있도록 캠퍼스를 옮기는 방안까지도 구상했습니다. 이를 위하여 박원순 서울시장과 상의를 했는데 놀랍게도 이런 제안을 적극적으로 수용해주었습니다. 아울러 시흥캠퍼스를 활용하여 지방 국립대학과의 협력을 획기적으로 끌어올리고 싶은 생각이 있어서 이재명 경기지사와 상의를 하였습니다.

제 아이디어에 동의해준 많은 분들의 지지 덕분에 저는 3위로 결선에 올랐습니다. 특히 학생들의 지지가 많았다는 점이 고무적이었습니다. 당연한 일이지만 이사회는 1위 후보였던 오세정 후보를 총장으로 낙점했습니다. 이 서울대학교 총장선거는 부족한 저에게 큰 배움의 기회가 되었습니다. 대학과 교육을 바라보는 저의 시야를 크게 넓혀주었고, 도전할 수 있는 용기를 주었습니다.

저는 총장 선거의 아픔을 본연의 연구활동으로 달래기로 하였습니다. 경기도나 강원도의 접경지역, 비무장지대나 그 인근의 민간인 출입통제구역에 대한 조사를 진행하였습니다. 미군기지가 있던 지역이나 민간인 출입통제구역에 만들어진 전략촌들에 대한 연구를 통하여 1960~70년대의 변화를 세밀하게 들여다 볼 기회를 얻었고, 이 지역의 변화들이 시야에 들어왔습니다. 이런 노력으로 『DMZ 접경지역의 비평화실태에 관한 인문학적 연구: 전략촌을 중심으로』, 『주한 미군 기지촌의 유산과 여성정책방향』 등이 출판되었습니다. 학부 학생들과 함께 진행한 수업을 통해 철원지역에 만들어진 4개 전략촌에 대한 연구논문도 출판되었습니다. 대학원 학생뿐만 아니라 학부 학생들도 어엿한 학술논문을 저와 함께 작성할 수 있다는 것을 확인한 소중한 경험이었습니다.

저의 40년에 걸친 교육자와 연구자로서의 길을 돌아보면, 초기에는 선생님들부터 많은 것을 배우면서 학생들과 함께 어울리고, 함께 조사하고 공부하였다면, 후기에는 주로 대학원생을 연구자로 성장시키고, 젊은 연구자들을 조직하여 공동연구를 이끌어가는 역할을 하였다고 생각합니다. 항상 교육과 연구가 뚜렷하게 구분된 것이 아니라 하나의 과정 속에 있었고, 동시에 사회현장에서 또는 역사현장에서 학생들의 질문을 유도하고 함께 탐구했던 시간들이었습니다. 제가 쓴 논문이나 책은 거의 대부분 공동연구들이었고, 그것들 하나하나에 함께 고민하고 토론했던 기억들이 선명하게 남아 있습니다. 흥미로운 것은 저와 함께 현지조사를 하고 가르쳤던 학생들은 거의 모두 시간이 지나도 이 경험을 학창시절의 가장 소중한 경험으로 기억하고 있다는 사실입니다. 학생들은 선생님이 어떻게 하느냐에 따라 매우 다른 사람으로 성장합니다.

제4장 사회적 실천과 대학 행정

대학 교수는 세가지 얼굴을 가지고 있습니다. 교육자, 연구자, 그리고 사회적 실천가입니다. 세가지 측면은 서로 밀접히 연관된 것이지만, 지금부터 세 번째 측면에서 제가 걸어온 길을 되돌아보겠습니다.

민교협과 사회적 연대

서울대학교 조교 근무를 마치고 1985년 3월, 전남대학교 사회학과에 부임했습니다. 그 시기의 광주는 광주민중항쟁의 기억과 상처가 생생하게 살아있는 역사의 현장이었습니다. 특히 전남대학교는 1980년 희생된 윤상원 열사나 1982년에 희생된 총학생회장 박관현의 그림자가 짙게 드리워져 있었습니다. 학생들과 시민들은 그날의 상처를 치유하고 트라우마에서 벗어나기 위해 분투 중이었습니다. 전남대학교 학생들은 5월이 되면 망월동 묘지를 찾아 참배하고 민주화를 요구하는 시위를 조직했습니다. 전남대학교 학생운동은 1987년 광주전남지역대학생대표자협의회(남대협) 창설로 이어집니다.

교수들도 유사합니다. 특히 5·18 당시에 많은 핍박을 받았던 해직 교수들이 복직하였기 때문에 대학은 이분들에 대한 존경이 있었습니다. 명노근, 김동원 교수님을 비롯한 여러 교수님들이 자신의 이야기를 들려주셨습니다. 때때로 오후가 되면 시내로 나가 이런저런 이야기로 울분을 달랬습니다. 시내에서는 종종 해직교사 출신 선생님들을 만나기도 하였습니다. 그들은 1982년 창립된 광주 YMCA 중등교육자협의회 회원들이었는데, 이들은 윤영규 선생님을 중심으로 모였고, 박석무 선생도 중요한 역할을 하고 있었다고 기억됩니다. 이들은 1986년 교육민주화선언을 하였습니다. 당시 광주에 참교육운동의 뛰어난 지도자들이 많았습니다. 초대에서 3대까지 전교조 위원장을 지내신 윤영규 선생님, 5대와 6대 위원장을 지내신 정해숙 선생님, 두 분 모두 소장 학자인 저를 아껴주셨습니다. 박석무, 윤광장, 임추섭 선생님도 자주 뵈었습니다.

1987년 5월, 전남대학교에서는 전두환의 4·13 호헌조치에 반대하는 시국선언이 이루어졌는데, 이것이 민주화를 위한 교수협의회 출범의 산파가 되었습니다. 전국의 교수들은 대학별로 시국선언을 발표했습니다. 모두 48개 대학 1,513명이 참여했습니다. 전남대학교 교수들이 시국선언을 준비하는 과정에서 선배 교수들은 비교적 젊은 저를 보호한다는 뜻에서 제 서명을 만류했지만 저는 서명에 동참했고 전국 대학 중 가장 많은 60명의 교수들이 참여했습니다. 교수들의 시국선언은 6월 민주항쟁을 거치면서 민주화를 위한 전국교수협의회 탄생으로 이어졌고, 김상기(경북대학교), 김진균, 송기숙 3분이 공동의장을 맡았습니다. 전남대학교 민교협의 초대 의장은 송기숙 교수였고, 저도 결성 초기부터 민교협 광주·전남지회 활동에 적극적으로 참여했습니다.

광주전남지역의 민교협 구성원들은 참교육운동의 지도자들과 늘 함께 어울렸고 같이 머리를 맞대고 교육과 나라를 걱정했습니다. 윤영

전국교직원노동조합 윤영규 선생님, 정해숙 선생님

규 선생님은 민주교육추진 전국교사협의회를 결성하는데 중심 역할을 하였습니다. 전교협 결성대회는 윤영규 선생의 모교인 한신대학교에서 이루어졌습니다. 앞에서 이야기했듯이 5·18 구술채록에서 정해직 선생님을 비롯한 교사들의 활동도 많이 채록되었습니다. 한국현대사 사료연구소 활동은 이들을 포함하여 광주 시민사회를 들여다보는 창구가 되었습니다.

지방사회연구회 활동도 빼놓을 수 없습니다. 저는 1987년 6월 민주항쟁 이후 지역 사회의 변혁 열기를 학문적으로 담아내기 위해 노력했습니다. 대구를 중심으로 대구사회연구회가 발족되고, 전주를 중심으로 호남사회연구회가 결성되었으며, 부산에서도 지역사회연구회가 활발히 활동하게 되면서 광주에서도 이에 호응하는 움직임이 만들어졌습니다. 이런 흐름이 합류한 것이 1988년 겨울, 지리산 피아골에서의 학술적 토론입니다. 여기에서 저와 이태호 교수가 발표하였습니다. 계명대학교 신현직 교수님, 경북대학교 이호철 교수님, 김형기 교수님 등과의 교류가 인상적이었습니다. 당시 지역간 균열이 극심하여 영호남 교류와 협력이 강조되던 상황에서 지역감정 해소방안을 찾는 것과 지역간 불균등 발전을 이론적으로 규명하는 작업은 중요했습니다. 이것이 자연적인 산물이 아니라 군사정권의 통치전략의 산물이라는 점을 학술적으로 입증하고자 했습니다.

민교협은 1989년 초, 전국교직원노동조합이 결성될 때 적극적 연대활동을 하였습니다. 송기숙 선생님은 전교조 결성기에 혹시라도 교사들이 해직되거나 탄압을 받을 것을 염려하여 저에게 전교조에 가입해달라고 요청하였습니다. 대학교수가 방패막이가 될 필요가 있다는 것이었습니다. 저를 포함한 몇몇 민교협 교수들이 이에 응했습니다. 목포대학교에서는 서창호 교수님이 그런 역할을 하였습니다. 참교육을 하겠다는 열정 하나로 희생을 감수하고 분투하던 교사들을 가까이서 지켜본 경험이 훗날 제가 진실·화해위원회 위원장이 되어 잘못된 과거사를 바로잡는 일을 할 때 큰 도움이 되었습니다.

제가 광주 시민사회에 보다 깊게 참여하게 된 계기는 노동운동과도 연관이 있습니다. 당시 젊은 목회자였던 무등교회 이철우 목사님이 교회 부설로 창립한 노동상담소의 자문역할을 해달라는 요청이 있었습니다. 이 상담소는 한국기독노동자 총연맹(기노련) 활동의 일환이었는데, 이것이 인연이 되어 노동현장에서 일어나는 일에 관심을 갖게 되었고, 얼마 후에는 교회 예배에도 출석하게 되었습니다. 1991년에는 이철우 목사님과 김상집 선생을 포함한 교우들과 함께 일본 가와사키 지역의 노동조합을 방문하고 요코스카교회를 방문하기도 했습니다.

두 번째 광주 시민사회와의 만남은 1994년 가을, 광주시민연대 활동을 계기로 이루어졌습니다. 윤장현 전 광주시장을 중심으로 한 시민연대 모임은 5·18 성역화사업을 하면서 나병식 선생의 균형사 모임과 함께 광주시민사회를 이끌었고, 저는 이 모임의 기획에 자주 참여하였습니다. 이 모임이 광주에서 이루어진 시민사회운동의 중요한 주체로 성장했습니다. 이들은 광주의 강력한 운동단체들과 협력하여 독특한 지역문화를 발전시켰습니다.

저는 1996년 전남대학교 사회과학연구소 소장으로 일하기 시작하면서 연구행정의 책임자의 길을 걸었습니다. 전국의 학자들을 초청하여 민주성지라는 개념에 착안하여 도시의 상징에 관한 심포지움을 열었습니다. 이어 1999년에는 전남대학교 호남문화연구소의 소장으로 일했습니다. 이때 한국진흥재단의 지원을 받아 한국전쟁 당시 큰 피해를 입었던 영광지역에 대한 연구 팀을 최초로 만들었고, 직접 영암 구림연구팀을 조직하여 역사학, 문학, 사회학이 함께 하는 학제적 연구를 진행했습니다. 전통시기의 지역문화가 어떻게 근대전환기의 변용이 되면서 변화하는지, 한국전쟁기의 지역적 갈등이 어떻게 표출되는지, 공동체와 국가권력이 어떻게 충돌했는지에 관한 연구를 진행하였습니다. 이를 계기로 연구소가 연구원으로 격상하게 되었습니다.

2000년 광주항쟁 20주년을 맞아 한편으로 동아시아 평화인권 국제회의 한국 사무국장으로 일을 하였고, 광주비엔날레 발전을 위한 연구를 수행했습니다. 또한 광주 문화도시 만들기 프로젝트의 연구책임자로 일했는데, 이것이 2002년 노무현 대통령 후보의 지역공약인 문화수도 만들기로 발전했습니다. 이 프로젝트가 오늘날 광주 아시아 문화의 전당의 기원이 됩니다.

서울대학교로 옮긴 후 저는 곧바로 광주문화중심도시 조성 TF의 일원으로 일했습니다. 2002년 노무현 대통령 후보 공약으로 채택된 문화수도론이 문화중심도시 조성 프로젝트로 전화한 것입니다. 이 프로젝트의 총 책임은 총리급 위원장으로 위촉된 송기숙 교수님이었습니다. 저는 문화관광부 산하 고궁박물관에서 현재 광주에 있는 아시아 문화의 전당 조성계획의 초기 구상에 관한 회의에 이영진 시인, 목포대학교 조경만 교수 등과 함께 참여하였습니다. 아시아 문화의 전당은 당시 전남도청의 이전으로 공동화될 위기에 처한 도심의 활성화를 위하여 이곳에 자리잡았지만, 저는 5·18의 기억을 가지고 있는 전남도청을 훼손할 위험이 있다는 점에서 광주비엔날레가 열리는 장소를 선호하였으나 뜻을 관철하지 못했습니다.

저는 2003년 서울대 교수로 부임한 후에도 자연스럽게 서울대 민교협에 합류하여 활동을 하였습니다. 2011년에는 서울대 민교협 의장으로 취임하여 당시 법인화를 둘러싼 논쟁과정에서 회원 교수님들의 의견을 대변하기도 했습니다. 학생들과 대학본부의 갈등을 조정하고 중재하는 역할도 담당했습니다. 김세균, 고철환, 이애주, 최갑수, 김명환, 유용태, 한인섭 선생님 등 훌륭한 분들로부터 많은 가르침을 받는 즐거움이 있었습니다.

민간인학살 진상규명과 진실·화해를 위한 과거사 정리위원회
4·19혁명 직후, 한국전쟁 전후해 발생한 민간인학살의 진상을 규명하려는 움직임이 전국적으로 활발하게 일어났습니다. 희생자 유족들이 모여 유족회를 결성했습니다. 거창 양민학살 유족들의 움직임이 대표적입니다. 언론 보도가 활성화되었습니다. 『제주신보』는 4·3 사건 양민학살 신고서를 접수받아 국회에 전달하기도 했습니다. 국회도 호응

했습니다. 4대 국회는 '양민학살사건 진상조사특별위원회'를 구성하고, 현장 방문과 실태 조사를 벌였고, 정부에 진상 규명과 피해 배상을 촉구하는 대정부 건의문을 채택했습니다.

그러나 5·16 군사 쿠데타로 인해 진실을 찾으려는 모든 희망은 좌절되었습니다. 군사정권은 오히려 진상규명을 요구하는 유족회 간부들을 국가보안법으로 탄압하고 투옥했습니다. 관련 추모 시설을 훼손하거나 파묻어 버렸습니다. 진실은 권위주의 정부가 이어진 수십년간 다시 물밑으로 가라앉았습니다. 게다가 야당과 민주화세력, 노동·농민·빈민운동 등의 사회운동에 대한 탄압이 강화되었습니다. 고문, 투옥, 법정 살인 등 가혹한 인권유린 계속되었습니다.

1998년 2월, 드디어 대한민국 역사상 최초의 수평적 정권교체로 등장한 김대중 정부가 출범했습니다. 해방과 정부수립 그리고 한국전쟁의 소용돌이 속에서 발생한 수많은 비극적 사건의 진상을 규명하려는 움직임이 수면으로 떠올랐습니다. 김대중 정부 출범 1년 만인 1999년 말에 '제주 4·3사건 진상규명 및 희생자 명예회복에 관한 특별법'이 제정되었습니다. 이듬해 1월에는 '민주화운동 관련자 명예회복 및 보상 등에 관한 법률'이 국회를 통과되었습니다. 국가폭력과 인권침해를 예방하고 감시하는 국가인권위원회 설립 근거가 되는 '국가인권위원회법'도 제정되었습니다. 민간차원의 움직임도 활발했습니다. 한국전쟁 전후 벌어진 민간인 학살 전체의 진상규명을 촉구하는 '한국전쟁 전후 민간인학살 진상규명 범국민위원회'가 출범했습니다.

김대중 정부를 계승한 노무현 정부에서 역사적 진실에 다가가려는 노력은 확대되었습니다. 2004년에 '노근리사건 희생자심사 및 명예회복에 관한 특별법'이 제정되었습니다. 같은 해 '일제강점하 반민족행위 진상규명에 관한 특별법'을 제정하고, 이듬 해에 대통령 소속으로 '친일반민족행위 진상규명위원회'를 출범시켰습니다. 2005년에 역사적 진실에 접근하기 위한 커다란 진전이 있었습니다. 과거 국가 폭력에 의한 인권침해 사건 전반을 포괄적으로 다루는 일반법인 '진실·화해를 위한 과거사정리 기본법'이 제정된 것입니다. 일제강점기 및 그 직전의 항일독립운동, 일제강점기 이후 우리나라 주권 수호 및 국력 신장과 관련된 해외동포사, 그리고 해방 이후 민간인 집단 사망·상해·실종 사건, 권위주의 통치 시기의 반인권적 또는 반민주적 행위로 인한 인권유린 및 폭력·학살 사건 모두를 포함합니다. 궁극적으로 왜곡되거나 은폐된 진실을 밝혀내고, 과거와의 화해를 통해 국민통합에 기여하는 것을 목적으로 하는 법입니다. 이에 기반해 '진실·화해를 위한 과거사정리위원회'라는 전담기구도 발족했습니다.

저는 2000년대 초반부터 시작된 이런 움직임에 주목하고 옆에서 도울 수 있었습니다.

2000년 4·3특별법이 제정된 후, 한국전쟁 피해자 유족들이 1960년 유족회 탄압의 기억을 딛고 일어나 움직이기 시작했습니다. 그 출발은 '한국전쟁전후 민간인학살 진상규명 범국민위원회' 결성이었습니다. 범국민위원회는 수십 년간 은폐되었던 민간인 학살 사건의 진상규명과 희생자 명예 회복을 위해 유족회, 인권·시민사회단체, 학계 인사들이 연합하여 조직한 것입니다.

　한국전쟁 전후 발생한 대규모 민간인 학살은 전쟁 중의 혼란과 이후 권위주의 정권 하에서 40여 년간 공적으로 언급되거나 조사되지 못하고 은폐되었습니다. 새로운 정치상황이 오랜 침묵을 깨도록 했습니다. 1999년, AP통신이 노근리 사건을 보도하면서 미군 및 국군·경찰·우익단체에 의한 민간인 학살 사건들이 다시금 사회적 공론화되었고, 전국적으로 진상 규명 요구 목소리가 높아졌습니다. 개별 사건 조사를 넘어 국가 차원의 총체적이고 독립적인 진상 조사 기구 마련이 시급하다는 공감대가 형성되었습니다.

　사건의 직접적인 피해 당사자와 전국 각지의 유족회가 핵심주체가 되었습니다. 여기에 과거사 청산과 인권 신장을 목표로 하는 다양한 인권·시민단체들이 함께했습니다. 학계의 연구자들이 진상 규명의 이론적 토대를 마련하고 실태 조사에 참여했습니다. 강만길 교수(고려대학교), 이이화 교수(서원대학교 석좌교수), 김동춘 교수(성공회대학교), 이해동 목사(인권운동가), 김영훈 회장(전 한국전쟁유족회장) 등 학계와 사회원로들이 상임공동대표를 맡아 무게감을 실어주었습니다. 저는 광주에서 이를 지원하였습니다. 범국민위원회는 국회 입법 청원, 1인 시위, 농성 등을 통해 2005년 통합특별법으로 '진실·화해를 위한 과거사정리 기본법'이 통과되는데 결정적인 역할을 했습니다. 민간인 학살 현장과 유족 증언을 채록하는 등 민간인 학살 실태를 조사해『한국전쟁 전후 민간학살 실태보고서(2005)』를 발간했습니다. 유해 발굴 사업과 위령제 및 추모 사업도 전개했습니다.

　2005년 진실·화해위원회가 출범하자 범국민위원회에서 일했던 김동춘 교수가 상임위원이 되고 많은 활동가들이 합류할 것이 결정되자, 제가 직접 범국민위원회의 운영에 참여하게 되었습니다. 고립되어 있던 지역별 학살 피해자 단체들을 전국 단위의 네트워크로 조직하고, 이를 통해 개별적으로 흩어져 있던 학살의 비극을 '진실규명과 명예회복'이라는 사회적 과제로 결집시켰습니다. 범국민위원회의 활동이 있었기에 '과거사 기본법'이 통과되고, 국가 기구인 진실·화해위원회가 출범할 수 있었다고 봅니다. 범국민위원회의 운영위원장으로 일한 경험은 훗날 제가 '진실·화해위원회'의 2기 위원장으로 취임하여 활동을 이어가는 밑거름이 되었습니다.

'진실·화해를 위한 과거사 정리위원회'는 2005년 제정된 '진실·화해를 위한 과거사정리 기본법'에 따라 출범하여, 2005년 12월 1일부터 2010년 12월 31일까지 약 5년간 활동했습니다. 1995년에 '5·18 민주화운동 특별법'이 제정되었고, 2000년에는 '제주4·3 특별법'이 제정되어 피해자 명예회복과 진상규명의 길이 열렸지만 모두 개별 사건을 위한 법률입니다. 우리는 일제하부터 민주화 이전까지 너무나 많은 비극적 사건을 겪었습니다. 많은 사건들이 아직 진실이 밝혀지지 않은채 어둠에 묻혀있습니다. 이제는 과거사를 종합적으로 정리할 기구가 필요한 때가 되었습니다. 진실·화해위원회는 한국 최초의 포괄적 과거사 규명 국가 기구라는 점에서 커다란 의의가 있습니다.

진실·화해위원회의 목적은 항일독립운동, 반민주적·반인권적 행위에 의한 인권유린, 학살, 의문사 등 과거의 사건을 조사하여 진실을 규명하고, 과거와의 화해를 통해 국민통합에 기여하는 것입니다. 아파르트헤이트 시기에 이루어진 인종차별적 인권침해의 진실을 규명하고, 이를 통해 국민통합을 실현을 목적으로 하는 남아프리카공화국의 진실과 화해위원회(Truth and Reconciliation Commission)로부터 시사점을 얻었습니다. 비단 남아공만이 아니었습니다. 비슷한 시기에 군사정권을 경험하거나 냉전하에 민간인이 희생된 경험을 공유한 남미와 아시아의 여러 나라가 각국의 상황에 맞는 치열한 과거사 정리 작업을 추진했습니다. 학계에서는 이러한 흐름을 '이행기 정의'의 확산이라고 부릅니다.

라틴 아메리카는 우파 군사독재 정권하에서 발생한 강제 실종 문제가 핵심이었습니다. 아르헨티나의 1983년 '실종자진상규명위원회'를 설치하고, '다시는 안된다'는 의미의 『눈카 마스(Nunca Mas)』 보고서를 발간했으며, 이는 '더러운 전쟁'에 책임이 있는 군부 지도자들을 법정에 세우는 결정적 증거가 되었습니다. 칠레는 1990년 '진실과 화해를 위한 국가위원회'를 발족하고, 피노체트 정권하의 인권침해를 규명하는 『레티그 보고서』를 통해 '진실 기록'과 '피해자 배상'에 집중했습니다.

아시아에서 타이완은 국민당 정부가 원주민을 학살한 2·28사건 이후 40년간 이어진 계엄령 하에서 자행된 백색테러의 진실을 밝히는 데 주력했습니다. 1995년 정부의 공식 사과와 기념비 건립을 시작으로 2018년에는 '촉진이행기 정의위원회'라는 국가 기구를 출범시켰습니다. 인도네시아 점령기 동안 인구의 1/3이 희생된 동티모르는 2001년 '수용, 진실, 화해위원회'를 설립하고, 공동체의 화합을 위해 공동체 재판을 거쳐 용서받는 화해절차를 도입했습니다.

1기 진실·화해위원회 초대위원장은 송기인 신부가 맡았습니다.

부산 지역 민주화 운동의 대부로 불리는 천주교 신부님입니다. 위원회의 기틀을 잡고, 과거사 청산이 정치적 보복이 아닌 '화해'를 위한 것임을 천명하는 상징적인 역할을 했습니다. 2007년 취임한 2대 안병욱 위원장은 가톨릭대학교 교수 출신의 역사학자입니다. 학문적 엄밀성을 바탕으로 조사의 체계를 다지고, 방대한 조사 보고서를 정리하는 데 주력했습니다. 이명박 정부가 임명한 3대 이영조 위원장은 보수적인 입장 때문에 논란이 많았고, 소극적 역할에 그쳤습니다.

1기 위원회는 크게 항일독립운동, 한국전쟁 전후 민간인 학살, 권위주의 통치기 인권침해 등 세 가지 영역을 포괄적으로 다뤘습니다. 접수된 진정 사건의 약 80%가 한국전쟁 전후 민간인 집단 희생입니다. 국민보도연맹 사건, 형무소 재소자 희생 사건, 미군 폭격에 의한 민간인 희생 사건 등을 광범위하게 조사했습니다. 전쟁 중이라도 국가가 재판 없이 민간인을 살해한 것은 '불법'임을 공식 확인하고, 전국 각지의 유해 발굴 작업을 시작했습니다.

둘째는 권위주의 통치기 인권침해 및 조작 의혹입니다. 아람회 사건, 오송회 사건, 수지 김 사건 등 군사정권 시절 고문에 의해 간첩으로 조작된 사건들의 진실을 밝혀내고 재심 권고를 내렸습니다. 훗날 피해자들이 무죄 판결을 받는 결정적 근거가 되었습니다. 장준하 선생 의문사 사건과 1980년 언론 통폐합 및 언론인 강제 해직 사건 등을 조사했습니다.

세 번째, 항일독립운동 및 해외동포사입니다. 그동안 사회주의 계열 활동이나 자료 부족으로 서훈받지 못했던 독립운동가들을 발굴하여 보훈처에 서훈을 권고했습니다.

　1기 진실·화해위원회는 출범 직후부터 1년간 총 11,175건의 사건을 신청받았고, 그 가운데 약 75%에 달하는 8,450건에 대한 진실을 규명했습니다. 위원회에 접수된 사건들 가운데 일부는 이미 학계에서 사건의 실체를 어느 정도 파악하고 있었지만 새롭게 알게 된 것도 적지 않습니다. 전체 신청 건수 가운데 40~50% 정도는 일선 경찰서에 잠자고 있던 자료, 정부 기관만 갖고 있던 자료, 또 신고자의 증언 등을 통해 새로운 사실이 밝혀졌습니다.

　안병욱 위원장님의 요청으로 과거사 재단 설립방안 프로젝트 수행, 진화위 종료 이후 행정안전부는 나에게 전국위령시설 건립을 위한 기획을 맡겼습니다. 유족들의 의견을 수렴하여 대전 골령골이 적지라고 판단하였습니다.

　1기 위원회 활동은 한국전쟁기 민간인 학살과 독재 정권의 인권유린을 국가 차원에서 처음으로 공식 규명했다는 데 큰 역사적 의의가 있습니다. 국가가 처음으로 자신의 과오를 공식 인정하고 사과하는 계기가 되었습니다. 그러나 한계도 뚜렷했습니다. 조사권과 강제성이 없어 군·경찰·정보기관 등 가해자가 자료 제출을 거부하면 진실을 밝히는 데 한계가 있었습니다. 위원회 활동이 미완에 그쳤습니다. 많은 사건이 미해결 상태로 남았음에도 불구하고, 법적 활동 기한 만료와 당시 이명박 정부의 연장 거부로 2010년 활동이 종료되었습니다.

　2010년 진실·화해위원회가 종료된 후 사회 곳곳에서 한국의 이행기 정의 프로젝트의 성과와 과제를 검토하는 학술회의가 자주 열렸습니다. 저는 자주 국가폭력에 대한 진상규명과 피해자 치유라는 '이행기 정의(Transitional Justice)'의 관점에서 재해석하는 학술회의를 기획하거나 발표했습니다. 심포지움에서 한국형 모델을 모색했습니다. 남아프리카공화국, 아르헨티나 등 국가폭력에서 빠져나온 기존의 이행기 정의 모델과 다른 분단국가 한국의 특수성을 반영한 과거사 청산 모델을 논의했습니다. 타이완의 '이행기 정의 촉진위원회' 위원인 예홍링(葉虹靈) 교수를 초청해 동아시아의 맥락에서 국가폭력 진상규명 사례를 비교했습니다. 아울러 2010년 중단된 진실·화해위원회 1기의 한계를 극복하고, 배상·보상 및 트라우마 치유까지 포괄하는 2기 과거사 기구의 필요성을 역설했습니다. 2019년 6월, '국가폭력과 이행기 정의 국제심포지움'도 그런 노력의 하나입니다. 민주화운동기념사업회와 서울대학교 통일평화연구원이 공동주최했습니다.

이와 같은 일련의 학술행사와 토론회를 통해 '이행기 정의'라는 학술용어를 시민사회와 정책 입안자들에게 확산시켰고, 과거사 청산이 보복이 아닌 '정의의 회복'임을 설득했습니다. 이 모든 노력이 2기 진실·화해위원회의 운영방향을 제시하고 힘차게 출범하는 결과로 이어졌다는 점에서 큰 보람을 느꼈습니다.

다른 한편으로는 위원회의 재개를 요청하는 시민들의 목소리가 커졌습니다. 특히 한종선 대표를 비롯한 부산의 형제복지원 사건피해자들은 수년간 국회에서 끈질기게 자신들의 피해를 호소하고 진실을 규명해 줄 것을 요구했습니다. 저의 대학원 제자들이 이들을 적극 도왔습니다.

촛불혁명을 통해 문재인 정부가 들어선 후 이들의 호소가 수용되었습니다. '진실·화해를 위한 과거사정리 기본법' 개정안이 2020년 5월 드디어 국회 본회의를 통과한 것입니다. 10년간 중단 상태였던 '진실·화해위원회'가 재출범의 근거를 마련하였습니다. 저는 그동안 과거사에 대한 진상규명과 피해자 치유의 의미를 다룬 '이행기 정의' 관련 연구나 토론회를 통하여 진실·화해위원회를 높게 평가하고 이를 재개할 필요가 있다는 의견을 제시한 바 있기 때문에 이를 환영했습니다.

진실·화해위원회가 다시 출범하게 된 몇가지 배경이 있습니다. 첫째, 제1기 위원회 활동을 잘 몰라서 신청을 하지 않은 사람들이 많다는 것이 널리 알려졌습니다. 둘째, 촛불혁명으로 인하여 여전히 남아 있던 국가권력에 대한 두려움이나 권위주의 독재로의 회귀에 따른 불안감이 약화되었다는 것입니다. 셋째, 우리 사회의 인권 감수성이 높아지면서 과거에는 국가폭력으로 간주되지 않았던 사건들이 새롭게 진실을 규명해야 할 문제로 인식되었다는 것입니다. 대표적인 사건이 아동 수용시설인 형제복지원이나 선감학원 사건입니다. 이런 변화는 우리나라에서만 일어난 것이 아닙니다. 아일랜드와 캐나다, 오스트레일리아에서도 2000년이후 복지시설로 간주된 아동 수용시설에서 수십년간 심각한 인권침해가 있었다는 사실이 드러났습니다.

많은 분들이 제게 이 위원회의 운영을 맡아 줄 것을 요청하였습니다. 2020년 10월 무렵, 청와대에서 연락이 와서 제 의사를 타진했습니다. 5·18연구를 시작으로 민주주의와 인권, 한센병과 피해자 치유, 4·3과 국가폭력, 냉전과 동아시아 평화 등을 포괄하는 저의 연구주제들이 진실·화해위원회가 처리해야 할 사건들과 깊숙이 연결되어 있었기 때문에 저는 이 제안을 수락했습니다. 청와대는 곧바로 저의 위원장 내정 사실을 언론에 알렸습니다. 막중한 책임을 느꼈습니다. 곧이어 함께 일할 위원들에 관한 논의가 이루어졌습니다.

12월 10일 제2기 진실·화해위원회가 출범했습니다. 국회는 제 뜻대로 여당 몫의 상임위원과 비상임위원을 위촉해주었습니다. 그러나 국회 추천의 위원들이 여야 각각 4:4로 구성되어 있어서 운영에 어려움이 예상되었습니다. 가장 어려웠던 것은 사무처장 임명을 위한 심의였습니다. '심의'의 의미를 둘러싸고 야당 추천위원들이 이의를 제기하여 결국 표결로 처리할 수밖에 없었습니다. 그러나 이후 위원회의 모든 결정은 다수결로 처리하지 않고, 시간이 걸리더라도 충분한 논의를 하도록 하여 결국 위원들의 합의를 이끌어냈습니다.

제2기 위원회는 출범하자마자 사업 내용을 홍보하고, 진실규명 신청을 받기 시작했습니다. 형제복지원 사건이 제1호로 접수되었습니다. 형제복지원은 부랑인을 단속하고 선도한다는 명목으로 부산에 설립되어 1975년부터 1987년까지 운영된 부랑자 수용시설입니다. 그러나 실제로는 참혹한 인권유린의 현장이었습니다. 부랑아가 아닌 사람들도 끌려와 고초를 겪었습니다. 가족이 있는 경우도 돌려보내지 않은 경우가 부지기수였습니다. 한 소녀는 진주에서 오빠를 만나기 위해 부산에 도착해 역 앞에서 기다리다가 끌려갔습니다. 수용자들을 군대식으로 조직해 서로 감시하게 했고, 강제노역, 고문, 구타, 성폭행 등 최악의 인권유린이 자행되었습니다. 아무런 법적 근거도 없이 고작 내무부 훈령만으로 수천, 수만 명의 민간인을 강제수용한 거대한 국가폭력 사건이었습니다. 약 550명의 수용자가 사망했지만 제대로 신고조차 이루어지지 않았습니다. 형제복지원의 불법행위는 경찰, 검찰, 공무원 등 국가기구의 협조와 묵인을 넘어 보호까지 받았습니다. 형제복지원 원장은 대통령 표창을 받기도 했습니다.

형제복지원 피해자들은 2012년부터 국회 정문 앞에서 형제복지원 피해자들을 위한 특별법 제정을 촉구하는 천막농성을 했습니다. 이들은 자신들을 '피해 생존자'라 부릅니다. 이들의 투쟁이 2기 위원회 출범의 동력이 되었습니다. 2기 위원회가 출범하던 날 형제복지원 사건을 접수하러 위원회를 찾은 신청자 대표가 한 말이 지금도 생생하게 기억납니다. "위원장님, 저희가 너무 멀리 돌아서 이제 드디어 여기 왔습니다" 저는 "이 모든 것이 참으로 귀한 일이고, 고난과 역경을 이긴 승리의 출발입니다"라고 말씀드렸습니다.

형제복지원과 선감학원 등 권위주의 정부 시절에 이루어진 집단 인권침해 사건을 접하면서 저는 위원장 이전에 사회학자로서 그동안 이같이 엄청난 국가폭력의 진상을 제대로 파악하지 못했다는 사실을 자책했습니다. 이분들을 통해 내가 살아왔던 우리 사회의 시대적 아픔을 다시 돌아볼 수 있었습니다.

2기 위원회는 오랜 조사 끝에 형제복지원 사건에 대해 다음과 같이 결론을 내렸습니다.

"이 사건은, 정부가 부랑인 정책 및 제도에 따라 경찰 등 공권력의 적극적 개입에 의하여 또는 이들의 허가. 지원. 묵인 하에 부랑인으로 지목한 불특정 민간인을 적법절차를 거치지 않은 채 단속하여, 1960.

선감학원 조사 협력을 위한 당시 이재명 경기지사와의 만남

선감학원 아동인권침해 사건 기자회견

7. 20.부터 ~ 1992. 8. 20.까지 운영되었던 부산 소재 형제복지원에 장기간 자의적 구금을 했고, 그 과정에서 강제노동, 가혹행위, 성폭력, 사망, 실종, 등이 자행 된 중대한 인권침해 사건이다"(형제복지원 인권침해 사건 보고서, 진실·화해위원회 조사2국, 2023.3.16.)

제2기 위원회의 2호 접수사건은 국민보도연맹 사건입니다. 1960년 경주지역 유족회에서 활동하시던 유족회장님이 대표로 신청하셨습니다. 1기 위원회 활동에도 불구하고 많은 사건이 새롭게 신청되었습니다. 한국전쟁 전후 민간인 집단 희생 사건은 전체 신청 건수 가운데 49.6%에 달할 정도로 많았습니다. 우리가 아직 한국전쟁 전후에 발생한 민간인 희생 문제를 해결하지 못하고 있다는 징표입니다. 1기 때 미처 신고하지 못했던 유족들의 신청을 받아 한국전쟁 전후 민간인학살 조사를 재개했습니다.

다음으로 선감학원 사건은 제가 정성을 기울여 조사하도록 한 사건입니다. 선감학원은 경기도 안산시 대부동의 선감도라는 섬에 있던 아동 수용수설입니다. 이 시설은 일제강점기인 1941년에 만들어졌습니다. 설립 당시 이름은 선감원이었고, 일제는 부랑아로 지목된 소년 수백 명을 섬으로 잡아들여 선감원에 가두었습니다. 해방 후 미군정이 선감원의 관리권을 경기도에 넘겨 선감학원으로 이름을 바꾼 뒤 1982년까지 약 40년 동안 '부랑아 수용시설'로 운영되었습니다. 이곳에 수용된 아이들은 학원이라는 이름과 달리 교육은커녕 개간, 농사 등 가혹한 노역에 시달렸습니다. 최대 5천명이 넘는 아동과 청소년이 강제로 끌려와 노예처럼 일했습니다. 무시무시한 구타와 굶주림의 연속이었고, 이를 이기지 못해 사망하거나 섬을 탈출하려다가 익사하는 소년들도 많았습니다. 이들의 진실규명은 당시 이재명 경기도 지사가 많은 관심을 가지고 있었습니다.

진실·화해위원회는 2022년 9월, 피해자 150명이 매장된 것으로 추정되는 곳에서 5일간 유해 시굴을 시도했습니다. 저도 시굴 현장을 방문했습니다. 직접 가보지 않으면 일반인은 이해하기 어려울 참혹한 현장이었습니다. 10대 추정 치아와 단추가 발견되었지만 땅의 산성도가 높아 해당 지역에 묻힌 유해의 수와 신원을 정확하게 특정하는 어려울 것이란 판단이 나왔습니다. 안타까운 일입니다. 진실·화해위원회는 다음과 같이 조사 결과를 발표했습니다.

"선감학원 아동인권 침해사건은 정부의 부랑아 정책 및 제도에 따라 경찰 등 공권력이 적극적으로 개입하여 부랑아로 지목한 불특정 아동을 합당한 이유와 법적 근거 없이, 적법한 절차도 거치지 않 은 채 강제로 단속한 후, 선감학원에 강제 구금하였고, 시설운영 과정에서 강제노동, 가혹행위, 성 폭력, 생명권의 침해, 실종, 교육 기회 박탈 등이 발생한 중대한 인권침해 사건이다. 국가는 권위주의 시기 위헌·위법적인 '부랑아 정책'의 시행으로 인한 선감학원 수용아동의 인권침해에 대한 책임이 있고 경기도는 선감학원 운영과정에서 발생한 아동인권침해에 대한 책임이 있다(조사2국, 2022.10.18.)"

선감학원 사건의 진실 규명후, 김동연 경기도지사가 눈물을 흘리며 피해자들에게 사과를 하는 감동적인 모습을 보여주었습니다.

서산개척단 사건도 접수되었습니다. 1960년대 초 박정희 정권 시절, 정부의 사회정화 정책에 따라 1,700명의 고아, 부랑인, 일반 시민들 등을 충남 서산의 폐염전 및 뻘밭 개간 사업에 강제 동원하여 인권침해와 강제 노동을 시킨 사건입니다. 피해자들은 동의 없이 강제로 끌려와 폭행과 노역에 시달렸습니다. 일부 여성 수용자와의 강제 결혼이 이루어지기도 했습니다. 정부는 개척단원들에게 개간한 땅을 무상으로 나눠주겠다고 약속했지만, 약속은 지켜지지 않았고 피해자들은 부지를 떠나거나 소작농으로 전락했습니다. 진실·화해위원회는 이 사건을 중대한 인권침해로 규정하고 정부의 공식 사과와 피해회복을 권고했습니다.

남북간 분단과 냉전이 가져온 비극적 사건이 납북어부 간첩조작 사건들입니다. 2기 진실·화해위원회는 1960~70년대 납북귀환 어부들이 남한에서 겪은 국가보안법 위반 혐의로 구금, 고문, 허위자백 강요 등 심각한 인권침해를 당했음을 밝히고 진실규명 결정을 내렸으며, 건설호, 풍성호 사건을 시작으로 수백 명의 어부들이 피해자로 인정받아 국가의 사과와 명예회복을 요구하는 중요한 활동을 전개했습니다. 위원회는 직권조사를 통해 피해자 신청이 적은 동해안 사건을 포함해 대규모 조사를 진행했고, 이들의 피해를 '위법한 공권력 행사'로 규정, 국가의 공식 사과와 배상 등 구체적인 조치를 촉구했습니다.

화성연쇄살인사건과 관련된 신청도 접수되었습니다. 과거 이 사건을 조사하면서 용의자로 지목되어 수사과정에서 가혹행위를 당한 사람들, 피해 여성 가족들의 신청을 받아 조사를 진행했습니다. 1980년대 신군부의 사회정화라는 명분으로 행해진 삼청교육대 사건이나 대학생들에 대한 강제징집, 해외 입양인 인권침해도 접수되었습니다. 해외 입양 과정에서 고아로 서류가 조작되거나 친권이 박탈된 사례들을 조사 대상에 포함시켜, 과거사 규명의 범위를 국제적 차원으로 넓혔습니다. 그러나 이 사건은 제 임기 때까지 충분히 조사되지 못했습니다.

위원장으로 재임하면서 마지막으로 처리한 사건이 전국교직원노동조합 결성기의 선생님들에 대한 인권침해사건입니다. 사실 이 사건을 처리하는 과정에서 보수적 위원들의 지연작전이 있었지만, 임기 종료 직전인 12월 8일, 전교조 결성 및 활동 교사 해직 과정에서 국가 공권력이 부당하게 개입하여 중대한 인권침해를 저질렀음을 규명하였습니다. 이는 1989년 전교조 창립 전후로 국가폭력이 행사되었음을 처음으로 확인한 중요한 성과입니다. 당시 피해신청자는 247명이었는데, 이 결정을 토대로 2025년 4월에는 915명에 대한 추가 진실규명이 이루어졌습니다. 이와 유사한 맥락에서 저는 1980년대 정부가 시위전력을 이유로 예비교사들을 임용에서 제외한 사건들을 진실규명하기 위한 작업을 하였고, 2023년 6월, 신청인 185명에 대해 진실규명 결정을 하였습니다.

제2기 위원회에 접수된 사건 중 권위주의 정부 시절에 일어난 인권침해 사건의 비중이 제1기의 5.6%의 거의 세배에 달하는 16.7%나 됩니다. 이러한 사건들이 오랜 기간동안 수면 위로 드러나지 않았던 원인 중 하나는 낙인(stigma) 효과 때문입니다. 부정적인 낙인이나 비난을 받으면 사람들은 자존심을 잃고 무기력해집니다. 형제복지원, 선감학원, 서산개척단 등의 강제 수용시설에 오래동안 감금된 채 억압적 규율에 따라 생활한 사람들은 피동적 생활에 익숙해지고 무기력증에 빠졌습니다. 수용소에서 벗어난 이후에도 많은 사람들이 사회에 적응하지 못하고 힘들게 살아갔습니다. 자신들의 이야기를 적극적으로 알리고 국가를 상대로 정당한 배·보상을 요구할 의욕도 상실하였습니다.

진실규명이 된 사건들에 대해서는 피해 구제를 위한 실질적 조치가 이루어지도록 노력했습니다. 2010년에 결정되었지만 10여 년째 지연되고 있는 위령시설 건립과 국가폭력에 대한 정부 각 부처의 사과가 진정성 있게 진행되어야 한다는 것을 강조하였습니다. 다만 피해자들의 배·보상이 법률적 한계로 인해 다시 절차를 밟아야 하는 어려움이 해결되지 않았습니다. 과거사 기본법은 진실규명이 이루어지면, 피해자들이 이를 근거로 개별적으로 정부 상대 배·보상 관련 소송을 제기하도록 되어 있습니다. 그렇다보니 1기 위원회에서 진실규명이 되었지만 소송 기회를 놓친 사람들도 많았습니다. 마침 '제주 4·3특별법'이 피해자들의 배·보상 규정을 포함하는 방향으로 개정되는 것을 참고하여 국회와 정부에 '배상·보상 특별법 제정'을 적극 권고했지만 결실을 맺지 못했습니다. 피해자들이 개별 소송을 하지 않고도 국가로부터 보상받을 수 있는 길을 열어줄 필요가 있습니다.

진실·화해를 위한 과거사정리위원회 재임 시절

2기 위원회는 2020년 12월부터 2022년 12월의 2년간 신청을 받았습니다. 총 20,092건이 접수되었고, 신청 인원으로는 22,236명이었습니다. 신청 건수가 1기 때보다 적을 것이란 예상을 깨고 두 배 가까운 분들이 신청하였습니다. 2기 위원회가 3+1년, 총 4년간 활동한다고 생각하면, 과연 2기 위원회가 과거사 문제를 모두 마무리할 수 있을지 걱정이 앞섰습니다. 2기 위원회는 밀린 과제들을 다 처리하지 못하고 문을 닫았지만, 다행히 2025년 11월 27일, 과거사 기본법이 국회 행정안전위원회를 통과했습니다. 다시 3기로 이어져 밀린 과제들이 해결되기를 기대합니다.

저는 위원회 운영을 책임진 행정가의 역할과 아울러 '치유와 통합'이라는 가치를 위원회 활동에 접목시키고자 노력했습니다. 과거사 문제를 단순히 '가해자 처벌'이라는 '응보적 정의'가 아닌, 피해자의 명예 회복과 공동체의 치유를 위한 '회복적 정의' 관점에서 접근했습니다. 특히 형제복지원이나 선감학원 피해자들처럼, 그동안 '사회적 부적응자'로 낙인찍혀 목소리를 내지 못했던 이들을 직접 찾아가 위로하고 그들의 고통을 '역사적 피해'로 격상시켰습니다. 현장 중심의 활동을 중시했습니다. 전국의 학살터와 유해 발굴 현장, 피해자 지원 시설을 수시로 방문했습니다. 제가 해결하지 못했던 베트남전 민간인 학살 사건의 경우, 저는 위원장에서 물러난 후에 그 피해 당사자와 그들이 살고 있는 마을을 찾아 위로하고 위령비에 참배하는 등 과거와의 화해를 위해 노력했습니다.

서울교육감으로 일하게 되면서 저는 우리의 이행기 정의 프로젝트의 의의와 중요한 성과들이 학생들에게 충분히 교육되지 않는 것에 대해 안타깝게 생각하게 되었습니다. 저는 과거사의 비극이 남의 이야기가 아니고 우리의 이야기라고 생각합니다. 과거 국가폭력을 직접 경험했던 사람들 중에는 자신의 이야기를 가족이나 주위 사람에게 말하지 않는 경우가 많습니다. 그분들은 자신의 가슴에 깊이 박혀 있는 송곳같은 아픔을 숨기고 속앓이를 하면서 살아왔습니다. 과거사는 과거의 문제가 아니라 현재의 문제입니다. 따라서 청소년들에 대한 인권교육, 민주시민 교육과정에 이행기 정의의 의미와 중요한 성취들이 포함될 필요가 있습니다. 진실을 찾는 노력은 화해를 통한 국민통합을 위한 것이고, 궁극적으로 평화로 나아가기 위한 것입니다. 또한 우리의 이행기 정의의 체계와 성과는 세계적으로 자랑할 만한 것입니다. 이에 대한 교육은 인권국가로서의 대한민국의 자긍심을 심어주는 것이기도 합니다.

친일진상규명과 민주화운동 연구

1948년 9월 제헌국회가 '반민족행위처벌법'을 통과시키면서 출범한 '반민족행위특별조사위원회(반민특위)'는 채 1년도 안되어 이승만 정권과 경찰의 방해로 강제 해산되었습니다. 이후 친일 청산은 한국 사회의 오랜 미해결 과제로 남아 있었습니다. 2000년대 들어 민주화가 성숙해지면서 시민사회를 중심으로 과거사 청산 요구가 빗발쳤고, 2004년 3월 드디어 여야 합의로 '일제강점하 친일반민족행위 진상규명에 관한 특별법'이 국회에서 통과되었습니다. 이를 근거로 '친일반민족행위 진상규명위원회'가 발족되었습니다.

친일진상규명위원회는 한시적 기구로 2005년 5월부터 활동을 시작해 2009년 11월에 4년 반 동안의 활동을 마쳤습니다. 위원은 대통령이 임명하지만 국회와 대법원장도 추천권을 행사하여 정치적 중립성을 꾀했습니다. 강만길 교수와 성대경 교수(성균관대학교)가 각각 초대와 2대 위원장을 맡았고, 노경채 교수(수원대학교)가 상임위원에 취임했습니다. 강만길 교수님은 저에게 대통령이 지명하는 위원 몫으로 비상임 위원으로 활동할 것을 요청하여 응낙했습니다. 80년 해직을 겪었던 강만길 선생님은 제가 김진균 선생님의 제자라고 신임해주었습니다. 성대경 선생님도 늘 저에게 따뜻하게 대해 주셨습니다. 김정기 교수님(서원대학교)이나 박연철 변호사님도 진정으로 위원의 역할을 다 하셨습니다.

2005년 5월, 노무현 대통령은 한국사회의 오랜 숙제였던 탈식민 프로젝트를 시작했습니다. 저는 친일 반민족행위 진상규명위원회 위원으로 임명되었습니다. 대통령이 지명하는 위원 몫으로 참여하였는데 강만길 위원장님의 추천에 의한 것입니다. 저는 여기에서 강만길 위원장님과 성대경 선생님, 정창열 선생님(한양대학교) 등을 모시고 친일파와 반민족행위자를 규정하기 위한 활동에 참여하면서 많은 것을 배울 수 있었습니다.

우리나라의 탈식민 프로젝트는 1948년 반민특위로 시작되었지만, 당시 경찰과 이를 옹호한 이승만 대통령에 의해 무산되었습니다. 이후 지속적으로 친일파 문제가 제기되었으나 결실을 맺지 못했습니다. 2005년에 이르러서야 이를 해결하는 위원회가 조직된 것입니다. 우리나라의 탈식민 프로젝트는 광복이 이루어진지 60년이 지난 시점에 이루어진 것이어서 정치적 의미보다는 역사적 의미가 더 큰 것이 되었지만, 이마저 많은 정치사회적 논란에서 벗어나지 못했습니다. 한국의 탈식민 프로젝트는 가장 넓게는 민족문제연구소가 주도한 친일인명사전, 중간 범위는 친일 반민족행위 진상규명위원회의 규정, 가장 좁게는 친일 재산환수위원회의 조사대상이 된 사람들이라는 3원적 구성으로 이루어진다고 생각합니다.

위원회는 사무국에서 마련한 자료를 바탕으로 친일반민족행위자를 규정했는데, 항상 위원들의 역사관의 차이 때문에 많은 논쟁을 하지 않으면 안되었습니다. 특히 1905년부터 1910년 사이의 통감부 시기에 대한 서로 다른 입장이 두드러졌고, 저는 대부분 서로 다른 입장의 차이를 조정하는 역할을 하였습니다.

친일진상규명위원회는 1904년 러일전쟁 개전 시부터 1945년 해방까지, 일본 제국주의에 협력하여 우리 민족에게 해를 끼친 행위를 조사했습니다. 법률이 정한 엄격한 기준에 따라 조사를 진행하고, 당사자나 유족에게 이의 제기 기회를 주는 등 적법 절차를 거쳐 최종적으로 1,006명의 친일반민족행위자 명단을 확정하여 전 25권의 방대한 『친일반민족행위진상규명 보고서』를 발간했습니다. 최초로 국가가 공식적으로 확정한 친일파 명단입니다.

저는 비상임위원으로 사무국에서 만든 자료들을 검토하면서 많은 것을 배웠습니다. 역사학자 출신의 위원들은 사료 고증에 집중하였고, 사회학자인 저는 식민지 지배 구조와 그 속에서 지식인과 관료들이 어떻게 포섭되고 협력했는지 메커니즘을 분석하는 데 집중했습니다. 마침 위원회 활동 이전에 천착했던 식민지 규율권력과 검열에 대한 연구가 많은 도움이 되었습니다. 단순한 개인의 일탈을 넘어, 일제의 검열과 통제 시스템과 이에 부응한 문화·예술·언론계의 협력 양상을 규명하는 데 이론적 틀을 제공했습니다. 아울러 저는 서로 다른 시각을 가진 위원들이 서로의 의견을 존중하면서 원만하게 회의를 진행하도록 중재하는데 많은 노력을 하였습니다.

이를 바탕으로 국내뿐만 아니라 해외에서 벌어진 친일 협력 행위를 조사하고 규명하는 데 관여했습니다. "누구를 친일파로 규정할 것인가"하는 문제도 감정적 단죄가 아닌, 객관적이고 실증적인 증거주의에 입각해 판정 기준을 세우고 합의를 도출하는 데 기여했습니다. 저는 친일 청산 작업이 인물 색출에 그치지 않고 식민지 지배의 폭력성과 반민족 행위의 구조적 원인을 밝히는 학술적·사회적 작업이 되도록 격려하였습니다. 2007년 여름, 미국 시카고 대학교 방문교수로 떠날 때까지 2년 남짓 위원으로 활동한 경험은 이후 과거사 정리 활동의 중요한 밑거름이 되었습니다.

'민주화운동 관련자 명예회복 및 보상 등에 관한 법률'이 민주화운동 관련자 개개인의 명예회복과 보상을 위한 마련된 법이라면, 그 다음 해인 2001년 제정된 '민주화운동기념사업회법'은 민주화운동 자체의 역사적 의미를 되새기기 위한 법입니다. 동법을 근거로 민주화운동기념사업회 (Korea Democracy Foundation)는 같은 해 행정안전부 산하의 공공기관으로 설립되었습니다.

4·19 혁명, 부마민주항쟁, 5·18 광주민주화운동, 6·10 민주항쟁 등 현대사에서 끈질기게 반독재 민주화 투쟁이 이어졌습니다. 이를 국가 차원에서 기념해야 한다는 요구가 커졌습니다. 민주화운동 관련자

들의 명예 회복을 넘어 그 정신을 계승하고 미래 세대에 교육하기 위한 상설 기구의 필요성이 대두되었습니다. 이러한 배경 속에서 출발한 민주화운동기념사업회는 한국 민주주의 발전에 기여한 역사적 사건과 인물을 기념하고 그 정신을 계승하는 것을 목적으로 합니다. 나아가 민주화운동을 올바르게 정립하고, 이를 바탕으로 한국 민주주의의 성숙과 세계화를 도모합니다.

주요 사업으로는 먼저 기념 및 계승 사업이 있습니다. 6·10 민주항쟁 기념식을 주관하고, 민주화운동 희생자 추모제 지원 및 묘역 정비 사업을 진행합니다. 민주인권기념관을 운영합니다. 박종철 열사가 고문으로 사망했던 옛 남영동 대공분실을 증개축하여 민주인권기념관을 건립하고, 운영하는 사업입니다. 사료수집 및 관리 사업입니다. 민주화운동 관련 문서, 사진, 박물류, 구술자료 등을 수집하고, 연구자와 시민에게 제공하는 일을 합니다. 민주시민교육 사업도 있습니다. 청소년·교사·일반 시민을 대상으로 하는 민주주의 현장 탐방과 토론 교육 등을 운영하며, 민주 시민 교육 교재와 콘텐츠를 개발합니다.

빈민선교와 민주화 투쟁의 상징성을 지닌 박형규 목사가 초대 이사장을 맡았고, 뒤를 이어 천주교 정의구현사제단의 창립을 주도했던 함세웅 신부님이 2대 이사장으로 뒤를 이었습니다. 나병식 선생과 김용태 선생도 출범기에 많은 역할을 하였습니다. 민주화운동기념사업회 산하에는 연구소가 있습니다. 한국 민주화운동의 역사적 사실 규명, 민주주의 이론 및 이슈 연구를 담당하는 학술 연구 및 조사사업, 학술지『기억과 전망』발간을 통한 민주주의 관련 담론 형성, 6·10 민주항쟁 기념 학술대회 등의 학술행사, 사료 수집, 아시아 및 세계 민주주의 연구 기관들과의 네트워크 구축 등의 사업을 담당합니다. 저는 이런 사업을 조금씩 지원하였습니다.

저는 2009년 민주화운동기념사업회의 연구소 소장으로 취임했습니다. 이명박 정부의 출범에 따라 기념사업회가 위축될 수도 있다는 판단에 따라 함세웅 신부님이 유영표 부이사장님, 사회학과 선배인 문국주 상임이사와 상의하여 저를 불렀던 것입니다. 이를 통해 함세웅 신부님과 민주화운동기념사업회와의 인연이 시작되었습니다. 당시 연구소는 민주화운동사 출판을 진행하고 있었고, 4·19 50주년 기념사업으로 종합적인 자료집을 준비하고 있었습니다. 서중석 선생님이 이를 꼼꼼하게 챙기고 있었습니다. 저는 이런 사업이 잘 진행되도록 독려하고, 다양한 연구서를 출판할 수 있도록 준비하였습니다. 4월 혁명에 관한 종합적 자료집과 연구서들이 이를 계기로 출간되었습니다.

저는 연구소의 체계화가 필요하다고 생각해서 연구소에 이름을 부여하고 연구소의 출판물에 저자나 편자 표시를 하도록 조치하였습니다. 연구소의 위상을 기념 사업을 보조하는 역할에서 '민주주의 담론의 생산 기지'로 끌어올리는 데 주력했습니다. 기관지『기억과 전망』이 학술진흥재단 등재지가 되도록 저의 제자였던 정호기 박사를 독려했습니다. 이를 통해 신진 연구자들을 발굴하고, 사회학·역사학·정치학을 아우르는 통섭적 연구 성과가 실리도록 지원했던 것, 연구소의 활동이 상아탑에 갇히지 않고 실제 시민사회 및 민주화운동 유관 단체와 소통할 수 있도록 연결 고리 역할에 힘썼던 것도 기억에 남습니다. 함세웅 신부님의 뒤를 이어 이사장에 취임한 정성헌 선생님의 가르침도 많이 받았습니다.

한국 민주주의 연구를 탈식민과 탈냉전의 관점으로 확장하는 것은 저의 오랜 관심사였습니다. 한국의 민주화운동을 한반도 내의 사건으로만 보지 않고, '냉전 체제'와 '탈식민'이라는 세계사적 흐름 속에서 조망해야 한다는 뜻입니다. 저는 이런 맥락에서 이병천 선생님과 협력하여 식민지 유산이 국가형성과 민주주의 발전 과정에 어떻게 작동하였는지를 분석한 글을 모아 『식민지 유산, 국가형성, 민주주의』를 2권으로 출간하였습니다. 아울러 한국민주주의에 대한 세계사적 관점을 확립하고자 노력했습니다. 그래서 『탈냉전과 한국의 민주주의』(선인)를 기획·편찬했습니다. 한국의 민주화가 냉전 해체에 미친 영향을 분석하고, 한반도 평화 프로세스와 민주주의의 상관관계를 밝히는 연구가 필요했습니다.

평화, 인권, 그리고 국제활동

1998년 8월, 저는 제주에서 열린 '제2회 동아시아 평화와 인권 국제학술대회'에 참석했습니다. 광주의 젊은 연구자들을 대표하여 참여하였는데, 서울에서는 역사문제연구소팀이 주요 참가자들이었고, 일본의 도쿄와 교토를 중심으로 한 학계와 시민사회, 그리고 오키나와 학계와 평화연구자, 타이완의 인권운동가들이 핵심 참가자들이었습니다. 제1회 대회는 타이완의 인권단체가 중심이 되어 타이뻬이에서 열렸는데, 저는 참여하지 못했습니다. 제2회 제주 대회는 제주 4·3 사건 50주년을 기념해 제주 4·3연구소를 주도한 강창일 교수가 서승 선생과 협의하여 계획된 것입니다. 마침 김대중 대통령이 취임하여 4·3 문제를 공식적으로 논의할 수 있는 정치적 기회가 생겼습니다.

대회는 노벨평화상 수상자인 동티모르의 호세 라모스 오르타(José

Ramos-Horta) 박사와 덴 히데오(田 英夫) 일본 참의원의 특별강연과 함께 '동아시아 냉전과 민중', '냉전체제 폭력과 동아시아 여성', '냉전체제하의 양민학살의 실상', '동아시아 평화인권운동의 연대와 전망' 등 네 개의 주제로 진행되었습니다. 이 대회에서 1948년 제주 4·3 사건과 비견되는 타이완의 2·28 사건과 오키나와의 전쟁 경험이 처음으로 소개되었고, 이들을 관통하는 냉전 형성기의 역사적 사건들을 '국가폭력'으로 개념화했습니다. 제주, 타이완, 광주가 국가폭력의 희생자라는 공통의 역사적 경험을 공유하는 공간으로 묶이게 된 것입니다. 이 대회의 중요한 쟁점은 일본에서 4·3문학의 장을 연 『화산도』의 작가 김석범 선생의 참가 여부였습니다. 이전까지 그는 입국금지 대상자였기 때문입니다. 다행스럽게도 그는 대회 이틀째에 참석하여 많은 분들의 환영을 받았습니다.

제주대회는 '제주 4·3사건 진상규명과 희생자 명예회복에 관한 특별법' 제정을 촉진하는 동력을 제공해주었습니다. 1999년 12월 국회는 4·3특별법을 제정하였습니다.

저는 제주대회를 통하여 재일교포이자 인권운동가였던 서승 선생과 제주4·3연구소의 강창일 소장과 두터운 친분을 쌓았습니다. 서승 선생은 1971년 서울대학교 대학원 사회학과에 유학 중 보안사에 체포된 후 '재일교포학생 간첩단 사건'으로 기소되어 무기징역을 선고받았습니다. 고문수사를 받던 중 분신을 시도해 온몸에 중화상을 입었습니다. 1990년 석방될 때까지 '비전향장기수'로 19년간 갇혀 있었고, 일본으로 돌아가 교토 리츠메이칸(立命館) 대학 법학부 교수로 일했습니다. 감옥에 있는 동안 당국의 강제적인 사상전향 공작에 맞섰고, 석방

후에는 고문 반대운동, 국가테러리즘 반대운동, 야스쿠니 반대 동아시아 공동행동, 동아시아 평화기행 등을 주도하는 평화인권운동가의 길을 걸어온 분입니다.

강창일 소장은 서울대학교 국사학과를 졸업하고 일본 동경대에서 학위를 취득한 후 배재대학교 교수로 있으면서 제주 4·3연구소를 설립하여 4·3희생자들의 명예회복에 매진하고 있던 터였습니다. 제주 대회장에서 만난 우리들은 동아시아 평화 인권 국제학술대회의 의의와 미래에 대해 많은 의견을 나눴고, 의기투합했습니다. 저는 제주 대회가 끝난 후 강창일 교수의 후임으로 한국 사무국장에 취임하여 1999년의 제3회 오키나와 대회, 2000년의 제4회 광주 대회를 주도하였습니다.

오키나와에서 열린 국제학술회의는 동아시아의 냉전과 평화에 관한 시야를 넓혀 준 값진 경험이었습니다. 1945년 초의 오키나와 전투, 미군 점령하의 미군기지 운용, 1945년부터 1972년까지의 일본 본토로부터의 분리, 그리고 1972년 일본으로의 복귀 등은 동아시아를 바라보는 시각을 바꾸어 놓았습니다. 오키나와에서의 일본군 위안부나 미군 점령기의 집단자결, 그리고 평화운동의 논리 등이 관심의 초점이 되었습니다. 배봉기 할머니가 거주했던 '붉은 기와의 집'도 찾아보고, 슈리성 아래 있던 일본군 사령부 참호, 미군이 상륙했던 절벽과 평화공원도 방문했습니다.

2000년 4회 대회는 광주에서 열렸습니다. 5·18 광주민주화운동 20주년을 기념하는 국제회의로 5·18재단이 이를 주도하였고, 저는 동아시아 평화인권 한국위원회 사무국장 자격으로 대회 준비를 했습니다. 3개국, 4개 지역에서 온 약 300명의 참가자들은 학술행사를 앞두고 5월 17일 금남로에서 열린 광주항쟁 20주년 기념 전야제에 참석하고, 5·18 묘지에 참배했습니다. 전야제에서 미국을 포함하여 외국에서 온 참가자들이 횃불행진을 재현하기도 하였습니다. 여기에서 동아시아의 국가폭력과 피해자들의 국제연대와 평화를 위한 노력의 방향에 관해 논의했습니다. 나눔의 집에서 생활하시던 일본군 위안부 할머니들과 일본 평화운동가들의 만남, 한국의 장기수와 타이완의 장기수의 만남이 이 대회의 하이라이트였다고 생각합니다. 이 대회가 끝난 직후 최초의 남북정상회담과 6·15선언이 이루어지고, 그 후속조치로 남한의 장기수들이 송환되었다는 점, 그리고 도쿄에서 일본군 위안부 국제시민법정이 개최되었다는 점이 흥미롭습니다. 저는 당시 나눔의 집을 자주 방문하여 할머니의 이야기를 들었습니다.

제가 한국 사무국장으로 활동했던 오키나와 대회와 광주 대회의 성과가 2001년 출간된 『동아시아와 근대의 폭력 1: 전쟁, 냉전과 마이너리티』와 『동아시아와 근대의 폭력 2 : 국가폭력과 트라우마』입니다.

동아시아 평화인권 국제회의는 개인적으로 연구지평을 동아시아로 넓히는 계기가 되었습니다. 오키나와와 타이완, 남북한을 아우르는 동아시아 연구의 필요성을 절감했습니다. 저는 광주대회 이후, 타이완을 방문하여 녹도의 정치범 수용소를 답사했고, 고산족 거주지를 방문하였습니다.

2001년 가을에는 일본 교토대학의 방문연구자로 1년간 체류하면서 일본사회를 보다 깊게 살펴볼 수 있는 기회를 얻었습니다. 교토대학 대학원과 인문과학연구소, 윤동주 시비가 있는 동지사대학(同志社大学), 그리고 서승 교수님이 재직하고 있는 리츠메이칸대학은 저에게 골든 트라이앵글 같은 환경이었습니다. 제가 교토에 체류할 때인 2002년 봄에 열린 제5회 동아시아 평화인권 국제회의에서는 교토와 오사카의 민족학교나 일본에서의 차별문제와 6·25전쟁 중의 스이타(吹田) 히라카타(枚方) 사건을 중심으로 하는 반전 운동 등이 주요 주제였습니다. 그해 10월, 제6회 국제회의가 여수에서 열렸습니다. 이것은 여순사건의 진실규명과 명예회복을 겨냥한 것으로 여수사회연구소가 주도하였습니다.

동아시아 평화 인권 국제회의는 이 6회 대회를 끝으로 종료되었습니다. 1997년부터 2002년까지의 5년은 1945년 이후 약 40년간 지속된 동아시아 냉전체제의 해체국면에서 평화나 인권의 문제가 어떤 성격과 지향을 가지고 있는지를 잘 보여줍니다.

저와 서승 교수는 이 국제대회가 종료된 후 전남대학교와 리쓰메이칸 대학 학생교류를 시작하였고, 2003년 서울대학교로 옮긴 후에는 여기에 서울대학교, 제주대학교, 동아대학교 학생들이 추가로 참여하여 매년 여름과 겨울방학에 약 5일간씩의 캠프를 열었습니다. 이 대학생 교류는 학생들이 스스로 계획하고 운영한 것으로 약 80~100명씩 참가하였는데, 코로나19 팬데믹이 오기까지 약 18년간 지속되었습니다.

저는 2003년 7월 전남대학교에서 서울대학교로 근무지를 옮겼습니다. 저의 스승이셨던 김진균 교수님과 신용하 교수님이 정년 퇴임을

타이완의 린슈양 선생님, 서승 선생님과 함께

오키나와에서 서승, 다카하시 데츠미, 윤영규 선생님과 함께

하셨기 때문에 그 후임으로 부임한 것입니다. 그때 광주 시민사회는 제가 광주를 떠나는 것을 아쉬워하면서 고맙게도 저에게 광주 생활을 정리하는 기회를 제공해주었습니다. 광주는 저에게 학자로서나 한 인

광주인권헌장 발표식(2012.5) ⓒ연합뉴스

간으로서 성숙해지고 발전할 수 있는 기회를 제공한 곳이었습니다. 고별강연회에서 '광주를 떠나며'라는 제목으로 강연을 했습니다. 그 자리에서 말씀드렸습니다. 제가 18년간 교수로 있었지만 80%는 학생과 시민들로부터 배우는 과정이었다고. 가르침과 배움은 둘이 아니라 하나라고. 이 생각은 그후로, 교육감이 된 지금까지 제가 마음속 깊이 간직하고 있는 확고한 교육철학의 한 부분이 되었습니다. 미리 알고 준비한 것은 아니지만 그 시절의 연구와 인연이 후일 서울교육감이 되어 교육정책을 펴는데 이렇게 도움이 될 줄은 당시엔 상상도 하지 못했습니다.

저의 사회적 소수자 및 인권에 대한 관심은 사당동 야학의 경험으로부터 싹이 터서 광주 생활 초기 일용노동자나 노점상에 대한 연구로 이어졌고, 한센병사 연구에서 본격화되었습니다. 실천적 활동으로는 동아시아 평화인권국제회의와 광주 인권센터로 이어진 것 같습니다.

1998년에 광주의 젊은 인권활동가들이 모여 광주인권센터를 만들었습니다. 저는 이들을 도와 센터 대표로 활동하였습니다. 이 조직은 국가인권위원회가 출범할 때 협력 파트너가 되었습니다. 이 때 전 교육감이셨던 곽노현 교수님을 처음 만났습니다. 인권에 관한 연구는 2004년 서승 선생과 함께 출판한『한국형 인권지표의 모색』입니다. 인권을 추상적으로가 아니라 경험적으로 연구하기 위한 시도였습니다.

인권연구는 필연적으로 사회적 소수자에 대한 관심과 밀접한 연관을 가지고 있습니다. 2004년 한국사회학회와 문화인류학회가 공동으로 출판한『한국의 소수자: 실태와 전망』도 이런 문제의식의 표출이고, 서울대학교 교수님들과 함께 연구했던 홈리스들에 대한 연구도 마찬가지입니다.

사회적 소수자 또는 도시빈민에 대한 관심은 2011년부터 약 3년간 사회복지학과 구인회 교수님과 함께 서울의 홈리스를 조사하여『한국의 노숙인: 그 삶을 이해한다는 것』출판하였고, 이어 2014년 한국과 일본의 노숙자 정책 비교연구인『노숙인문제에 대한 대응: 한일 비교연구』를 출간하였습니다. 홈리스로 생활하는 분들의 삶의 역경을 기록하는 작업이 매우 중요하다고 생각했는데, 조사를 담당한 담당한 대학원 제자들의 노고가 컸습니다. 이 연구를 진행할 당시 김신용 시인의 시집과 소설이 큰 자극이 되었습니다.

저는 2011년 강운태 광주시장으로부터 광주인권헌장 제정을 의뢰받았습니다. 강운태 시장은 광주를 세계적 인권도시로 만들고 싶어했습니다. 저는 이를 위해 인권헌장 제정위원회를 구성하고 연구자 및 활동가들과 함께 이를 위한 토론을 지속하였습니다. 특히 국적이나 인종, 민족을 넘어서서 도시에 거주하는 모든 사람들의 인권을 포괄하는 도시권 사상을 적극 반영하기 위하여 강현수 교수(중부대학교)의 강력한 뒷받침이 필요했습니다. 광주인권헌장 제정은 당시의 학생인권조례 제정운동과 궤를 같이 합니다. 광주인권헌장은 모든 인간의 존엄과 가치 보장, 차별금지, 시민의 권리 보장, 평화와 연대 등을 주요 내용으로 합니다. 저는 고은 시인과 함께 공동위원장으로 인권도시의 기본 이념과 실천규범을 담은 광주인권헌장을 시민들 앞에서 2012년 5월 발표했습니다.

이와 함께 저의 제자들이 중심이 되어 광주시의 정책에 활용할 수 있는 인권지표와 인권지수를 개발했습니다. 한국에서는 최초의 시도였다고 생각됩니다. 실제로 인권지표들을 시정에 반영하면서 시행착오도 많이 겪었던 것으로 생각됩니다. 저는 광주에 의미있는 인권박물관이 필요하다고 생각하여 세계의 인권 상황을 살펴볼 필요가 있었습니다. 브라질과 아르헨티나에서 여러 박물관이나 기념관을 방문하였는데, 광주에 의미있는 인권박물관을 만들고 싶었지만 그 결과를 충분히 제도화하지는 못했습니다. 다만 이때의 경험이 민주화운동기념사업회가 민주화운동기념관 설립을 구상할 때 활용되었습니다.

강운태 시장은 인권헌장 제정과 함께 세계인권도시 포럼을 운영하기 위하여 박경서 선생님과 정진성 교수님(서울대학교)을 운영위원장과 기획위원장으로 위촉했습니다. 세계인권도시 포럼은 주요 인권도시 시장이나 활동가들을 초청하여 생활 속의 인권을 확산하는 프로젝트로, 이 포럼에는 실제로 세계의 여러 인권도시 시장들이 참여하였고, 아시아에서는 일본과 인도네시아의 참여가 두드러졌습니다. 아시아의 활동가들이 많이 초청되었습니다. 이 운동은 유엔에서 아래로부터의 인권 확산의 의미있는 사례로 인정되었습니다. 저는 정진성 교수님의 뒤를 이어 2015년부터 세계인권도시포럼의 기획위원장으로 일했습니다.

2018년부터 정부의 여러 부처에 자문을 하는 기회가 늘어났습니다. 통일부 한독통일 자문위원(2018~2020)을 비롯하여 외교부 한반도분과 정책자문위원(2018~2020), 경기연구원 이사(2018~2020), 대한민국 시도지사협의회 남북교류협력 특별위원회 위원장(2018~2020), 국가인권위원회 인권 100년사 발간위원회 위원장(2019~2020), 제3기 국방부 군 인권 자문위원(2019~2020), 국가보훈처 정책자문위원(2019~2020), 국가인권위원회 정책자문위원(2019~2020) 등으로 활동했습니다.

대한민국 시도지사협의회 남북교류협력 특별위원장은 당시 협의회 회장 박원순 서울시장의 추천에 의한 것이었습니다. 당시는 2018년 남북정상회담 이후 평화무드가 조성되었으나 하노이 회담 결렬 이후 다시 교착상태에 빠지던 시기입니다. 저는 남북간 평화적 교류와 협력를 활성화하기 위하여 지방정부의 참여가 필요하며, 북핵 등 정치적 상황에 따라 중앙정부 차원의 남북관계 채널이 막힐 때, 지방정부가 '숨구멍' 역할을 해야 한다고 생각했습니다. 이를 위해서 지자체의 대북 사업에 대한 정보를 공유하고 공동 대응하는 지자체 간 협력 네트워크가 필요했습니다. 그러나 지방자치단체는 남북교류협력법상 독자적인 사업주체로 인정을 받지 못했습니다. 저는 지방자치단체도 남북 교류협력 사업의 직접적인 승인 대상이 될 수 있도록 법을 개정하는 노력을 했고, 정치적으로 민감한 사안 대신, 방역과 보건 의료, 만월대 발굴 사업이나 겨레말큰사전 사업같은 문화·역사 교류 등 지자체가 잘할 수 있는 실질적인 협력 분야를 구체화했습니다. 그러나 2019년 북미회담의 결렬은 이런 성과들을 소용없는 것으로 만들었습니다.

국가인권위원회는 2019년 3·1운동과 임시정부 수립 100주년을 맞아 한국 인권 근현대사 편찬을 저에게 의뢰하였습니다. 특히 인권위원회 사무총장 조영선 변호사가 많은 지원을 했습니다. 저는 우리나라의 대표적인 인권학자들과 인권활동가들을 위촉하여 여러 차례 회의를 하였고, 이들이 모두 참여하여, 『인권의 사상과 제도』, 『국가폭력을 넘어, 자유와 평화를 향하여』, 『차별과 혐오를 넘어, 포용과 연대를 향하여』, 『인권운동사』 등 총 4권의 책으로 출간하였습니다. 한국 인권사를 총정리한 의미있는 성과라고 생각합니다.

서울대학교 평의원회

2011년 서울대학교 민주화를 위한 교수협의회 의장(2011~2012)으로 일하면서, 동시에 사회대를 대표하는 서울대학교 평의원회 의원이 되었습니다. 당시 박종근 평의원회 의장께서 환경문화복지 위원장으로 일하라는 임무를 부여했습니다, 이를 통해 서울대학교 거버넌스에 적극적으로 참여할 수 있게 되었습니다. 2년간의 활동에서 각 대학의 생태적 교육환경을 개선하는 일에 주력하였습니다. 이후 다시 평의원회의 부의장에 이어 곧바로 의장(2013~2015)으로 선출되었습니다. 서울대학교 평의원회는 교수뿐만 아니라 직원, 학생까지 포함하는 대표 기구이자 최고 심의·의결기구입니다. 50명 내외의 평의원으로 구성되는데, 교수 대표는 각 단과대학에서 선출하고, 직원은 대학 운영직 및 행정직 대표가 참여합니다. 학생을 대표해서는 학부생과 대학원생 대표로 구성됩니다.

제가 평의원회 의장으로 일한 시기는 서울대학교가 법인화된지 얼마 지나지 않았을 때입니다. 서울대학교가 법인화되면서 이사회가 최고의결기구가 되고, 기존의 교수협의회나 평의원회는 권한이 약화될 것이라는 우려가 있었기 때문에 의장으로서 핵심 과제는 흔들리는 대학 민주주의와 거버넌스를 복원하는 것이었습니다. 그래서 평의원회가 학칙 제정권과 예산 심의권을 실질적으로 행사하여, 독주할 수 있는 이사회와 본부를 견제하는 '학내 최고 대의기구'로서의 기틀을 다지는 데 주력했습니다. 사범대학 부속학교들이나 농과대학 부속 학술림 귀속 문제 등도 현안이었습니다.

또한 서울대학교 시흥캠퍼스 조성 사업이 본격적으로 논의되면서 본부와 학생·교수 사회 간의 갈등이 시작되던 시점입니다. 저는 일방적인 사업 추진을 비판하는 학내 여론을 수렴하고, 대학본부에 투명한 정보 공개와 소통을 요구하는 등 갈등 조정자로서의 역할을 수행했습니다. 법인화 이후 간선제 요소가 강화되는 쪽으로 바뀐 총장 선출 제도에 대한 구성원들의 불만을 수용하여, 교수와 직원의 의사가 더 많이 반영될 수 있도록 선출 규정을 다듬는 논의를 이끌었습니다.

당시 서울대학교는 홍콩이나 싱가폴 대학들의 급속한 부상에 주목하고 있었고, 중국의 베이징대학교나 칭화대학교의 급속한 발전도 결코 무시할 수 없는 상황이었습니다. 평의원회는 이들 대학의 발전상을 살펴보고 우리가 벤치마킹해야 할 해외 대학의 사례들도 꼼꼼하게 살폈습니다. 홍콩의 홍콩대학교이나 홍콩과학기술대학교(HKUST), 홍콩중문대학교 등과 싱가폴의 싱가폴대학교, 난양이공대학을 방문하여 발전계획을 살펴보았고, 중국에서는 베이징대학교와 칭화대학교가 운영하는 독자적인 법인들에 주목하였습니다. 중국의 대학에 대한 엄청난 국가지원은 놀라울 정도였습니다.

저는 이 기간에 학내 활동뿐 아니라 대외 활동도 꾸준히 벌였습니다. 제주 4·3 평화재단 이사(2014~2016)로 활동하면서, 4·3 진상규명의 성과와 기념관 운영을 점검하고, 타이완 2·28재단과의 교류를 주선하였습니다.

제2부

새로운 도전들에 맞서며

제1장 혁신교육을 너머 협력교육으로

한국의 성공과 교육의 힘

세계적 맥락에서 한 국가의 위상을 규정하는 방식은 선진국-후진국(개발도상국), 강대국-약소국이라는 오래된 방식이 여전히 사용되고 있습니다. 전자의 맥락에서 보면 대한민국은 선진국이 되었습니다. 경제협력개발기구(OECD)의 일원이며 경제, 산업, 기술, 민주주의, 인권, 치안 등 거의 모든 분야에서 선진국의 위상을 갖고 있습니다. 선진국이란 한 마디로 다른 국가, 다른 국민들이 좋아하고 따르고 싶어하는 나라입니다. 우리도 지난 발전과정에서 미국과 유럽, 일본 등 선진국으로부터 배우려 부단히 노력했습니다. 여전히 우리가 배워야 할 것들이 많지만 지금은 일방적이지 않습니다. 최근에는 한국 대중문화가 전 세계적인 사랑을 받으면서 소프트 파워가 주목을 받고 있습니다. 선진국 한국을 배우려는 유학생이 2025년 기준 25만 명을 넘어섰고, 한국을 보고 경험하겠다는 외국 관광객이 2025년 말이면 2천만 명에 육박할 것이라고 합니다.

강대국과 약소국이라는 프레임에서 보면 대한민국은 어떨까요? 어렵고 가난하던 시절을 겪은 기성세대들은 선뜻 동의하기 어렵지만 강대국이라는 주장이 커지고 있습니다. 지금도 약소국이라 생각하거나 기껏해야 중견국이라고 생각하는 분들도 있습니다. 미국에 휘둘리고 중국의 눈치를 볼 수밖에 없는 현실을 보면 우리도 강한 국가가 되어야 한다고 주장하기도 합니다. 2010년 서울대학교 임현진 교수님은 우리나라를 중강국(中强國)으로 규정했습니다. 그러나 세계적 패권국가의 존재를 생각한다면 한국은 그 다음 단계의 강대국으로 생각할 수 있습니다. 세계엔 미국과 중국 같은 패권국만 있는 것이 아닙니다. 영국, 프랑스, 독일, 일본, 러시아, 브라질과 같이 세계 질서형성에 영향을 미치는 국가들이 있으며, 또한 이스라엘과 이란 등도 무시할 수 없는 국가들입니다. 어쨌든 해외 언론과 글로벌 연구기관은 이제 한국을 이들과 어깨를 나란히 하는 강대국으로 간주합니다.

대한민국은 정치, 경제, 안보 등 여러 분야에서 선진적 문화, 제도, 관행이 뿌리내리고 있는 강한 나라입니다. 대외적인 영향력에서도 무시하지 못할 위상에 올랐습니다. 한국은 원조를 받던 나라에서 원조를 주는 나라가 되었으며, 1945년 이후 신생 독립국 중 산업화와 민주화를 동시에 성취한 거의 유일한 나라입니다. 이 모든 것을 전후 폐허에서, 세계에서 가장 가난하고 이렇다 할 자원도 없는 나라에서 출발해 불과 70여 년 만에 이룩했습니다.

한국의 성공에는 외부 요인과 내부 요인이 있습니다. 외부 요인은 냉전체제 아래에서 동맹인 미국의 지원을 받을 수 있었던 것, 국제 자유주의 무역질서라는 환경 속에서 세계시장에 자유롭게 접근할 수 있었던 점, 중국의 세계시장 편입 등을 꼽을 수 있습니다. 내부 요인도 큽니다. 산업화 초기 국가주도의 개발전략은 한계도 있었지만 효용성도 분명했습니다. 가난 극복과 성공에 대한 강한 열망으로 국민들이 뭉쳤습니다. 그 후 중산층이 성장하면서 시민사회가 발전했고, 그 힘을 바탕으로 너무 늦지 않게 권위주의적 정치체제에서 민주주의로 이행했습니다. 새로운 민주적 환경 속에서 음악, 영화, 드라마 등 잠재되어있던 문화적 역량이 폭발했습니다.

한국이 거둔 성공의 원인을 한국의 풍부한 인적 자원으로 돌리는 견해가 있습니다. 저도 동의하는 견해입니다. 자원이 풍부한 나라 가운데 발전하지 못한 나라가 부지기수입니다. 많은 자원부국이 오히려 자원의 저주라는 함정에 빠져 주저앉았습니다. 이탈리아의 정치사상가 마키아벨리(Niccolò Machiavelli)는 행운(fortuna)의 여신이 다가왔을 때 그녀를 붙잡을 담대한 덕목(virtu)을 갖추고 있지 않으면 소용이 없다고 했습니다. 우리는 외부에서 주어진 기회를 잘 포착했고, 그것이 가능했던 것은 교육이었습니다.

한국 사회는 아주 오랜 옛날부터 교육의 가치를 높이 여겼습니다. 고려시대부터 성균관이라는 최고 교육기관과 과거제가 실시되었습니다. 조선시대에 접어들면서 유학적 문치 전통이 확고해졌습니다. 당시의 공부는 주로 양반을 대상으로 한 경전 중심의 인문교육이었습니다. 이 과정에서 공부를 한편으로는 인격수양으로, 다른 한편으로는 입신양명의 수단으로 자리 잡았습니다. 조선 후기에 양반의 수가 크게 늘고, 지역별로 향교와 서원이 세워졌습니다. 실학 학풍이 등장하면서 공부에 대한 태도가 변하기 시작했습니다.

개화기에 근대교육이 도입되고, 교육을 통한 부국강병을 기대한 정부와 왕실, 애국계몽운동에 나선 민간인, 선교사들이 학교를 세우기 시작했습니다. 육영공원을 비롯한 각종 외국어학교, 교동학교와 한성

사범학교, 그리고 각종 기독교계 사립학교들이 근대교육의 큰 줄기를 형성했습니다.

일제강점기의 근대 교육은 많은 문제를 안게 되었습니다. 초기의 교육정책은 열악한 재정투자로 침체되었습니다. 3·1운동에 놀란 조선총독부는 문화정치라는 이름하에 지역공동체의 열망을 담은 학교들을 공립학교로 흡수했지만, 학교는 부족했고, 초등교육에서 고등교육으로 이루어지는 교육과정에서 고등학교가 없는 기형적 구성을 갖게 되었고, 대학은 경성제국대학 하나만을 설치하는 정책을 고수했습니다. 전시체제로 이행하면서 조선인 동원을 위한 의무교육을 구상했지만, 제대로 실현되지 않았습니다.

해방 직후에 한국인들은 문맹퇴치와 학교설립운동을 전개하였습니다. 지역 주민들의 교육열은 새로운 국가 형성의 열망과 함께 불붙었습니다. 많은 학교들이 설립되었습니다. 그러나 한국전쟁은 모든 것을 폐허로 만들었습니다.

우리나라에서 의무교육은 전쟁이 끝난 1954년에 제도화됩니다. 가난 속에서도 배우려는 학구열이 이를 뒷받침하였습니다. 1개 도에 하나씩의 국립대학이 설립되었습니다. 많은 전문학교들이 대학으로 승격하였습니다. 1960년대 산업화와 함께 정부는 이를 뒷받침하기 위한 인력양성에 노력하였고, 과학·공학·기술 분야의 인력을 대량으로 양성하는 데 치중했습니다. 직업교육, 전문학교, 공대를 설립하여 수출주도형 산업화에 필요한 숙련노동력을 양성하였습니다. 베이비붐으로 인구가 크게 증가하는데 비해 학교 교육시설은 부족했기 때문에 경쟁교육이 쉽게 자리 잡았습니다.

우리 교육의 두 번째 기여는 사회통합입니다. 우리 국민들에겐 교육이 계층 상승 이동의 통로가 될 것이란 확고한 믿음이 있었고, 이것이 사회통합의 기능을 수행하였습니다. 이를 가능케 한 것은 보편교육과 입시경쟁입니다. 이제는 이것이 사회적 재생산을 저해하는 주요 요인이 되었지만, 경쟁교육과 입시제도를 통해 누구든지 노력만 하면 좋은 결과를 얻을 수 있다는 믿음을 심어주었습니다. 교육은 사회계층의 상승이동이 가능한 사다리라는 믿음은 보편화되었고, 실제로 지역·계층 간 격차가 어느 정도 완화되었습니다. '개천에서 용 나는 사회'에 대한 믿음은 교육열을 더욱 높이고, 교육에 대한 가계투자를 끌어냈습니다.

교육의 세 번째 기여는 민주시민을 형성하고, 민주화의 토대를 이룬 것입니다. 학교에서의 민주주의 교육은 1960년 4월혁명의 밑거름이 되었고, 권위주의 독재에 대한 저항의 에너지를 만들었습니다. 1980년대 대학교육의 대중화, 대학정원의 급격한 증가와 대학진학률의 상승은 비판적 담론 공간의 확대로 이어졌습니다. 학생운동이 대중화되면서 시민사회가 성장하는 기반을 제공한 점은 부인할 수 없는 사실입니다. 1987년의 민주화운동과 1990년대의 시민운동, 교육운동을 통하여 우리 교육은 제도적 민주주의를 공고화하고 내실화하는 데 기여했습니다.

물론 한국 교육에 밝은 면만 있는 것은 아닙니다. 산업화가 본격화된 이후 우리 교육은 경제 성장을 위한 인재양성 중심의 발전주의 교육이었습니다. 선진국의 기술과 지식을 따라잡기 위한 경쟁이 치열했고, 이 과정에서 암기식·주입식 교육이 강화됐습니다. 교육행정과 교육 내용은 획일적이었습니다. 학교에서는 학생을 통제 대상으로만 여기는 식민지적 규율의 잔재가 온존했습니다.

높은 교육열은 밝고 어두운 두 개의 얼굴을 가졌습니다. 교육에 대한 높은 관심과 투자를 이끌어내 대한민국 산업화의 밑거름이 된 것은 교육열의 밝은 면입니다. 그러나 그 이면에서 과도한 교육열과 무한 경쟁이 낳은 어두운 면이 있습니다. 사교육에 대한 의존은 전혀 줄어들지 않고 있습니다. 최근에는 "4세 고시"라는 말이 등장할 정도입니다. 과도한 경쟁이 주는 압박감은 학생과 교사의 건강을 위협합니다. 학생들이 우울과 불안을 호소하고, 행복하지 않습니다. 교사들은 소진되고 있습니다. 배타적 경쟁은 친구들을 친구로 여기지 않고 경쟁자로 간주하도록 유도했습니다.

우리 교육을 이대로 둘 수 없다는 움직임이 일어났습니다. 1980년대 중반 이런 문제의식을 공유하는 교사들이 먼저 움직였습니다. 교사 모임을 결성하고 참교육 운동을 시작했습니다. 1986년 한 여학생이 남긴 '행복은 성적순이 아니잖아요!'란 유서로 대변되는 참담한 교육 현장은 교사들의 움직임을 가속화했습니다. 1985년 『민중교육』지 사건과 1986년 한국YMCA중등교육자협의회 소속 전국 중등교사의 '교육민주화 선언'은 교사운동의 본격적인 계기가 되었습니다. 해직 교사 중심으로 구성된 민주교육실천협의회를 거쳐 1987년 전국교사협의회가 결성되었고, 교육민주화 운동의 중심으로 활동했습니다. 그리고 1989년, 마침내 전국교직원노동조합(전교조)의 결성에 이르게 됩니다.

전교조가 제시한 참교육 운동의 구체적 내용은 민족교육, 민주교육, 인간화 교육입니다. 우리 민족의 역사·문화·현실에 대한 올바른 인식, 권위주에 대한 저항과 자유와 평등, 인간의 존엄에 대한 인식, 입시위주의 교육에서 벗어나 공동체를 위하고 삶의 가치를 발견하는 교육 등을 의미합니다. 전교조는 학교 현장에서 '촌지' 등 부조리를 몰아내고, 권위주의 타파하며, 민주주의를 확장하는데 크게 기여했습니다.

2007년 도입된 교육감 직선제는 우리 교육의 결정적 전환점이 되었습니다. 2009년 김상곤 경기교육감이 보궐선거에서 당선된 것을 필두로 2010년 지방선거에서 김상곤(경기), 곽노현(서울), 장휘국(광주), 민병희(강원), 김승환(전북), 장만채(전남) 등 진보 교육감이 대거 등장했습니다. 2014년 선거에서는 서울에서 조희연 교육감이 당선되어 진보적 혁신교육을 이어갈 수 있었습니다.

진보적 교육감들은 혁신학교를 통해 한국 교육을 바꾸는 실험을 시작했습니다. 김상곤 경기교육감은 당선 직후 경기도 내 13개 학교를 '혁신학교'로 지정하며 대한민국 혁신교육의 신호탄을 쏘아 올렸습니다. 경기도의 성공 모델을 바탕으로, 2010년 지방선거에서 당선된 진보개혁 성향 교육감들이 서울형 혁신학교 등 각 지역에 맞는 이름으로 이를 도입하면서 혁신학교는 전국으로 확산되었습니다. 여기에서 시작된 새로운 교육문화는 학교 전체로 퍼져나갔습니다.

혁신교육은 당시 이명박 정부의 일제고사와 특목고 중심의 수월성 교육으로 대변되는 '무한 경쟁과 줄 세우기 교육'에 대한 반작용으로 등장했습니다. 핵심은 '공교육의 정상화'와 '민주적인 학교문화'이며,

크게 4가지 기둥으로 설명할 수 있습니다.

첫째, 민주적인 학교 운영입니다. 교무회의를 의결기구화하고, 학생자치회를 강화하는 등 과거 교장의 제왕적 권력에 의해 운영되던 학교를 교장, 교사, 학생, 학부모가 학교 운영의 주체가 되어 함께 의논하고 결정하는 민주적 의사결정 구조로 바꾸었습니다.

둘째, 배움 중심의 수업입니다. 교사가 지식을 주입하고 학생은 암기하여 정답을 맞히는 수업에서 벗어나 학생이 주도적으로 참여하는 토론, 협력, 프로젝트 수업을 지향했습니다. 교과서 진도 나가기에 급급하지 않고, 교육과정을 재구성하여 깊이 있는 학습을 추구했습니다. 평가 방식도 객관식 지필고사 비중을 줄이고, 수행평가나 서술형을 대폭 확대했습니다.

셋째, 생활공동체와 회복적 생활교육입니다. 두발 단속, 체벌, 벌점제 등 통제와 처벌 위주의 생활지도를 지양해 학생들의 인권을 존중하고, 잘못을 했을 때 처벌보다는 관계 회복과 성찰을 유도하는 '회복적 생활교육'을 도입했습니다.

넷째, 전문적 학습 공동체의 실현입니다. 그동안 교사는 행정 업무에 치여 수업 연구할 시간이 부족하고, 옆 반 교사와 수업을 공유하지 않는 각자도생의 풍토를 개선하기 위해 교원 행정 업무를 전담팀으로 넘겨 교사의 업무를 줄여주고, 확보된 시간에 교사들이 모여 수업을 함께 연구하고 비평하는 '학습 공동체'를 의무화했습니다.

진보적 교육감들은 학생인권조례를 통과시키고, 전면 무상급식을 도입했습니다. 학생인권조례에 대해서는 일부 반발이 있어서 우여곡절을 겪고 있지만, 무상급식은 학생과 학부모의 전폭적인 지지를 받으며 거스를 수 없는 정책으로 자리 잡았습니다.

혁신교육은 경쟁 중심의 교육을 협력 중심으로, 입시 위주의 교육을 전인적 성장으로, 주입식·암기식 교육을 토론식·프로젝트 위주의 협력학습으로, 지시와 통제 중심의 관료주의를 자치와 참여 중심의 민주주의로 바꾸려는 공교육 개혁운동입니다. 혁신교육 정책은 10년이 넘게 지속되었습니다. 그 결과 학교문화가 많이 변했습니다. 저는 교육감 취임 이후 혁신교육을 이끌어온 교장 선생님들, 그리고 선생님들과 함께 몇 차례 회의를 개최하였습니다. 혁신교육의 미래를 둘러싸고 두 가지 의견으로 나뉘었습니다.

이제는 지난 성과를 계승하면서 새로운 도약을 시도해야 할 단계입니다. 혁신교육 그 너머를 바라봐야 할 때입니다. 거기에 더해 새로운 도전이 다가오고 있습니다.

서울교육을 향해 다가오는 새로운 도전은 학령인구가 급속도로 감소하고 있는 사회적 환경과 인공지능 시대의 도래라는 지구적 환경의 변화에 기인한 것입니다. 새로운 도전은 세 가지입니다. 민주주의 위기, 불평등의 심화, 인공지능(AI) 시대의 도래입니다. 조금 낯익은 것도 있고 전혀 새로운 것도 있습니다. 하지만 낯익은 것도 그 강도와 범위에서 과거와 차원을 달리한다는 점에서 새롭습니다.

첫째, 민주주의의 위기입니다.

우리는 지난 겨울 우리의 민주주의가 의외로 취약하다는 사실을 깨달았습니다. 소수의 정치 지도자에 의해 쉽게 무너질 수 있고, 언제든지 또다시 위기에 빠질 수 있다는 사실입니다. 비단 우리나라만의 문제가 아닙니다. 민주주의의 보루인 줄 알았던 미국이 이상합니다. 유럽 다수 국가에서 정치적 냉소주의가 팽배하고, 극우 정치가 크게 성장하고 있습니다. 인도, 헝가리, 이스라엘 등 민주주의 전통을 지키던 나라들의 민주주의가 후퇴했습니다. 민주주의를 연구하는 국제기관들이 이구동성으로 전 세계 민주주의가 후퇴하고 있다고 경고합니다.

둘째, 불평등의 심화입니다.

한국은 소득, 자산, 계층이동성, 지역, 세대 등 거의 모든 구분선에서 격차가 커지고 있습니다. 불평등도 글로벌한 현상입니다만 한국의 불평등은 더 두드러집니다. OECD의 불평등 보고서(2024)는 한국의 지니계수(0.35)가 OECD의 평균(0.32)을 상회하고, 노인빈곤율과 자살률도 최고 수준임을 밝히고 있습니다. 한 마디로 기회의 불평등이 심화되고, 출발선이 결과를 결정하는 사회가 구조화되고 있다고 진단합니다. 더 심각한 문제는 우리 교육이 불평등을 완화하는 데 기여하기보다 고착시키거나 나아가 심화시키는 방향으로 작용한다는 점입니다. 김누리 교수(중앙대학교)가 언급했듯이 우리 교육이 "더 이상 사회를 바꾸는 사다리가 아니라 사회적 위계를 고정하는 사슬"이 되고 있다는 지적이 뼈아픈 것입니다.

셋째, 인공지능(AI) 시대의 도래입니다.

범세계적 디지털 시대에 2022년 ChatGPT라는 인공지능이 등장해 세계를 깜짝 놀라게 했습니다. 그것의 발전 속도는 따라가기 어려울 정도입니다. 모든 산업이 재편되고, 자동화로 수많은 일자리가 사라질 것이라는 경고가 나오고 있습니다. 인공지능 활용 능력에 따라 불평등이 더 심해질 것이란 우울한 전망도 뒤따릅니다. 교육은 인공지능의 영향을 가장 직접적으로 받는 영역입니다. 인공지능 시대에 교사는 무엇을 준비해야 하고, 학생은 무엇을 배워야 할지 막막합니다. 미래를 위해 필요한 역량이 무엇인지 의견이 분분합니다. 인공지능 시대의 교육에 대한 사회적 합의가 필요합니다.

협력교육의 시대

2024년 10월 17일 서울교육감에 취임하면서 저는 앞으로 수행해야 할 공약을 가다듬기 위하여 공약추진위원회에 대한 구상을 시작했습니다. 정상적인 지방선거를 치르면 취임 전까지 약 한 달 정도 취임 준비를 할 시간적 여유가 있지만, 보궐선거는 선거 바로 다음 날부터 업무를 시작해야 합니다. 선거 준비 기간이 짧았기 때문에 선거공약을 마련하는 것도 시간에 쫓길 수밖에 없었던 것이 사실입니다. 무엇보다 서울교육의 방향을 잡고 핵심과제를 추리는 일이 급선무였습니다. 선거공약을 재점검하고, 실현가능한 실행계획을 세우는 일이 필요했습니다.

1주일 만에 '미래를 여는 서울교육대전환위원회'라는 이름으로 공약추진위원회를 출범시켰습니다. 12명의 공약추진위원회 위원을 모시고, 위원장에는 박순성 교수님(동국대학교)을 모셨습니다. 그리고 지도위원 7명, 자문위원 22명, 그리고 3개 분과로 나누어 위원들을 모셨습니다. 3개 분과는 '시대 불안을 희망으로 바꾸는 서울교육', '걱정을 안심으로 바꾸는 서울교육', '지금 바로 서울교육' 등이고 109명의 분

공약추진위원회 발족식

과위원이 활동했습니다. 교수, 교사, 교육행정가, 법률가, 언론인, 지방의원, 교육운동가, 시민운동가 등 각계의 전문가들이 참여했습니다. 위원회는 10월 25일부터 11월 15일까지 3주간의 활동을 마치며 460쪽에 달하는 백서를 발간했습니다. 위원들과의 협의를 통해 저는 협력교육을 서울교육이 지향해야할 가치로 결정하였습니다. 이 기회를 빌어 그분들의 열정과 헌신에 감사드립니다.

공약추진위원회 백서의 제목은 '미래를 여는 협력교육'입니다. 서울교육이 추구하는 새로운 방향을 담았습니다. 위원회는 우선 우리의 교육을 근대교육 100년이라는 맥락 위에 위치시키고, 지금까지의 성과와 해결해야 할 과제를 정리하였습니다. 그리고 새로운 100년을 대비해 서울교육의 철학과 정책을 새롭게 세우겠다는 의지를 표현했습니다. 미래의 주인공인 학생들이 급변하고 있는 시대변화에 수동적으로 대응하는 것을 넘어 스스로 미래를 창조할 수 있도록 해야 한다는 의미에서 '미래를 여는'이라는 표현을 담았습니다. 미래 사회를 주도

할 수 있는 역량을 갖추도록 하는 교육을 지향합니다.

'협력교육'이란 창의와 상생의 교육을 실현해 나가는 교육 주체들의 관계를 규정하고 있습니다. 학생과 교사뿐 아니라 교사와 학부모, 학교와 지역사회가 소통하고 협력하여 학생들을 지원한다는 이념에 기초하고 있습니다. 학교 구성원과 시민이 공동의 교육주체가 되어, 교육의 지향점과 가치를 공유하고, 소통을 통해 상호 동의를 형성하며, 공동 노력의 기반을 만드는 것을 말합니다.

협력은 영어로 표현하면, 컬래버래이션(collaboration)이나 코어퍼레이션(cooperation)입니다. 이는 함께 일하다(co-laborare), 함께 작용하다(co-operari)는 단어에 기원하고 있습니다. 전자는 공동작업, 공동창출이란 뜻이고, 후자는 상호지원과 협조라는 뜻입니다. 상호 작용에서 전자는 깊고 지속적인 상호의존적 관계이고 후자는 비교적 느슨하고 일시적이며 필요할 때 돕는 관계입니다. 전자는 공동연구나 공동수업과 같은 공동의 산출물을 내놓고, 후자는 상호지원을 통한 효율적 결과를 내놓습니다.

최근에 음악, 미술, 공연 등 예술 분야의 많은 아티스트들이 컬래버를 통해 한 차원 높은 결과물을 만들어내고 있습니다. 전자는 파트너십 중심, 후자는 지원 중심입니다. 전자는 공동목표를 갖고 책임도 분담합니다. 후자는 목표는 공유하되 역할은 분리됩니다. 전자는 아이디어를 함께 만들고 혁신을 추구하며, 후자는 기존 제도 내에서 원활하게 돕는 것을 뜻합니다. 협력교육은 이 두 단어를 포괄하지만, '컬래버'라는 쪽에 가깝습니다.

물론 서울교육청의 협력교육은 부처 간 협조, 학교와 지역사회 협력, 지원 네트워크 등과 같은 후자의 요소도 포함합니다. 그렇지만 협력교육의 방점은 어디까지나 교육 주체와 이해관계자 나아가 시민들이 깊고 지속적인 상호의존적 관계를 형성하고, 공동의 목표 아래, 공동의 책임하에, 아이디어를 함께 만들고 혁신을 추구하는 것에 있습니다.

협력교육은 세계적 흐름과도 통합니다. 유네스코는 2021년『함께 그려보는 우리의 미래: 교육을 위한 새로운 사회계약』이라는 보고서를 발표했습니다. 약칭『교육의 미래 2050』보고서입니다. 2030년 이후 인류 교육의 방향을 제시한 유네스코의 대표적 미래 비전 문서입니다. 그 핵심 메시지는 '함께(together)'입니다. 즉, "우리는 교육을 통해 공동의 미래를 함께 만들어야 한다"고 선언하면서 협력을 교육의 새로운 사회계약을 구성하는 핵심 원리의 하나로 제시합니다. 교육은 경쟁이 아니라 연대와 공동 책임 위에 세워져야 하며, 학생·교사·지역사회·국가·지구 공동체가 함께 지식의 공공성을 회복해야 한다고 강조합니다. "학습은 반드시 대화, 교류, 다양한 사람들간의 상호작용으로부터 나오는 협력적 활동이어야 한다"고 정의합니다. 이 보고서에서 21세기 교육이 중시해야 할 미래역량으로 협력, 협업, 연대, 포용, 상호의존 등을 제시했습니다.

협력교육의 특징은 네 가지입니다.

교육 주체들 간의 '참여와 소통', 평등한 교육 주체가 되어 실천하는 '교육자치와 협력', 교실에서부터 학교와 지역사회에 이르기까지 다양한 관점을 반영하여 창의적이고 혁신적인 방법으로 문제를 해결하는 '협력적 문제해결', 교육공동체 구성원뿐 아니라 사회의 모든 구성원이 공동으로 교육에 책임을 지는 '공동 책임' 등 입니다.

바꾸어 말하면 협력교육이란 학생, 교사, 학부모, 지역사회, 정부 등 교육과 직간접적으로 관련이 있는 모든 이해관계자들이 주체성 또는 주인의식을 가지고, 함께 고민하고, 함께 토론하고, 함께 책임지는 교육이란 뜻입니다.

'미래를 여는 협력교육'을 서울교육의 새로운 방향으로 채택하게 된 배경이 있습니다.

첫째는 미래에 대한 불안감입니다. 우리나라뿐 아니라 전세계적으로 사회경제적 위기, 기후위기, 인공지능 기술의 비약적 발전 등 미래에 대한 불확실성이 커지고 있습니다. 국가와 개인 모두 불안할 수밖에 없습니다. 과연 공교육이 이런 불안을 해소시켜 줄 수 있을지에 대한 확신을 주지 못하고 있습니다. 이런 불안을 희망으로, 교육 걱정을 안심으로 바꾸기 위해서는 개인적 차원에서 미래역량을 강화하고, 사회적 차원에서는 함께 위기를 극복하고 과학기술을 공동 발전에 활용할 수 있는 협력 문화를 형성해야 합니다. 이를 가능케 하는 사회정서적 역량인 공감과 포용의 능력은 협력교육을 통해서만 키울 수 있습니다.

둘째는 한국사회에 유독 심하게 겪고 있는 진통과 관련이 있습니다. 한국사회는 '초경쟁사회'이자 '전면적 양극화 사회'입니다. 우리 사회의 모든 구성원은 극단적 경쟁과 격차로부터 발생하는 심리적·경제적 고통을 겪고 있습니다. 교육 현장도 예외가 아닙니다. 경쟁이 시작되는 곳입니다. 경쟁은 성취동기를 자극하고 발전의 동력을 되기도 합니다. 그러나 학교에서부터 시작되는 '과도한' 경쟁은 학생들에게 고통을 주고, 나아가 우리 사회의 균열과 격차를 강화합니다. 우리 사회 전체적으로 경쟁과 협력이 균형을 잡아야 합니다. 협력교육 아래 학교에서부터 균형을 잡으려는 노력을 시작해야 합니다.

협력교육의 또 다른 측면은 창의성을 기르는데 더 적합하다는 점입니다. 저는 협력교육의 핵심을 묻는 기자의 질문에 이렇게 답했습니다.

"불확실한 미래에 대응하기 위해서는 다양한 해결 방안을 만들어 가는 교육이 필요하다. 이는 창의와 공감을 바탕으로 할 때 가능하다. 이를 위해선 경쟁과 협력이 균형을 이뤄야 한다. 선진국을 추격하던 과거에 효과적이었던 경쟁교육은 정해진 정답을 빨리 찾을 수 있을지언정 다양한 해결책을 찾기는 어렵다. 주변을 두루 살피며 자신과 세상을 새롭게 돌아볼 때 창의성을 기를 수 있고 친구를 경쟁자가 아닌 함께 문제를 해결해 나갈 동반자로 생각할 때 공감의 힘을 키울 수 있다." (내일신문, 2025.3.19)

미래를 여는 협력교육을 논의하는 자리에서 그동안 혁신교육의 중추적인 역할을 해온 분들이 약간의 이견을 표시했습니다. 혁신교육을 포기하는 것 아닌가라는 의문을 제기하는 분도 있었습니다. 그분들의 우려는 충분히 이해합니다. 그러나 저는 그렇게 생각하지 않습니다. 앞서 말씀드렸듯이 근대교육 100년은 성과와 문제점을 동시에 안고 있었습니다. 지난 10년의 혁신교육은 근대교육 100년의 문제점들을 씻어내고 공교육을 정상화하는 과정이었습니다. 이제 10년 혁신교육의 기본 철학과 가치, 성과를 이어받으면서도 시대적 상황에 맞춰 한 단계 진전된 교육혁신의 방향과 내용을 모색해야 할 때입니다. 미래를 여는 협력교육이 바로 그런 모색의 결과물입니다. 미래를 여는 협력교육은 혁신교육의 부정이 아닙니다. 혁신교육을 포괄하면서, 더 높고 더 넓은 미래로 나아가자는 뜻입니다. 그런 의미에서 미래를 여는 협력교육은 2025년판 혁신교육이라고 해도 과언이 아닙니다.

미래를 여는 협력교육은 세 가지 교육지표를 설정했습니다.

첫째, '학생의 꿈'입니다. 학생들은 자신만의 특별한 꿈을 가지고 자기주도적이고 창의적인 협력학습을 통해 다양한 미래역량을 효과적으로 습득하고, 자신의 미래를 스스로 열어가는 주체로 성장할 것입니다.

둘째, '교사의 긍지'입니다. 교사는 긍지를 가지고 교육의 주체 바로 서며, 교육공동체의 회복탄력성을 강화하고, 교육공동체 내의 갈등을 교육적 방법으로 예방하고 해결방안을 찾아낼 것입니다.

셋째, '부모의 신뢰'입니다. 공교육에 대한 학부모의 신뢰는 교육공동체 회복의 핵심적인 사회적 자본입니다. 신뢰로부터 솟아나는 공감과 배려, 상호 이해와 포용의 정신은 교육공동체와 사회의 구성원들이 토론과 소통을 통해 바람직한 교육적 해결책을 찾게 할 것이고, 협력교육을 지탱하는 든든한 기반이 될 것입니다.

'학생의 꿈', '교사의 긍지', '부모의 신뢰'라는 세 가지 교육지표는 협력교육의 성공을 위해 교육 주체와 이해당사자 모두가 함께 추구해

미래를 여는 협력교육

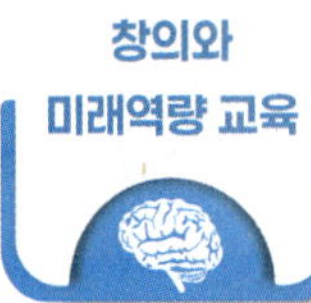

야 할 공통의 가치입니다.

정책방향은 다섯 가지로 잡았습니다.

첫째, 모두를 위한 맞춤형 교육입니다. 적지 않은 학생과 보호자들이 기초학력 저하와 교육격차에 대해 걱정합니다. 공교육 기회로부터 소외되어 미래역량을 배우지 못하는 것에 대한 우려도 큽니다. 서울교육은 모든 학생들이 기초적인 학업역량을 키우고 교육격차를 극복할 수 있도록 평등하고 포용적인 맞춤형 교육을 지향해야 한다는 뜻입니다.

둘째, 창의와 상생의 미래역량 교육입니다. 인공지능 등 기술의 발전, 기후위기, 사회경제적 불평등의 확대라는 도전에 맞서서 학생들이 미래사회에 필요한 창의와 협력의 역량을 발전시킬 수 있는 교육을 말합니다.

셋째, 자치와 참여의 교육공동체입니다. 갈등과 불신으로 무너지고 있는 교육공동체를 회복하고, 교육문제를 교육적 방법으로 해결하는 제일 좋은 방법은 교육공동체 구성원들이 책임감을 가지고 문제해결에 자발적으로 참여하며, 궁극적으로 스스로의 힘으로 극복하는 것입니다.

넷째, 안전하고 행복한 학교입니다. 교육환경의 변화와 지나친 경쟁으로 학생들은 다양한 형태의 폭력에 노출되어 있습니다. 이로인해 몸과 마음의 건강이 심각한 상태입니다. 학생들의 건강과 안전을 위협하는 요인들에 대한 예방적 노력과 위기에 빠진 학생들에 대한 맞춤형 지원이 필요합니다.

다섯째, 공감과 소통의 찾아가는 행정입니다. 교육현장의 목소리가 교육행정과 정책에 반영될 때 교사들이 교육에 전념할 수 있습니다. 교육청이 시민사회와 소통하고 협력할 때 교육에 대한 사회적 합의와 교육문화를 만들어내고, 교육의 공공성을 강화할 수 있습니다. 공감과 소통의 행정은 협력교육의 기본 가운데 하나입니다.

의무교육의 재정의

저는 서울교육의 새로운 비전과 정책방향에 힘입어 지난 1년여간 교육감으로서 직책을 수행했습니다. 기초학력 문제가 저의 첫 관심사였습니다. 이것은 의무 교육의 의미를 되짚어보게 합니다. 의무교육은 헌법과 법률이 정한 의무이자 권리입니다. 대한민국 헌법 제31조 2항은 "모든 국민은 그 보호하는 자녀에게 적어도 초등교육과 법률이 정하는 교육을 받게 할 의무를 진다"고 규정하고 있습니다. 교육기본법은 중등교육까지 의무교육에 포함시켰습니다.

　　세계적으로 볼때 근대적 의무교육은 18세기로 프로이센의 프리드리히 빌헬름 1세의 교육령으로 시작되었습니다. 5세부터 12세까지의 모든 아동을 의무적으로 취학시키고, 수업 료를 면제하면서 국가에 충성하는 시민과 노동력 양성을 목표로 삼았습니다. 이런 의무교육이 세계적으로 확산되었고, 일본은 1892년 처음 도입했습니다. 1900년에는 4년제, 1907년에는 의무교육을 실시하였습니다. 우리나라에서는 1895년 소학교령이 발표되면서 의무교육 개념이 도입되었으나 제대로 실시하지 못했습니다.

　　일제하 식민교육은 항상 항상 '황국신민화'를 목표로 내세우고 있었지만, 재정적인 문제로 교육정책은 소극적이었습니다. 일제말기 전시체제에서 조선인도 의무교육 대상으로 고려되었지만, 제대로 실행되지 않았습니다. 해방 직후 문해율이 20~30% 수준에 불과했던 사실이 이를 입증합니다.

　　의무교육은 전쟁 이후인 1954년부터 본격적으로 이루어졌고, 5년 후인 1959년에는 학령기 아동의 95.3%가 취학하게 되었습니다. 문해율도 빠르게 상승했습니다. 1960년대 초엔 80%, 1970년대 중반에 90%, 현재는 유네스코 통계 기준 99%에 이르고 있습니다. 중학교 의무교육은 1985년부터 시행되었고, 이를 통해 산업화 과정에서 양질의 산업인력을 손쉽게 확보할 수 있었다는 점에서 우리 의무교육은 성공적이라 평할 수 있습니다. 고등학교는 법으로 의무교육에 포함되지는 않았지만, 2020년부터 무상교육을 시행하고 있습니다.

그러나 의무교육의 양적 확대에도 불구하고 우리 학생들의 학력 편차는 쉽게 줄어들지 않았으며, 기초학력 수준이 꾸준히 떨어지고 있습니다. 교육부가 실시하는 '국가수준학업성취도평가'는 성취수준을 4단계로 분류합니다. 그 가운데 1순위가 기초학력 미달 수준이고, 2순위는 기초학력 수준, 3순위가 보통학력 수준입니다. 2024년도 조사에 따르면 중학교 3학년의 과목별 1순위 수준 즉, 기초학력 미달률은 수학 12.7%, 국어 10.1%, 영어 7.2%에 달합니다. 10년 전인 2015년에 수학 4.6%, 국어 2.6%, 영어 3.4%와 비교하면 2~3배 정도 증가한 수치입니다. 고등학교 2학년의 기초학력 미달률은 수학 12.6%, 국어 9.3%, 영어 6.5%입니다. 고등학교도 10년 전과 비교하면 비슷한 상승률입니다. 고등학교 2학년 수학의 경우 1순위와 2순위를 합해 29.8%에 달합니다. 전체 학생의 거의 1/4이 기초학력 이하 수준에 머물러 있다는 말입니다.

거듭 말씀드리지만 의무교육은 모든 국민의 의무이자 권리입니다. 근대화·산업화에 발맞춰 매우 빠르게 확대되었고, 일정한 성공을 거두었습니다. 그러나 지금까지 우리는 아이들을 단지 학교에 보내는 것에 급급했습니다. 출석과 개근이 중요한 덕목으로 간주되어 왔지만 이제 우리는 의무교육의 의미를 재정의해야 합니다. 진정한 의무교육이라면 일정 기간 학교를 거쳐가는 것만이 아니라 우리 아이들이 한 인간으로서, 민주시민으로서 갖춰야 할 덕성과 기초학력을 길러주는 것을 포괄해야 합니다.

이는 문해력의 개념이 확장되는 것과 같은 맥락입니다. 유네스코는 이미 1990년대에 실질 문해력이란 개념을 도입했습니다. 실질 문해력이란 글을 읽고 쓰는 기본적인 능력을 넘어, 일상생활과 사회 활동에 필요한 정보를 이해하고 활용하는 실질적인 능력을 의미합니다. 단순히 글자를 아는 것과 달리 문맥을 파악하고 비판적으로 사고하며, 정보를 정확하게 해석하고 적용하는 능력을 포함합니다. 새롭게 정의되는 의무교육이라면 기초학력에 미달하는 학생을 단 한 명도 포기하지 않아야 합니다. 느린 학습자, 난독과 난산에 어려움 겪는 학생까지 품어야 합니다. 기초학력 달성은 국가의 의무이자 국민의 기본권, 즉 권리이기 때문입니다.

중앙정부도 가만히 있었던 것은 아닙니다. 2021년 '기초학력보장법'이 제정되었고, '기초학력 보장 종합계획(2023~2027)'이 수립되었습니다. 그러나 실제 교육현장에서는 진단·평가에 치우치고, 실제 학습지원처방이나 인력과 시간배분이 부족하다는 지적이 나옵니다. 보조인력이 부족하고, 수업과 행정업무 병행으로 교사가 학습지원 대상 학생을 개별적으로 돌보기 어려운 게 현실입니다.

미래역량 강화를 위하여

한국의 교육계는 전통적인 지식 전수 교육 대신 미래역량교육이 필요하다는 합의를 이루어가고 있습니다. '미래역량'이라는 개념은 원래 미네소타 대학에서 발전시킨 것입니다. 미네소타 대학교 인문대학은 미래핵심 역량을 9가지로 정의했습니다. 분석적 비판적 사고, 문제해결능력, 윤리적 추론 및 의사결정, 혁신 및 창의성, 디지털 리터러시, 경력관리, 다양성 포용, 적극적 시민의식 및 공동체 참여, 팀워크 및 리더십 등입니다. 이런 역량들이 실제 산업현장에서 필요로 한다는 것을 확인했습니다. 이런 미네소타의 역량들은 종종 4C, 즉 비판 적 사고, 창의성, 의사소통, 협력 등으로 요약됩니다. 이런 흐름이 한국에도 영향을 미쳐 교육환경이 긍정적인 방향으로 변화하고 있습니다. 2022년 개정 교육과정이 발표됐습니다. 개정 교육과정은 '포용성과 창의성을 갖춘 주도적인 사람'을 기른다는 비전 아래 미래 사회의 불확실성에 대응하는데 초점을 맞췄습니다. 핵심 키워드는 학생의 주도성, 디지털 소양, 생태전환입니다. 서울교육청의 두 번째 정책목표인 '창의와 상생의 미래역량 교육'과 부합하는 방향으로의 변화입니다.

가장 큰 변화는 고교학점제의 도입입니다. 기존 단위제가 학점제로 바뀝니다. 1학점을 50분 수업 기준 16회로 정하고, 3년간 192학점을 이수해야 졸업하게 됩니다. 과목은 주로 1학년이 대상인 국어, 수학, 영어, 한국사 등의 공통 과목과 선택 과목으로 나뉩니다. 선택 과목은 다시 기존 수능 과목 위주의 일반선택 과목과 심화 학습을 하는 진로 선택 과목, 그리고 융합선택 과목으로 구분됩니다. 3년간의 이행기를 거쳐 2025년에 진학한 학생들부터 100% 적용하고 있습니다. 고교학점제는 수업의 질을 높이고, 각 대학의 학생선발방식에도 큰 변화를 가져올 것으로 예상됩니다.

초등학교는 국어 수업을 늘렸습니다. 기초문해력을 강화하려는 목적입니다. 학교 자율시간을 도입해 학교 재량으로 선택 과목이나 활동을 운영할 수 있게 되었습니다. 중학교는 자유학년제를 1학기 동안의 자유학기제로 축소하는 대신 진로 연계 학기를 신설했습니다. 고등학교 진학을 준비하거나 상급 학교 적응을 돕는 내용입니다.

디지털 소양교육의 일환으로 코딩 교육을 의무화했고, AI 윤리, 디지털 도구 활용 능력 교육도 실시합니다. 기후 위기 대응과 환경 보호를 국어, 사회, 도덕 등 관련 교과에 반영하여 필수적으로 배우게 했습니다. 공동체 가치와 타인을 존중하는 태도, 비판적 사고력을 기르는 민주시민교육도 강화됐습니다.

최근 한국 교육계에서는 국제 바칼로레아(IB, International Baccalaureate) 교육과정이 확산되고 있습니다. 바칼로레아는 원래 프랑스의 중등교육 졸업 시험 이름입니다. 한국의 객관식 수능과 달리 며칠 동안 진행되는 서술형 시험이고, 종합적이고 철학적인 질문으로 유명합니다. 프랑스 공교육의 정수입니다.

1968년부터 국제기구가 많은 스위스에서 미래 사회가 요구하는 역량을 기르는 것을 목표로 하는 국제적인 교육 프로그램을 시작했습니다. IB는 토론식 수업과 서술형 평가를 지향하는데, 전 세계 160개국 이상이 도입했습니다. IB 과정의 핵심 철학은 지식의 암기가 아닌, 지식을 활용해 문제를 해결하고 비판적으로 사고하는 능력을 기르는 것입니다. 이것 역시 필수적인 미래역량입니다. 토론과 에세이, 소논문 작성, 체험 활동 등으로 구성되며, 객관식 시험이 거의 없고, 대부분 서술형·논술형 평가와 과정 중심 평가로 이루어집니다. 한마디로 '정답을 찾는 교육'에서 '생각을 꺼내는 교육'으로 패러다임을 전환하는 것이 그 목표입니다.

IB 과정은 2009년에 대구와 제주교육청이 처음으로 공교육에 도입했고, 그 후 타지역으로 확산되었습니다. 서울교육청은 자발적인 혁신교육을 지원하는데 주력하였고, 이후 2023년 IB프로그램을 도입했습니다. 서울교육청은 투트랙 전략을 세웠습니다. 하나는 IB에 관심을 가진 학교를 연구학교로 지정해, 관심 학교에서 후보학교가 되고, 최종적으로 인증학교가 될 수 있도록 단계별로 지원하는 것입니다. 2025년 현재 80~90여 개의 학교가 IB 교육과정을 도입하기 위해 준비 중입니다. 다른 하나는 IB의 교육과정과 평가방식을 한국화한 한국형 바칼로레아(KB)를 개발해 공교육에 적용하는 것입니다. 교사 연수 등 그에 따른 준비를 하고 있습니다. 새로운 교육과정과 평가방식을 빨리 확산시키기 위한 전략입니다.

서울교육청은 2022 개정 교육과정, IB 도입, 서·논술형 평가 확대 등에 맞춰 서울교육의 두뇌 역할을 할 전문 연구·지원 조직으로서 (가칭) 서울교육과정·평가지원센터를 구축했습니다. 현재는 서울교육청 교육연구정보원(SERII) 내의 기능을 대폭 확대·개편하는 형태로 진행하고 있습니다.

이는 교육과정과 함께 평가 패러다임을 바꾸기 위한 노력의 산물입니다. 과거처럼 '오지선다형 문제'를 잘 푸는 아이가 아니라 '생각하는 힘'을 가진 아이를 길러내기 위한 것입니다. 2022 개정 교육과정으로 학교 자율성이 커진 새 교육과정을 도입하는데, 전문적인 기구가 교사들을 지원하는 것입니다. 또한 2028 대입 개편 등과 맞물려, 정답만 찾는 평가에서 생각을 쓰는 평가, 즉 서·논술형 평가로 전환이 이루어지는데 이를 준비하고 지원해야 합니다. 학생들의 학습 이력을 체계적으로 분석해 맞춤형으로 지원할 데이터 센터 기능도 필요합니다. 한마디로 요약하면 평가를 줄 세우기 도구에서 성장 지원 도구로 바꾸는 역할을 담당할 기관을 만들겠다는 것입니다.

이 센터는 선생님들이 무엇을 가르치고, 어떻게 평가할지 고민할 때 가장 먼저 찾는 '컨트롤 타워' 역할을 담당합니다. 첫 번째 역할은 서울형 학생 맞춤형 진단 도구(S-PLAN) 개발입니다. 가장 눈에 띄는 성과이자 역할입니다. 서울교육청은 이미 문해력·수리력 진단검사를 개발했습니다. 이것은 글을 읽고 이해하는 능력(문해력)과 수리적 사고력(수리력)을 측정하는 서울교육청만의 독자적인 평가 도구입니다. 학생들의 성적 데이터를 다년간 누적 관리하여 성장 과정을 추적할 계획입니다.

두 번째 역할은 수업·평가 혁신을 지원하는 것입니다. 서·논술형 채점 가이드라인을 개발하고 교사 연수를 실시합니다. 고교학점제 전면 도입에 따라 절대평가, 다른 말로 성취평가제의 공정성을 담보할 수 있도록 평가 문항을 감수하고 컨설팅합니다.

마지막으로, 교사들의 평가 전문성 강화입니다. 심화연수를 실시해 교사들을 평가 전문가로 육성합니다. 우수한 수업 사례와 평가 문항을 문항 정보 시스템으로 데이터베이스화하여 일선 학교에 제공합니다.

협력적 거버넌스의 활성화

미래를 여는 협력교육의 기본 바탕은 무엇보다 서울교육의 모든 이해관계자들이 참여하는 협력적 거버넌스라고 생각합니다. 이를 위해 저는 기존의 거버넌스 구조에 두 개의 활동을 추가했습니다. 하나는 학교자치협의회이고, 다른 하나는 서울교육+플러스 사업입니다.

저는 학교자치협의회를 새롭게 구성했습니다. 이미 각급 학교에는 학부모, 교직원, 지역사회가 함께 학교 운영에 대해 논의하는 법적 기구인 학교운영위원회가 있습니다. 학교운영위원회는 교육개혁의 일환으로 1996년 처음 시작되었고, 1999년에는 사립학교까지 설치해 운영하도록 법으로 의무화되었습니다. 학교 운영의 자율성과 민주성, 투명성을 높이고, 학부모 이외에 지역위원들을 포함시켜 지역 실정에 맞는 교육을 실현하기 위한 목적입니다. 제가 생각하는 협력교육이 자리 잡기 위해 반드시 필요한 조직입니다. 그러나 위원들의 전문성이 부족하고, 생업에 따른 참여의 어려움으로 기대만큼 역할을 하지 못하고 있습니다.

우선 학교운영위원회를 활성화하기 위해 노력했습니다. 운영위원들의 인식과 전문성을 강화할 계획을 세웠습니다. 아울러 교육지원청 단위로 학교운영위원회 소통마당을 열어 학교 차원이 아니라 각 지역에서 학교 공통의 문제를 논의하는 소통의 장을 마련했습니다.

소통과 협력의 학교 공동체를 만들어가는데 그것만으로는 부족하다고 생각했습니다. 학교자치협의회는 교직원회, 학생자치회, 학부모회 대표 등이 참여하여 학교의 다양한 교육활동에 대해 토의하는 협의체입니다. 학교운영위원회가 심의기구라면 학교자치협의회는 협의조정기구입니다. 학교운영위원회에 참여하는 운영위원들은 각자 속한 단위의 대표성을 갖지 않지만, 학교자치협의회에 참여하는 각 대표들, 즉 학생자치회는 대의원회, 학급회, 동아리 등을 대표하고, 교직원회는 학년·교과협의회, 교사회, 직원회, 교직원학습공동체 등을 대표하고, 학부모회는 대의원회, 학급·학년별 학부모회, 기능별 학부모회 등을 모두 대표합니다. 교육공동체의 진정한 자치와 참여를 실현하는 기구로 발전해 나가길 기대합니다.

서울교육+플러스는 교육현안에 대해 자유롭게 토론하고 경청하는 소통의 장이며, 참여해 의견을 내고 협력하는 과정을 통해 참여자들의 교육공동체에 대한 주체성과 책임의식을 높이는 프로젝트입니다. 학생, 교사, 학부모, 시민 등 여기에 참여하는 다양한 주체들이 자연스럽게 교육공동체 거버넌스를 이루게 됩니다. 사업명칭에 플러스를 덧붙인 것은 교육 주체를 학생·교사·학부모의 3주체에 더해 시민까지 포괄하고, 교육공간을 학교를 넘어 지역으로 확대하며, 교육영역이 교과서를 벗어나 삶의 지혜를 배울 수 있는 모든 공간으로 확대된다는 의미를 담고 있습니다.

서울교육플러스 거버넌스 조성 사업은 두 개의 날개로 날았습니다. 하나는 서울교육을 둘러싼 다양한 인적 네트워크와 교육공동체 거버넌스를 더욱 효과적으로 운영하는 것입니다. 서울교육청이 서울교육의 발전을 위해 함께 협력해온 기존의 조직이 많이 있습니다. 서울시 의회, 학부모회, 지역단위 학교운영위원회, 지역 시민모임, 서울교육시민참여단, 교직원단체 등입니다. 학생조직도 추가했습니다. 이 각각의 조직을 활성화하고, 이들과 협력관계를 강화하는 것입니다.

그 성과를 확인하는 자리가 있었습니다. 2025년 10월 13일 '함께 꿈꾸는 서울교육, 서울교육의 새로운 도약을 위해'란 주제로 학생참여단, 학생참여위원회, 시민참여단, 교사정책동행단, 학부모참여단 등에서 활동했던 500명이 한 자리에 모였습니다. 제가 서울교육청의 지난

1년 성과를 보고한 후, 각 활동내용을 발표하는 시간을 가졌습니다. 교사정책동행단의 박세민 교사(오산고등학교)의 발표가 인상에 남습니다.

"148명의 교사들이 현장 교육전문가라는 자부심을 가지고 계속 좋은 정책을 만들기 위해 공부하고 있습니다. 교육감님이 직접 참석해 저희들 질문에 하나하나 답을 해주신 것에 대해 감사드립니다. 교사들이 함께 모여 토론하는 동안 가치관이 다르고 견해가 충돌하기도 했지만 계속 답을 찾기 위해 노력하겠습니다. 하버마스가 말한 의사소통의 공론장을 신뢰하기 때문입니다."

다른 하나는 참여자들로부터 서울교육에 관한 정책 메시지를 자유롭게 주고받을 수 있는 자리를 마련하는 것입니다. 제가 직접 참석해 정책 대화, 정책 다과, 정책 좌담, 정책 회담, 정책 콘서트 등 다양한 이름으로 다양한 층위의 사람들과 서울교육에 대해 허심탄회한 이야기를 주고받는 자리를 가졌습니다. 서울학생참여위원회 간담회, 서울교육+플러스 학부모 공론장, 교사정책동행단 정책간담회, 느린 학습자 학부모·시민 북토크 등입니다.

2025년 일 년 동안 11개 지원청별로 총 1,686명의 학부모들과 대화하는 시간을 한 번씩 가졌습니다. 그 시간을 쭉 돌아보면 학부모님들이 가장 요청했던 것은 "학부모들을 위한 교육을 해주세요. 학부모 학교를 만들어 주세요"였습니다. 저는 평생교육의 절반을 학부모 교육으로 만들어야 하지 않을까 생각하게 되었습니다. 학부모님들의 마음 건강, AI 시대 학부모들을 위한 교육, 선생님·학부모님·학생들과 함께 서로를 존중하고 갈등을 해소하는 교육, 아이들과 함께 책 읽기 등

학부모 공론장 북부교육지원청(2025.9.4)

학부모 공론장 강동송파 지역(2025.9.16)

학부모 공론장 동부교육지원청(2025.11.25)

학부모 공론장 성동광진교육지원청(2025.10.21)

학부모 공론장 서부교육청(2025.11.4)

학부모 공론장 성북강북교육지원청(2025.11.7)

교육공동체 내에서 부모들을 위한 교육이 절실하게 느껴졌습니다.

2026년 1월 구로교육공동체 선생님들과 학부모와 함께한 신년 떡국 잔치 자리에서 저는 오래 전 저의 모습이 떠올랐습니다. 1970년대 야학 활동하면서 마을 주민들과 앉아 소통하고 의논했던 모습, 현재 국가교육위원회 위원장인 차정인 위원장이 변호사로 활동하던 시절 함께 일본의 마을교육공동체를 방문해 마을 분들과 이야기했던 모습, 그리고 성미산 마을공동체를 방문했던 모습.

교육정책을 논할 때 학부모는 오랫동안 '설득의 대상'이었습니다. 정책이 정해지면 설명회를 열고, 민원이 제기되면 해명하는 방식이 반복되었습니다. 그러나 그 과정에서 우리는 중요한 질문을 미뤄왔습니다.

"학부모는 과연 교육공동체에서, 교육에서 어떤 위치에 서 있는 가?"

학부모는 교육정책의 가장 직접적인 영향을 받는 주체이며, 동시에 학교 현장의 변화를 가장 민감하게 감지하는 분들입니다. 그럼에도 교육행정은 학부모를 종종 '의견을 듣는 대상'으로만 취급해 왔습니다. 저는 이 지점에서 한국 교육행정의 구조적 한계를 보았습니다. 교육정책을 둘러싼 갈등은 대부분 학부모와의 소통 부족에서 비롯되었지만, 정작 학부모가 정책 형성 과정에 참여할 수 있는 제도적 통로는 매우 제한적이었습니다. 제가 생각하는 교육 거버넌스는 단순히 회의를 늘리는 것이 아닙니다. 서로 다른 위치에 있는 주체들이 각자의 경험과 책임을 가지고 말할 수 있도록 구조를 만드는 것, 그것이 내가 만들고자 하는 교육 거버넌스의 핵심입니다. 이 구조 속에서 학부모는 민원인이 아니라 교육의 방향을 함께 고민하는 공동 설계자가 됩니다.

이러한 문제의식 속에서 기획된 것이 '서울 관내 11개 교육지원청 단위 학부모 네트워크 및 공론장'입니다. 저는 이 사업을 처음 구상할 때부터 몇 가지 원칙을 분명히 했습니다.

첫째, 본청 중심의 일괄적 행사가 아니라 11개 교육지원청 단위의 지역 기반 공론이어야 한다는 점입니다. 서울의 교육은 하나의 얼굴을 갖고 있지 않습니다. 학령인구의 변화, 학교 밀집도, 사교육 환경, 지역의 교육 문화는 지원청마다 다릅니다. 그렇기에 '서울의 학부모'라는 추상적 범주가 아니라, 지역의 학부모가 자신의 언어로 말할 수 있는 장이 필요했습니다.

둘째, 설명회가 아니라 공론장이어야 했습니다. 정책을 설명하는 자리에서는 질문이 흩어집니다. 그러나 공론의 장에서는 질문이 구조화됩니다. 무엇이 중요한지, 무엇이 시급한지, 무엇을 먼저 풀어야 하는지가 토론을 통해 드러납니다. 저는 학부모 공론장이 요구를 나열하는 공간이 아니라, 우선순위를 함께 만들어 가는 공간이 되기를 바랐습니다.

셋째, 교육감은 일방적으로 '답을 주는 사람'이 아니라 학부모들과 동일한 위치에서 '대화의 참여자'로 행사에 참여해야 합니다. 그래서 11개 교육지원청 학부모 공론장에 모두 참석하여 조별 토론에 들어갔습니다. 저는 그 자리에서 교육행정의 책임자로서 즉각적인 해답을 제시하기보다, 문제의 구조를 함께 확인하는 데 집중했습니다. 돌이켜보면, 궁금증과 답답함을 호소하는 학부모들께는 진심을 다해 설명하다 보니 꽤 긴 시간을 소비한 적이 많았던 것 같습니다.

공론장을 통해 드러난 학부모들의 관심사는 흥미로웠습니다. 11개 교육지원청 공론장 모두에서 반복적으로 제기된 주제는 고교학점제였습니다. 과목 선택의 어려움, 평가 방식에 대한 불안, 진로 설계에 대한 부담은 지역을 가리지 않고 나타났습니다. 이는 미래에 대한 불확실성이 학부모에게 얼마나 큰 부담으로 다가오는지를 보여 주는 신호였습니다.

동시에 지역별로 뚜렷한 현안 차이도 확인할 수 있었습니다. 재건축과 도시 개발로 학령인구가 증가한 강동·송파 지역 학부모 공론장에서 제기된 과밀·과대학교 문제. 중부(용산구, 종로구, 중구) 지역 학부모 공론장에 참석한 미얀마, 말리, 방글라데시 출신 학부모들이 요청한 학부모 한국어 교육 지원 정책과 남부(영등포구, 금천구, 구로구) 학부모들이 강조한 이주 배경 학생 지원 및 문화 다양성 교육 확대. 서부(서대문구, 은평구) 지역 학부모들과 토론한 불안, 외로움과 싸우고 있는 학생들을 위한 가족, 친구, 선생님과 올바른 관계를 맺을 수 있는 체계적인 교육 프로그램. 성북·강북 지역 학부모들이 위기 학생 지원과 함께 당부하신 교원 보호 강화 정책. 강서·양천 지역에서 접했던 실제 학교 통학로 현장 속 안전 문제까지. 이 외에도 각 지역별로 학부모들의 교실 안과 밖에 대한 관심과 우려에 대해 듣고 토론하며 교육행정의 역할과 책임을 무겁게 새길 수 있었습니다.

학부모 공론장이 남긴 가장 큰 의미 중 하나는 관계의 변화입니다. 학부모들은 서로의 고민이 다르면서도 연결되어 있음을 확인했고, 교육청은 현장의 요구가 어떤 맥락에서 나오는지 더 깊이 이해할 수 있었습니다. 갈등은 사라지지 않았지만, 갈등을 대하는 방식은 달라졌습니다. 즉각적인 해결을 요구하는 목소리는 토론을 통해 숙성되었고, 교육정책은 그 과정 속에서 방향성을 얻었습니다.

저는 교육감으로서 수많은 의사결정을 내리고 있지만, 그 과정 속에서 최대한 많은 교육 주체들의 의견을 청취하려고 최선을 다하고 있습니다. 특히 변화의 속도가 빠르고 불확실성이 큰 시대일수록, 교육은 더 많은 주체와 함께 논의되어야 한다고 생각합니다.

최근 학부모와 학교 사이의 갈등이 사회적 이슈로 부각되면서, 학교 현장에서는 학부모와의 소통이 때로는 부담으로 느껴지는 상황도 잘 알고 있습니다. 이러한 긴장은 어느 한쪽의 책임이라기보다, 교육적 대화가 갈등으로 전이되지 않도록 중재할 공적 구조가 부족했다고 생각합니다. 또한, 이러한 상황을 고려하여 학부모 공론장을 학교 단위가 아닌 교육지원청 단위로 운영하고자 했습니다.

학부모 공론장에서의 경험을 통해 확신하게 된 바가 있습니다. 학부모를 정책의 주변부가 아니라 중심에 둘 때, 교육은 비로소 사회적 신뢰를 회복할 수 있다는 것입니다. 앞으로도 저는 교육감으로서 권한을 독점하기보다, 말할 수 있는 구조를 만드는 일에 힘쓰고자 합니다. 그것이 제가 선택한 학부모와 함께 하는 교육감의 길입니다.

2025년 11월 4일, 30대 젊은 정치인 조란 맘다니(Zohran Kwame Mamdani)가 뉴욕 시장에 당선되었습니다. 무료 버스, 주택임대료 동결, 무상 보육 등의 진보적인 정책도 눈길을 끌었지만, 선거 한 해 전 1%에 불과한 지지율에서 출발해 어떻게 1년 만에 정치 거물들을 물리치고 승리할 수 있었는지에 대한 분석 기사도 쏟아졌습니다. 가장 눈길을 끄는 분석은 그의 '경청하는 캠페인'입니다. 그는 누구보다 확고한 신념을 가진 정치인이지만 선거캠페인을 진행하는 동안 끊임없이 경청하는 모습을 보여주었다고 합니다. 심지어 그는 지지자들의 이야기만 골라 들은 것이 아니라 반대자들의 목소리에도 귀를 기울였고, 그의 태도가 사람들의 마음을 움직였습니다. 특히 기성 정치인 중에서 자신들의 목소리를 대변할 정치인을 찾지 못했던 젊은 유권자들이 열광했고, 압도적 지지를 보냈습니다.

신념을 가지되 항상 경청하는 모습, 제가 추구하는 상입니다.

　서울교육의 협력적 거버넌스가 성공적으로 구축되고 활성화될 수 있을지 여부는 학생, 교사, 학부모, 시민 등 교육 주체들의 자발성에 달려있습니다. 그러나 동시에 서울교육의 행정과 정책을 책임진 서울교육청과 교육감인 저에게도 많은 것이 달려있다고 생각합니다. 제가 모든 일정에 우선하여 다양한 교육 주체들과 만나는 자리를 만들고 마지막까지 참석해 대화를 나눴던 이유는 경청하는 교육감이 되겠다는 결심이 있었기 때문입니다. 듣고 소통해야 상호 간에 신뢰가 형성되고, 신뢰가 쌓이면 해결되지 않을 문제가 없습니다.

제2장 불평등과 교육격차

불평등과 서울교육

2022년 8월, 수도권에 집중된 폭우로 많은 재난이 발생했습니다. 관악구 신림동에서는 한 다세대주택 반지하에 살던 세 모녀가 밀려들어오는 물에서 빠져나오지 못하고 숨지는 비극적 사건이 일어났습니다. 영화 〈기생충〉의 한 장면은 아마도 이 사건을 모티프로 삼은 건지도 모르겠습니다.

숨진 세 사람은 홍모 씨와 딸 황모 양, 발달장애가 있는 홍 씨의 언니입니다. 홍 씨는 일가족의 생계를 책임진 가장이었고, 노동조합 활동가였습니다. 사흘후 열린 추모행사에서 유가족 중 한 분이 다음과 같이 호소했습니다.

"저는 폭우가 내렸던 지난 8월 8일, 하늘의 별이 된 세 사람의 유가족입니다. 우리 가족에게 일어난 비극은 자연재해가 아니라 인재(人災)였습니다. 그럼에도 불구하고 사고의 예방과 대처를 책임져야 하는 이들은 아직까지 제대로 된 사과조차 하지 않았습니다. 우리 유가족은 이러한 상황에 대해 유감을 감추기가 어렵습니다. 우리에게 일어난 슬픔이 더 이상 반복되지 않기 바랍니다. 재발 방지를 위한 대책 마련이야말로 진정한 사과라고 생각합니다. 더 안전한 사회가 될 수 있도록 힘을 보태어주시기를 부탁드립니다.”

추모제 현수막에는 국화꽃 이미지와 함께 “미안합니다. 당신을 지키지 못했습니다. 주거, 장애, 돌봄, 안전을 책임지는 국가를 염원합니다”라는 글귀가 적혀 있었습니다. 홍 씨와 함께 노조 전임자로 일했던 김수현 부루벨코리아지부 사무국장은 홍씨를 ‘따뜻한 사람’이라고 말하면서 울먹였습니다.

80년 만에 내린 기록적인 폭우는 ‘재난은 평등하지 않다’는 걸 선명하게 드러냈습니다. 불평등이 만든 계단을 따라 흘러내린 폭우는 반지하에 사는 주거 취약계층, 장애인, 이주노동자 등 사회적 약자를 집어삼켰습니다. 누군가에겐 자동차가 침수되는 일이었지만, 누군가에겐 목숨을 잃는 재난이었습니다. 코로나19 팬데믹 시절에도 감염병 재난이 사회적 약자에게 더 가혹하다는 것을 보여줬습니다. 콜센터 여성 노동자, 물류센터 노동자, 시설에서 거주하는 장애인, 요양·정신병원 입원자 등은 집단감염에 쉽게 노출됐고, 이들 중 일부는 목숨을 잃었습니다.

재난이 불평등한 한국사회의 민낯을 거듭 드러내는데도 ‘국가의 부재’라는 비판은 계속됩니다. 사회적 약자에게 피해가 집중되는 구조가 크게 바뀌지 않고 있습니다. 시민사회단체들이 꾸린 ‘재난불평등 추모행동’이 ‘불평등이 재난이다’를 주요 슬로건으로 정한 것도 그래서일 겁니다.

경향신문은 2025년 3월, 통계청의 가계금융복지조사를 활용해

『한국사회 불평등 보고서』를 내놨습니다. 불평등 지표 33개의 20년 추이를 살핀 내용입니다. 33개 지표는 소득 비중 등 소득 관련 9개, 비정규직 노동자 비율 등 노동 관련 7개, 순자산 상위 10%의 점유율 등 자산 관련 6개, 노인빈곤율과 기초수급 아동 비율 등 세대 관련 5개, 가구별 사교육비 차이 등 교육 관련 3개, 소득별 건강수명 차이 등 보건·복지 관련 2개, 성별 임금격차 추이로 본 젠더 이슈 1개로 구성되어 있습니다. 이 중에서 19개가 부정적 추세를, 14개가 긍정적인 추세를 보였다고 합니다.

2008년 금융위기 이후에는 당해 연도 수치가 존재하는 16개 지표 가운데 11개 지표가 부정적인 흐름으로 바뀌었습니다. 지난 20년간 상위 1%의 소득 점유율이나 정규직과 비정규직의 월평균 임금 격차, 노인빈곤율 등이 가파르게 상승했습니다.

2018년 문재인 정부가 최저임금을 16.4% 대폭 인상하면서 긍정적 흐름으로 변한 것이 19개로 부정적 추세로 바뀐 12개보다 많았습니다. 특히 상위 1% 소득 점유율이 감소했고, 임금 하위 10% 대비 상위 10% 배율도 감소해 OECD 평균에 근접했습니다. 최저임금 인상이 저소득층 소득 개선에 기여한 것은 분명해 보입니다. 그러나 비정규직 노동자 비율은 오히려 증가했고, 정규직 대비 비정규직의 월평균 임금 격차는 늘었습니다. 같은 기간 순자산 상위 10% 점유율 등 자산 불평등 관련 지표들은 모두 부정적 흐름을 보였는데, 부동산 가격 상승이 원인인 것으로 보입니다.

2020년 코로나19 팬데믹 사태 이후 대부분의 지표가 부정적으로 바뀌었습니다. 코로나19 팬데믹의 여파가 얼마나 심각했는지를 실감케 해주는 변화입니다. 19개 지표가 부정적으로 바뀌었고, 긍정적인 추세를 지킨 지표는 5개에 불과했습니다. 순자산 1분위와 5분위의 가처분소득의 차이가 커지고, 비정규직 노동자 비율 등 소득·노동 관련 지표가 빠르게 악화되었습니다. 자산 격차도 증가했습니다. 20대 주택담보대출 연체율이 치솟았고, 가구 소득별 사교육비 차이도 증가했습니다. 개선 중이던 노인빈곤율 등 7개 지표는 정체되었습니다. 사실상 부정적 흐름을 보인 것이나 마찬가지입니다.

전체적으로 소득 불평등도는 국제 비교상 여전히 높지만 서서히 개선되거나 최소한 악화 추이가 중단된 것으로 나타났습니다. 세부적으로 보면 소득 상층의 집중도는 높아졌지만 하층의 빈곤 문제가 다소 개선되었습니다. 그러나 자산 불평등도는 점점 더 심해지는 추세를 나타냈습니다. 소득불평등이 삶의 질의 차이로 이어지고 있다는 증거도 보입니다. 소득 상위 20%와 하위 20%의 건강수명의 차이가 2012년 6.7세에서 2020년 8.4세까지 격차가 벌어졌습니다.

꾸준히 개선되고 있는 지표들도 국제 비교를 해봤을 때는 턱없이 부족합니다. 상대적 빈곤율은 균등화 중위소득의 50% 이하에 해당하는 가구를 뜻합니다. 한국은 2023년 기준 14.9%이지만 OECD 평균은 11.7%(2019)였습니다. 노인빈곤율은 완만하게 떨어지고 있지만 2023년 기준 38.2%로 OECD 평균의 세배 가까운 수치입니다. GDP대비 사회복지지출 비중도 14.8%로 OECD 평균 21.1%와 많은 차이를 보입니다.

세대나 교육 등 미래와 관련된 지표들이 대체로 어두운 추세인 것은 심각한 문제입니다. 기초수급 아동(0~18세) 비율은 2015년 4.4%로 낮아지다가 2022년 4.6%로 다시 증가했습니다. 20~30대 기초생활수급자 수는 2006년 19만여 명에서 2023년 24만여 명으로 늘었습니다. 청년층의 '쉬었음' 인구수는 2004년 23만여 명에서 2024년 39만여 명으로 크게 늘었습니다. 이는 아예 구직을 포기한 청년의 수를 뜻합니다. 소득 200만 원 미만과 800만 원 이상 가구의 사교육비 지출 격차는 2017년 39만 원에서 2023년 53만5천 원으로 커졌습니다. 국가장학금 신청자로 파악한 소위 SKY대학의 고소득층(월 중위소득의 150% 초과) 비율은 2012년 33.8%에서 2024년 48.9%로 늘어났습니다.

이러한 흐름은 불평등이 일회적 현상이 아니라 구조적이고 누적되는 과정이라는 것을 보여줍니다. 소득·자산의 격차가 교육기회의 격차를 낳고, 미래세대의 불평등으로 이어지는 것입니다.

서울연구원이 『OECD 형평성 지표로 본 교육격차 추이(2020)』 보고서를 발표했습니다. 2010년부터 2018년까지 서울 학생들의 가정배경에 따른 교육격차 변화를 OECD 형평성 지표를 활용해 분석한 것입니다. 보고서에 따르면 부모의 소득이 높을수록 자녀의 주요 과목(국·영·수) 성적이 높았으며, 이 격차는 상급 학교로 갈수록 더 벌어집니다. 수학 성적의 경우 부모의 학력과 소득이 미치는 영향력이 초등학교 4학년 때는 크지 않으나, 초5~6학년부터 격차가 벌어지기 시작해 중학교 시기에 가장 커지며, 고등학교까지 이어집니다.

교육 격차는 학교 간의 차이로도 나타납니다. 월평균 가구 소득을 기준으로 상위 그룹 학교와 하위 그룹 학교 간의 수학 평균 점수 차이는 초등학교 약 5점, 중학교 약 13점, 고등학교 약 15점입니다. 초기 학습 결손이 사교육 등으로 보완되지 못하고 누적되기 때문인 것으로 분석됩니다.

고교 유형별 가구 소득 격차도 컸습니다. 외고, 과학고, 자사고 등 특수목적고 재학생 가정의 월평균 소득은 일반고 재학생 가정에 비해 1.5배 이상 높았습니다. 특목고 진학은 수학 능력이 아니라 부모의 경제력과 뚜렷한 상관관계가 있다는 뜻입니다. 특목고의 높은 학비가 원인입니다. 특목고는 당초 설립취지와 달리 경제적 상위계층 자녀들이 다니는 귀족학교가 되어버렸습니다. 특목고의 유형별로 서울대 합격자에서 차지하는 비중을 학생 수 대비 비율로 환산하면, 특목고 학생이 일반고 학생보다 서울대에 갈 확률은 최소 5배에서 최대 20에 달합니다.

사교육 참여율과 지출 비용이 높은 이른바 강남 3구와 양천구 목동 거주 학생들은 일반고에 진학하더라도 서울 주요 대학 진학률이 타 자치구 대비 월등히 높았습니다. 2024년 서울대 합격자 수를 보면, 서울 출신 서울대 합격자 가운데 35%가 강남 3구 출신입니다. 강남구 1곳에서 배출한 합격자 수는 서울 내 하위 10개 자치구의 합격자 수를 모두 합친 것보다 많거나 비슷할 정도입니다. 2023~2023년 입시 통계에 따르면 서울 소재 고등학교 출신 의대 신입생 중에서 40~50%가 강남 3구와 양천구 소재 고교 출신인 것으로 추정됩니다.

실제로 강남 3구 및 목동과 나머지 자치구 간의 사교육비 격차는

2.5~3배에 달합니다. 이 통계는 사교육을 받지 않는 학생까지 포함한 평균치이므로 실제로 사교육에 참여하는 학생들만 놓고 비교하거나, 최상위권 입시를 준비하는 고등학생으로 좁히면 실질 격차는 5배 이상으로 추정됩니다(서울시민 생활데이터, 서울시).

안타깝게도 공교육이 가정 배경의 격차를 상쇄하지 못하고 있다는 사실이 데이터로 입증됩니다. 물론 대학 진학은 공교육의 유일한 목적이 아닙니다. 공교육의 목적은 교육기본법에 명시된 것처럼 인격을 닦고 자주적 생활능력을 갖추며, 민주 국가의 발전에 기여할 수 있는 민주시민으로서의 자질을 키우는 것입니다. 아울러 문해력과 수리력 등 사회 구성원으로서 필요한 최소한의 지식과 역량을 키우는 것을 포함합니다. 한마디로 존엄한 성장입니다. 그러나 공교육은 이에 못지 않게 공정한 기회 보장이라는 목표를 추구해야 합니다. 모든 사회 구성원에게 교육을 받을 수 있는 공정한 기회를 제공하고, 교육 불평등을 완화해야 합니다. 우리가 교육 격차를 심각하게 바라보는 이유입니다.

느린 학습자의 재발견과 기초학력 보장

교육 격차 해소의 출발점은 기초학력 보장입니다. 서울교육청은 '단 한 명의 학생도 놓치지 않는 교육'을 목표로 기초학력 보장을 서울교육의 제1핵심 과제로 추진하고 있습니다. 기초학력 단계에서 생긴 작은 차이는 시간이 지날수록 격차로 확대됩니다. 따라서 기초학력 보장은 사후 보완이 아니라, 교육의 가장 앞단에서 책임져야 할 과제입니다.

서울교육은 기초학력 보장을 위해 수업 – 학교 – 지역으로 이어지는 3단계 체계를 구축해 왔습니다.

첫 번째 단계는 교실 안에서 이루어지는 맞춤형 수업입니다. 학생 개별 수준에 맞춘 수업을 강화하고, 협력수업을 통해 즉각적인 학습 개입이 이루어지도록 하고 있습니다. 주교사가 수업의 흐름을 이끌어 가는 동안, 기초학력 지원을 전담하는 협력강사가 함께 참여해 이해에 어려움을 겪는 학생에게 1:1로 추가 설명과 지도를 제공합니다. 학습 결손이 그 시간 안에서 바로 해소되도록 돕는 구조입니다.

또한 AI 코스웨어를 활용한 맞춤형 학습도 병행하고 있습니다. 교사의 개념 설명 이후 학생들은 태블릿PC를 활용해 각자의 수준에 맞는 문제를 풀고, 교사는 실시간으로 학습 상황을 확인하며 도움이 필요한 학생을 집중 지도합니다. 이는 획일적인 진도 중심 수업에서 벗어나, 학생 개별의 이해 수준을 존중하는 수업 방식입니다.

다만 아직은 예산과 인력의 제약으로 모든 학교, 모든 교실에 협력 교사를 배치하지 못하고 있습니다. 현재는 초등 1~2학년 국어·수학, 중·고등학교 일부 교과와 중점학교를 중심으로 제한적으로 운영되고 있습니다. 기초학력 보장이 교육의 기본권이라면, 이러한 맞춤형 수업은 모든 학교로 확대되어야 합니다.

두 번째 단계는 학교 차원의 책임지도입니다. 서울의 모든 초·중·고등학교 1,326곳을 '두드림(Do-Dream)학교'로 지정해, 학교 안에서 학습 결손을 조기에 발견하고 종합적으로 지원하는 체계를 구축했습니다. 두드림은 기초학력 부진 학생들의 꿈과 끼를 다시 두드려 깨운다는 의미를 담고 있습니다.

학습 격차가 크게 벌어지기 쉬운 시기에 집중 지원이 이루어지도록 '집중학년제'도 운영하고 있습니다. 난독과 기초 문해의 어려움이 나타나기 쉬운 초등학교 1학년, 진로 선택과 학업 지속 여부의 갈림길에 서 있는 고등학교 1학년이 대표적인 대상입니다. 방과후에는 교사와 학습지원 튜터가 함께하는 교과 보충 프로그램을 통해 학습 공백을 최소화하고 있습니다.

세 번째 단계는 학교 밖 전문 지원 시스템입니다. 서울교육청은 11개 교육지원청 단위로 서울학습진단성장센터를 설립해 운영하고 있습니다. 이 센터에서는 난독증, 경계선 지능, 정서 불안 등 학교 현장에서 해결하기 어려운 복합 요인을 전문가가 정밀 진단합니다. 진단 결과에 따라 학습 상담, 전문 치료, 맞춤형 교육을 대학과 전문 기관과 연계해 제공합니다.

2025년 8월 기준, 약 2만 건의 학습 종합 진단이 이루어졌습니다. 또한 방학 기간에도 학습 공백이 생기지 않도록 '도약 캠프'를 운영해 기초학력이 부족한 학생을 대상으로 집중 학습 프로그램을 제공하고 있습니다. 2024년에는 초등학교 355교, 중등학교 100교에서 이 프로그램이 운영되었습니다.

기초학력은 개인의 문제가 아니라 공교육의 책임입니다. 오랫동안 우리 사회는 기초학력 부진을 학생 개인의 문제로 여겨 왔습니다. 배우는 속도가 느리거나 성취가 뒤처지면, 노력이나 의지의 부족으로 쉽게 판단하곤 했습니다. 그러나 이제는 분명해졌습니다. 기초학력 보장은 학생 개인이 감당해야 할 문제가 아니라, 학교와 국가가 함께 책임져야 할 공적 과제입니다.

　모두가 걸어 다니던 시절에는 조금 늦게 움직여도 크게 눈에 띄지 않았습니다. 그러나 너도나도 속도를 높여 질주하는 시대에는, 남들보다 느리다는 사실이 곧 결핍처럼 여겨지기 쉽습니다. 하지만 천천히 걷는다고 해서 목적지에 도달하지 못하는 것은 아닙니다. 배움도 마찬가지입니다. 배우는 속도가 느리다고 해서, 앎의 본질에 닿지 못하는 것은 아닙니다.

　학교에는 흔히 '느린 학습자' 혹은 '경계선 지능 학생'이라 불리는 아이들이 있습니다. 지적장애에는 해당하지 않지만 교육과정의 평균 속도를 따라가는데 어려움을 겪는 학생들입니다. 전체 학생의 약 14%로 추정됩니다. 이 아이들은 생활 속의 구체적인 상황을 이해하는 데에는 큰 어려움이 없지만, 추상적이고 복합적인 개념을 익히는 데에는 더 많은 시간이 필요합니다.

　그동안 우리 교육은 학습 속도가 빠르고 성취가 눈에 띄는 학생들에게 상대적으로 더 많은 관심을 기울여 왔습니다. 이제는 달라져야 합니다. 공교육은 특정한 속도에 맞춰진 제도가 아니라, 배우는 속도가 다양한 아이들을 함께 책임져야 할 책무를 지니고 있습니다. 느린 학습자에게 필요한 것은 특별한 배려가 아니라, 각자의 속도에 맞게 조정하는 교육 환경입니다.

　서울교육은 이 문제를 더 이상 미룰 수 없는 과제로 받아들였습니다. 제가 교육감으로 취임한 뒤 첫 번째로 결재한 사안이 '서울학습진단성장센터' 설립이었던 것도 같은 이유였습니다. 이 센터는 학습에 어려움을 겪는 학생을 조기에 진단하고, 전문가와 함께 맞춤형 지원을 통해 배움의 경로를 다시 열어 주는 역할을 합니다. 학생 진단 및 맞춤교육 강화는 서울교육청 5대 핵심과제의 하나이며 그 실행방안으로 '서울학습진단성장센터'를 설치했습니다. 학습에 어려움이 겪는 학생들의 원인을 정확히 진단하고, 맞춤형 교육을 제공하는 기관입니다. 기초학력 향상은 물론 학생 한명 한명의 전반적인 성장을 돕는 것을 목표로 했습니다. 현장 교사들에게 짐을 떠넘기지 않기 위해 퇴직 교원과 대학생 자원봉사자, 관련 전문기관 등 다양한 물적·인적 자원을 활용합니다. 초반에는 남부, 강동송파, 중부, 성북강북 등 4개의 교육지원청에서 시범 운영하고 2026년까지 11개 교육지원청으로 확대할 계획을 세웠습니다.

2025년 2월 27일 첫 순서로 '서울학습진단정장센터 남부센터'가 개소했습니다. 영등포구, 구로구, 금천구 3개 구청의 구청장과 서울교육대학교 총장, 느린 학습자 학부모 모임의 대표 등이 참석했습니다. 협력교육은 모든 이해관계자의 참여와 협력이 필수적이기 때문입니다. 그 자리에서 '기초학력은 학습의 출발점을 넘어 학생의 기본권을

서울학습진단성장센터 남부센터 개소식(2025.2.7)

보장하는 일'임을 선언했습니다.

그 후 계획될 센터들을 2025년 상반기에 모두 설립하고, 이의 성과를 점검한 결과, 좋은 평가가 나와서 계획의 실현을 앞당겨 모든 교육지원청에서 하나씩 설치하였습니다. 17개 교육지원청 모두에 하나씩의 센터가 설립될 것 입니다. 매일경제신문사와 교육부는 이 성과를 높이 평가하여 올해의 정책상인 '제민상'을 수여하였습니다.

현장에서 만난 한 학부모는 아이가 맞춤형 학습 지원을 받은 뒤, 이전보다 훨씬 적극적으로 친구 관계를 맺게 되었다고 말해 주었습니다. 학습 지원은 단지 성적을 보완하는 문제가 아니라, 아이의 자존감과 사회적 관계를 회복하는 일과 깊이 연결되어 있습니다. 느린 학습자를 위한 교육은 곧 아이가 자기 자신을 긍정하도록 돕는 교육입니다.

그러나 이러한 노력이 현장에 안정적으로 뿌리내리기 위해서는 넘어야 할 벽이 여전히 많습니다. 무엇보다 느린 학습자에 대한 사회적 편견을 극복해야 합니다. 복잡한 개념을 이해하는 데 시간이 더 걸린다는 이유만으로, 그 사실을 숨기거나 부끄러워해야 할 이유는 없습니다. 속도가 다를 뿐, 배움의 가능성은 결코 다르지 않습니다.

『나는 경계선 지능 아이를 키우는 엄마입니다』 북콘서트에 참석해 느린 학습자와 그 가족들의 이야기를 직접 들을 기회가 있었습니다. 자신의 경험을 꺼내놓는 데에는 큰 용기가 필요했을 것입니다. 그러나 그 용기는 비슷한 어려움을 겪는 많은 학부모에게 '나만의 문제가 아니다'라는 사실을 전해 주었습니다. 오랫동안 개인의 부담으로만 남겨졌던 문제가, 비로소 사회적 과제로 드러나는 순간이었습니다.

핀란드, 캐나다, 미국 등에서는 이미 느린 학습자에 대한 체계적인 지원이 오랜 시간 축적되어 왔습니다. 한국 사회는 비교적 늦게, 당사자와 가족들의 목소리를 통해 이 문제를 다시 바라보기 시작했습니다. 느린 학습자시민회를 비롯한 시민들의 활동은, 교육 정책이 어디를 향해야 하는지를 분명하게 보여주고 있습니다.

교육 당국의 맞춤형 지원과 학생, 학부모의 노력이 함께할 때 느린 학습자들은 충분히 배움의 기쁨을 누릴 수 있습니다. 그러나 동시에, 모든 가정이 이러한 노력을 감당할 수 있는 것은 아니라는 현실도 직시해야 합니다. 부모의 여건이 아이의 배움 기회를 결정하는 구조가 반복된다면, 느린 학습자는 더 깊은 소외와 빈곤으로 밀려날 수밖에 없습니다.

그래서 이 문제는 교육만의 과제가 아닙니다. 느린 학습자가 배움에서 배제되지 않도록, 교육과 복지, 지역사회가 함께 머리를 맞대야 합니다. 공교육은 빠른 아이만을 위한 제도가 아니라, 모든 아이가 각자의 속도로 목적지에 도달할 수 있도록 길을 내주는 제도여야 합니다.

저는 느린 학습자에 대한 재발견이 곧 교육의 본질을 다시 묻는 일이라고 생각합니다. 서울교육은 앞으로도 배우는 속도가 다르다는 이유로 누구도 포기하지 않는 교육을 향해 나아가겠습니다. 느린 걸음도 당당한 배움의 길이 될 수 있도록, 그 길을 함께 열어 가겠습니다.

이러한 문제의식 속에서 서울교육은 전국 최초로 난산 학생 지원 체계를 마련했고, 서울대학교와 협력해 교사 연수 프로그램도 운영하고 있습니다. 맞춤형 지원을 경험한 학생과 학부모, 교사 가운데 93.2%가 '만족 이상'이라고 응답했습니다. 이는 기초학력 부진이 고정된 상태가 아니라, 충분히 변화가능한 영역임을 보여줍니다.

교실 안에서 학생들이 배우는 속도는 천차만별입니다. 한 명의 교사가 이 모든 차이를 감당하기에는 구조적 한계가 분명합니다. 그래서 최근 수도권 교육감들과 함께 '기초학력 전문교사' 도입을 위한 법률 개정을 제안했습니다. 기초학력 전문교사는 학생의 정밀 진단과 맞춤형 지도를 전담하고, 동료 교사와 학부모 상담, 지역사회 연계를 담당하는 전문 인력입니다. 이는 교사의 부담을 덜기 위한 제도가 아니라, 학생 한 명 한 명의 학습권을 실질적으로 보장하기 위한 공적 장치입니다.

우리 헌법은 모든 국민이 평등한 주권자라고 선언하고 있습니다. 배우는 속도의 차이가 교실에서 소외와 차별로 이어져서는 안 됩니다. 주권자를 길러내는 공교육에는 단 한 명의 학생도 놓치지 않을 책무가 있습니다.

기초학력 보장은 최소한의 학업 성취를 넘어, 한 사람의 존엄과 가능성을 지켜내는 일입니다. 서울교육은 앞으로도 기초학력 문제를 개인의 책임으로 돌리지 않고, 공교육이 끝까지 책임지는 방향으로 흔들림 없이 나아가겠습니다.

교육취약계층지원

세계의 교육정책사에서 교육불평등의 문제를 부각시킨 기념비적 연구
는 1966년 발표된 콜먼(Coleman) 보고서입니다. 미국의 교육사회 학
자 제임스 콜먼은 학생의 학업성취를 결정하는 변수들이 무엇인가를
밝혀내기 위해 무려 60만명 이상의 학생을 체계적으로 조사했습니 다.
그 결과 학교환경보다 학생들의 경제적, 문화적 환경이 훨씬 큰 영향
을 미친다는 충격적인 결론을 내렸습니다. 학교 효과보다 가족적 배경
이 더 중요하다는 것입니다. 이것은 교육기회의 평등만으로는 부족하
며 사회적 빈곤층의 자녀들에 대한 복지정책이 필요하다는 정책 변화
를 이끌어냈습니다. 이것은 오늘날 한국의 교육에도 여전히 중요한 시
사점을 줍니다. 서울교육청은 저소득층 등 교육 취약 학생이 밀집한
학교를 선정하여 교육·문화·복지 등 다차원적인 지원을 제공하는 교
육복지우선지원사업을 실시하고 있습니다.

학교 내의 교육복지 대상 학생 수에 따라 학교를 두 가지 유형으
로 나누어 지원합니다. 하나는 교육복지우선지원 거점학교입니다. 법
정 저소득층 및 차상위계층 등 교육취약 학생 수가 일정 기준 이상인
학교가 대상입니다. 해당 학교에는 사회복지사 자격증을 가진 전문가
를 교육복지사로 배치해 학생들을 1:1로 관리하며, 프로그램 운영을
위한 별도 예산을 집중 지원합니다. 두 번째, 교육복지 일반학교는 거
점학교 기준에는 미치지 못하지만 교육취약 학생이 재학 중인 학교입
니다. 전담 인력은 없지만 담당 교사가 업무를 맡습니다. 거점학교로
313개교, 일반학교로 958개가 지정되어 있습니다.

교육복지우선지원 거점학교에서는 4개 영역에 걸쳐 학생의 삶 전

반을 통합적으로 지원합니다. 첫째, 학습 영역에서는 대학생이나 퇴직 교원을 연계해 기초학력 멘토링을 제공하고, 공부방 운영과 교재·교구 등을 지원합니다.

둘째, 문화·체험 영역에서는 밴드, 댄스, 요리 등 동아리 활동을 지원하고, 사제 동행 캠프, 역사 탐방, 진로 직업 체험 등의 프로그램을 실시합니다. 셋째, 심리·정서 영역에서는 위기 학생 전문 상담 및 심리 치료비를 지원하고, 자존감 향상 프로그램과 집단상담 등을 진행합니다. 넷째, 복지 영역에서는 결식 우려 학생들을 위한 조식 지원 사업, 안경·치과 치료 등 긴급 의료비 지원, 생활복·교복과 준비물 구입비 지원 등을 제공합니다.

학교 혼자 해결하기 힘든 문제는 지역 기관과 손을 잡는 지역사회 연계 네트워크를 만듭니다. 교육복지사가 연결 고리 역할을 합니다. 이를테면 알코올 중독 가정이나 방임 학대 가정의 경우 구청이나 아동 보호전문기관과 연계하여 가정 자체를 돕습니다. 지역 병원(무료 검진), 기업(장학금), 복지관(방과 후 돌봄) 등과 연계해 지역사회 자원을 활용합니다.

교육복지 특화사업으로 '서울희망교실'을 운영하고 있습니다. 교사 한 사람이 교육취약 학생 소수와 짝을 이뤄 교실 밖에서 삶을 나누는 멘토링 프로그램입니다. 단, 학습보다는 정서적 지지와 관계 형성에 초점이 맞춰져 있습니다. 함께 밥이나 간식을 먹으면서 속깊은 대화를 나누고, 영화 관람·서점 나들이·야구장 가기·공방 체험 등 문화 결핍을 해소하며, 학용품이나 도서 구입 등 생활을 지원합니다. 가

정의 돌봄이 부족한 학생에게 교사가 제2의 부모 또는 든든한 어른이 되어주어 학교 적응력을 높이는 것이 목표입니다. '서울희망교실' 사업은 일반학교도 폭넓게 참여하고 있습니다. 771개 학교에서 7,890개 팀이 운영되고 있습니다.

저소득층 학생들에게 교육활동지원비를 지급하고 있습니다. 인터넷 통신비, 방과후학교 자유수강권, 급식비·수학여행비·수련활동비·졸업앨범비 등 수익자가 부담해야 하는 경비 등을 전액 지원하고 있습니다.

교육격차 해소를 위한 사회적 연대

불평등과 교육격차는 악순환 관계에 빠졌습니다. 불평등이 교육 격차를 낳고, 교육 격차가 다시 불평등을 심화시킵니다. 지난 과정을 돌이켜 보면 한국은 불평등이 먼저였습니다. 한국은 전후 독립한 나라들 가운데 농지개혁에 성공한 드문 사례입니다. 필리핀과 중남미 등 세계적으로 많은 개발도상국이 산업화에 실패한 주요 원인 중 하나는 지주 계급의 잔존입니다. 지주들은 기득권을 지키기 위해 산업화를 반대하거나, 부를 독점하여 사회적 갈등을 유발했습니다.

한국전쟁 직전에 농지개혁이 이루어졌습니다. 수백 년간 이어져온 지주–소작의 신분적·경제적 예속 관계가 완전히 해체되었습니다. '모두가 가난하지만, 누구도 압도적인 부자는 아닌' 평등한 사회가 만들어졌습니다. 기득권이 해체되고 평등한 출발선이 만들어진 것입니다. 이는 국민들에게 '나도 노력하면 잘살 수 있다'는 강력한 동기부여가 되었습니다.

수확의 절반 이상을 소작료로 떼이던 소작농이 '내 땅'을 가진 자작농이 되면서 생산 의욕이 고취되었습니다. 농민들은 늘어난 소득과 땅을 팔아 자녀를 학교에 보냈습니다. 해방 직후 22%에 불과했던 문해율이 1960년대에 90%에 육박하게 됩니다. 이는 당시 개발도상국 어디에서도 볼 수 없던 기적적인 수치였습니다. 높은 교육열 덕에 엄청난 인적자본이 형성됐습니다.

농촌에서 교육받은 청년들이 1960~70년대 산업화가 시작되자 도시로 몰려들었습니다. 이들은 단순히 값싼 노동력이 아니라, 글을 읽을 줄 알고, 계산이 가능하며, 규율을 지킬 줄 아는 준비된 노동자였습니다. 수출 주도형 산업화는 이 풍부하고 질 좋은 인적 자원을 흡수하며 폭발적으로 성장할 수 있었습니다.

1990년대 중반까지만 해도 한국은 중산층의 나라였습니다. 소득분배 지표인 지니계수는 0.25~0.26 수준으로 북유럽 국가들과 비슷할 정도였습니다. 1997년 IMF 외환위기가 터지고, 신자유주의적 구조개혁과 노동 유연화가 시작되면서 모든 것이 바뀌었습니다. 비정규직이 양산되고, 승자독식 구조가 강화되었습니다. 2000년대 이후 부동산 가격이 폭등하면서 자산 격차마저 벌어지기 시작했습니다. 희망의 사다리는 무너지고, 세습 자본주의 사회로 변모하고 있습니다. 20대 80의 사회가 되었습니다. 교육은 상위 20%가 계층적 지위를 유지·강화하기 위한 수단이 되었습니다. 이러한 거대한 구조를 생각할 때 교육만을 따로 떼서 교육 격차를 해소한다는 것이 과연 가능할지 의문입니다.

서울교육청은 각급 학교에 매년 학교기본운영비를 지원합니다. 예전에는 학생 수나 학급 수와 같은 학교 규모가 예산 배정의 절대적 기준이었습니다. 평등예산제는 여기에 사회적 취약 계층 비율이라는 가중치를 두어 예산을 차등 지급합니다. 2016년 조희연 교육감 시절 도입됐습니다. 강남과 강북의 학부모 소득 격차와 학교발전기금 모금액에서도 차이가 커지면서 기울어진 운동장을 예산으로 보정해야 한다, 기계적 평등보다 적극적 차별 행정이 필요하다는 문제의식을 반영한 것입니다.

제도의 핵심은 '더 필요한 곳에 더 많이'입니다. 기초생활수급자 수, 한부모 및 다문화 가정 학생 수, 법정 차상위 계층 학생 수, 교육복지우선지원 대상 학생 수 등으로 된 교육균형지수가 차등지원의 산정 기준입니다. 이 기준에 따라 학교운영비 내 가산교부금의 형태로 예산을 지원합니다. 이 지원금은 학교장이 자율적으로 학생 복지와 교육 활동에 쓸 수 있습니다. 여건이 특히 열악한 학교는 교육복지운선지원 거점학교로 지정해 억 단위의 예산을 추가로 내려줍니다. 수학여행, 수련활동, 문화 예술 체험 활동비, 낙후된 시설 개선 등에 사용됩니다.

처음에 일부 우려가 있었지만 제도가 안착되면서 이제는 서울시 공립학교 예산 배분의 기본 원칙으로 자리를 잡았습니다. 서울교육청은 이 제도를 통해 강남권 학교와 비강남권 학교 간의 재정적 출발선을 맞추는 데 주력하고 있습니다. 서울 시내 초·중·고 전체 공립학교가 대상이며, 사립학교는 재정결함보조금 형태로 반영합니다.

학교 예산을 더 준다고 이것이 곧바로 강남의 고액 사교육을 대체하는 학력 향상으로 직결된다고 믿는 것은 아닙니다. 그러나 이 제도를 통해 저소득층 밀집 학교에서도 모든 학생들이 비용 부담 없이 현장학습이나 방과 후 활동에 참여할 수 있게 되었습니다. 추가로 지원받는 학교는 꼬리표가 붙지 않은 기본운영비 형태로 지급되므로 학교 사정에 맞춰, 학생들에게 아침 간식을 제공하는 등 유연하게 사용하고 있습니다.

저는 얼마 전에 관악구에 있는 사정이 어려운 학교를 방문했습니다. 선생님들과 학생맞춤지원에 관한 정책을 논의하다가 충격적인 사실을 들었습니다. 이제는 모두 해결되었다고 믿었던 절대 빈 곤 문제가 아직도 남아있었던 것입니다. 아침 결식 학생들이 60%에 이른다는 사실을 믿을 수 있 겠습니까? 저는 목이 메었습니다. 그리고 좀 더 자주 서울 외곽에 있는 어려운 학교들을 방문하여 정확한 상황을 파악하고 지원해야 할 필요가 있다고 생각하였습니다.

제3장 민주시민교육과 역사교육

민주주의 위기와 민주시민교육

근대 민주주의는 고대 그리스 민주정에서 영감을 얻어 만들어진 새로운 제도입니다. 근대 민주주의는 계몽사상가들이 물꼬를 튼 이후에도 단번에 완성되지 않았습니다. 누적되어 발전했습니다. 특권을 내려놓지 않으려는 저항이 만만치 않았기 때문입니다. 민주주의 제도의 정착을 위해, 참정권의 확대를 위해, 인권·자유·평등이라는 민주주의의 핵심 가치를 지키기 위해 수많은 사람들이 투쟁하고 기꺼이 희생을 감수했습니다.

고대 그리스 민주정이 많은 아이디어를 제공했지만 이를 그대로 적용하기에는 여러 가지 점에서 환경이 다른 것도 근대 민주주의가 더디게 정착된 원인입니다. 현대 국가는 그리스 폴리스에 비해 규모가 월등히 큽니다. 시민의 개념도 확장되었습니다. 현대 사회는 그리스 폴리스와 비교할 수 없을 정도로 복합적이고, 문제 또한 복잡합니다.

근대 민주주의가 실현되면서 직접 민주주의가 대의 민주주의로 바뀌었습니다. 대의제를 뒷받침하는 정당제도가 만들어졌습니다. 거의 모든 성인에게 참정권을 부여하는 보통선거의 원칙이 확립되었습니다. 입법·사법·행정의 권력분립이 제도화되었습니다. 인권·자유·평등의 원칙이 민주주의의 핵심으로 자리잡았습니다.

영국의 처칠(Winston Leonard Spencer Churchill) 수상은 말했습니다.

"민주주의가 완벽하거나 모든 것을 아는 체제라고 주장하는 사람은
없다. 사실, 지금까지 여러 형태의 정부가 시도되었고 또 시도될 것
이며, 민주주의는 그중에서 가장 나쁜 형태라고까지 말해졌지만, 그
래도 지금껏 시도된 다른 모든 형태를 제외하면 가장 나은 형태이다"

겸손한 표현이지만 핵심을 찌른 말입니다.

미국 프랭클린 루즈벨트(Franklin Delano Roosevelt) 대통령 부인인
엘리노어 루즈벨트(Anna Eleanor Roosevelt)의 말입니다.

"나는 민주주의가 다수 국민의 선(善)을 위해 봉사할 수 있는 능력에
기초한다고 믿는다. 만약 그것이 그것을 할 수 없다면, 살아남아서는
안 된다"

전 세계적으로 우리나라만큼 민주주의를 위해 끊임없이, 지치지
않고 투쟁해, 마침내 민주화를 실현한 나라도 사례를 찾아보기 힘듭니
다. 부패하고 불의한 이승만 정권을 무너뜨린 1960년 4.19 혁명, 박정
희 정권 치하의 민주화운동, 1980년 5.18 민주화운동, 1987년 6월 민
주항쟁, 1997년 수평적 정권교체에 이르기까지 지난한 노력이 있었
고, 수많은 사람들이 희생했습니다. 자유와 인권이 크게 신장되었습니
다. 자유롭고 민주적인 환경 속에서 경제가 발전하고 K-컬처로 대표

되는 창의적 역량이 폭발했습니다. 한국의 민주주의는 공고해졌다고
믿어의심치 않았습니다. 민주주의를 연구하는 국제기관들도 한국의
민주주의의 미래에 대해서 의구심을 두지 않았습니다. 그러나 우리가
미처 인식하지 못한 사이에 위기가 싹트기 시작했습니다. 비단 한국만
이 아니라 민주주의 위기가 전세계적인 현상으로 확산되고 있습니다.

"2020년대는 민주주의 후퇴의 10년으로 기록될 가능성이 있다"
스웨덴의 민주주의 다양성 연구소(Varieties of Democracy Institute, 약칭
V-Dem)의 경고입니다. 2023년 세계 민주주의를 450여 개의 세부 지
표를 가지고 계량적으로 분석한 결과 42개 국에서 민주주의가 침식되
는 경험을 했다고 합니다. 미국의 민간연구기관 프리덤 하우스(Freedom
House)는 2024년 기준 세계 국가의 45%만 '자유국'이고, 전 세계 민주
주의의 질이 18년 연속 하락 중이라고 합니다. 영국 시사주간지 이코
노미스트(Economist) 산하의 이코노미스트 인텔리젼스 유닛(Economist
Intelligence Unit, EIU)은 세계에서 완전한 민주주의 국가는 전체의 7%
에 불과하며, 미국, 프랑스, 이탈리아, 벨기에 등 다수 국가를 결함이 있
는 민주주의 국가에 포함시켰습니다. 한국도 여기에 포함됩니다.

위 연구기관들이 공통으로 지적하는 민주주의 후퇴 현상은 대략
다음과 같습니다.

- 표현의 자유, 언론 및 집회의 자유를 제한하고 시민사회를 억압
  하는 자유와 권리의 후퇴
- 사법부·언론·의회의 독립성을 침해하는 제도적 견제 약화
- '국민의 의지'를 내세워 제도를 경시하는 포퓰리즘 및 권위주의

리더의 부상
- 가짜뉴스와 SNS를 활용한 선동과 음모론 확산에 의한 정보 왜
  곡과 혐오정치
- 정당 간 적대가 심화되고 민주적 공존이 약화되는 정치적 양극
  화와 타협의 붕괴
- 제도불신·정치혐오·투표율 저하 등으로 나타나는 시민의 냉소
  및 참여 저하
- 권위주의 국가 간 협력이 강화로 귀결된 국제연대 약화

이러한 현상은 러시아, 중국, 터키, 인도, 브라질 등의 국가에만 해
당하는 것이 아니라 미국, 유럽, 한국, 폴란드, 헝가리도 해당되며, 특
정 현상은 유럽에서도 나타나고 있다고 합니다. 소위 정치후진국에 국
한된 현상이 아니라는 말입니다.

미국 정치학자 스티븐 래비츠키(Steven Levitsky)는 『어떻게 민주주
의는 무너지는가』라는 책을 통해 민주주의가 한순간의 쿠데타가 아니
라 '점진적 침식'을 통해 무너진다는 점을 강조합니다. 그가 지적하는
민주주의 붕괴 전조는 네 가지입니다.

첫째, 규칙을 거부하거나 무시하는 정치인이 등장하고,
둘째, 경쟁 상대(정당이나 지지자)를 적으로 규정하고,
셋째, 폭력을 묵인하거나 조장하며,
넷째, 반대세력의 권리 제한을 시도하는 행위입니다.

그는 이 네 가지 징후가 동시에 강화되면 민주주의는 법적 외피를

유지한 채 내부에서 붕괴된다고 경고합니다. 그는 민주주의를 지탱하는 것은 헌법뿐 아니라 제도적 완충장치가 중요하다고 강조합니다. 제도적 완충장치란 상호관용과 제도적 자제라는 정치문화적 규범을 말합니다. 다시 말해 이겨도 모든 권력을 다 쓰지 않는 절제와 정적이라도 제도적 정당성을 인정하는 관용이 무너질 때 민주주의가 서서히 질식한다는 것입니다.

예일대학교 역사학자 티모시 스나이더(Timothy Snyder)는 탈진실(post-truth) 현상에 대해 주목합니다. 탈진실이 파시즘의 전단계라는 섬뜩한 경고를 전합니다. 탈진실은 객관적인 사실보다 개인의 신념이나 감정이 여론 형성에 더 큰 영향을 미치는 현상을 의미합니다. 이 현상은 가짜뉴스, 허위 정보, 음모론 등이 만연하면서 심화되었으며, 사회적으로 진실보다 감정적인 호소가 더 효과적이라는 믿음을 갖게합니다. 그와같은 현상을 바라보는 사람들은 정치적 무관심과 순응에 빠질 수밖에 없습니다.

우리나라 상황은 어떻습니까? 얼핏 보아도 민주주의 연구기관들이 열거한 현상 가운데 우리나라에 해당되는 것이 한둘이 아닙니다. 경쟁 정당과 지지자들을 적으로 규정하는 정치적 양극화와 증오정치, 가짜뉴스와 SNS·유튜브 등을 활용한 선동정치, 끊이지 않고 등장하는 음모론, 동전의 양면이겠습니다만 권력에 대한 제도적 견제장치인 사법부와 언론에 대한 신뢰와 독립성의 동시 약화, 포퓰리즘과 권위주의적 요소의 강화, 정치혐오와 정치적 무관심 등등, 정도의 차이는 있지만 우리나라에서도 나타나고 있는 현상들입니다. 특히 정치 상대를 경쟁자 아닌 적으로 규정하기 시작했다는 점에서 정치적 양극화에 관한 한 한국은 매우 심각한 수준 도달했다고 볼 수 있습니다. 그 귀결은 지난해 말 현직 대통령이 물리력을 동원해 헌정을 중단시키고 정치적 반대자를 제거하려는 시도로 나타났습니다.

민주주의 위기와 관련해 미국을 포함 세계적 극우화 현상도 눈여겨볼 필요가 있습니다. 미국 조지아 대학의 카스 무데(Cas Mudde) 교수는 극우 연구분야의 세계적 권위자입니다. 그는 토착주의(nativism), 권위주의, 반다원주의가 강하게 결속되어 극우의 핵심이념을 형성했다고 분석합니다. 토착주의는 자국우선주의 달리 말하면 외국인과 이민자 배제주의 정도로 이해할 수 있습니다. 권위주의는 엄격하고 질서 있는 사회를 선호하는 성향, 반다원주의는 소수자의 권리와 언론의 자유, 사법 독립 등을 경시 또는 약화시키려는 경향을 말합니다.

극우화 현상의 심각성은 과거에는 변두리에 머물던 극우 정당 또는 운동이 의회에 진출하고, 정부에 참여하거나 주류 정치에 영향력을 행사하는 수준에 이르렀다는 점입니다. 그 결과 주류정당이 극우적 언어를 사용하고 극우적 정책을 채택하는 등 경쟁적으로 우경화하고 있다는 것입니다. 극우 세력이 민주주의 체제 안에서 자리를 잡았다는 점에서 무데 교수는 이를 극우의 정규화(normalisation)라 칭했습니다. 극우가 새로운 노멀이 된 것입니다. 예컨대 미 공화당 내 트럼프주의 확산, 유럽 중도우파 정당들이 극우언어로 이민과 안보이슈를 재설계한 현상이 이에 해당합니다. 이 경우 민주주의 제도(선거)라는 형식적 틀은 유지되지만 개인의 자유와 권리를 억압하는 비자유적 민주주의, 껍데기뿐인 민주주의로 흐를 가능성이 있습니다.

한국에서는 한 때 세상을 떠들썩하게 만든 일베(일간베스트)현상이 있었습니다. 공론장은 아니고 인터넷 토론방이라는 게토에서 교환된 의견이지만 그들이 표출하는 의견은 많은 사람들을 놀라게 했습니다. 지난 5월 연세대학교 복지국가연구센터와 한국리서치가 내놓은 '수면 위로 떠오른 극우: 한국 사회 극우의 현주소'라는 연구결과는 우리를 다시 한번 놀라게 했습니다. 전체 극우의 비율은 21%, 70대 이상은 29%, 20대는 28%로 나왔습니다. 다만 극우로 분류된 21% 가운데 스스로 극우라 대답한 사람은 9%밖에 되지 않았습니다. 조사방법은 설문을 통해 '극'에 해당하는 측정지표로 권위주의, 급진주의, 반엘리트주의(포퓰리즘) 세가지를, '우'에 해당하는 지표로 토착주의, 보수주의, 반공주의, 사회다원주의(능력주의) 네가지를 제시하고, 7개 요소에 모두 동의하면 극우로 분류하는 것입니다.

21%는 충격적인 수치임에 틀림이 없습니다. 20대 남성으로 좁히면 33%, 3명 가운데 한 명이 극우라는 조사결과입니다. 한국적 극우의 개념을 찾으려는 시도라는 점에서 의미있는 연구로 볼수 있지만 몇가지 문제가 있습니다. 첫째, 반엘리트주의와 능력주의는 서로 충돌하는 가치인데 이 둘이 함께 선택할 수 있도록 제시되었습니다. 지나친 보수주의나 반공주의를 극우적 성향으로 간주할 수 있어도 극우로 단정하는 것은 무리입니다. 물론 연구를 책임진 최영준 교수(연세대학교)도 이번 연구가 누구를 극우로 낙인찍는 목적이 아닌 우리 정치가 좀더 잘해야 한다는 메시지를 던지는 것이었다고 합니다.

2030세대 중 알게 모르게 극우적 생각을 가진 사람들이 있습니다. 그 생각을 폭력적 방식으로 행동으로 옮기지 않는 한 그들을 극우로 단정하는 것은 섣부른 일입니다. 생각은 언제든지 바뀔 수 있으니까요. 정치적 목적으로 극우 판정을 내리는 것, 이대남이라는 용어를 동원해 갈라치는 행위, 보수화를 극우화로 확대해석하는 언론의 무비판적 보도가 문제를 더 키운 측면도 있습니다. 2030세대의 투표성향을 근거로 극우를 거론하는 것도 잘못입니다. 지난 10년간 이들의 투표성향을 살펴보면, 이들은 일종의 스윙보터였습니다. 과거처럼 2030세대가 어느 한 정당을 일방적으로 지지하지 않는다는 것일 뿐입니다. 비상계엄에 대한 반대 입장도 40~50대에 비해 조금 낮을 뿐 전체 평균과 크게 다르지 않습니다.

극우를 토착주의, 권위주의, 반다원주의가 결합된 이념적 구성체로 정의한 무데 교수의 기준에서 보면 한국사회는 극우적 정서의 토대가 마련된 단계 정도로 보는 것이 적절하다고 생각합니다. 그는 경제적 불안보다 문화적 반작용이 극우 지지의 더 큰 동력이라 봅니다. 상대적 박탈감과 사회적 배제감, 온라인 커뮤니티 중심의 디지털 포퓰리즘, 정치 불신과 냉소의 누적 등이 극우적 정서를 키우는데 기여하고 있는 것은 사실입니다. 위험의 전단계인 셈입니다. 따라서 안심할 일도 아닙니다. 정치·사회·교육 등 극우화를 막기 위한 총체적 노력이 필요합니다.

왜 극좌의 문제는 지적하지 않는가라는 비판이 있을 수 있습니다. 우리 사회에 단순한 진보적 생각을 넘어선 극좌적 사고방식을 가진 사람도 분명 존재합니다. 그러나 극좌는 극우와 데칼코마니를 이룹니다. 우든 좌든 양쪽 끝에 존재하는 극단주의자들은 아주 중요한 특징을 공유합니다. 그들은 자기의 신념을 바꾸지 않으려 하고, 불확실하고 모호한 상황을 견디지 못해 흑백 논리를 선호하며, 명확한 규칙에 의존하는 방식으로 정보를 처리합니다. 한가지 예로 최근 횡행하는 음모론은 좌와 우의 극단을 가리지 않습니다. 이러한 사고의 경직성이 극단주의자들의 공통점입니다. 따라서 그 처방도 같습니다. 다름을 인정하는 개방적 태도, 경쟁자를 적으로 규정하지 않는 다원주의, 대화와 타협 등의 가치를 확산시키는 것이 양극단에 대한 공통의 처방이 될 수 있습니다.

민주주의의 위기 상황에서, 극우화의 우려가 커지고 있는 현실 속에서 민주시민교육의 의의를 다시 짚어보게 됩니다. 먼저 제2차 세계대전 이후 가장 체계적인 민주시민교육 프로그램을 시행해 왔다는 독일의 경험을 살펴볼 필요가 있습니다.

독일에서는 제2차 세계대전 이후 나치의 경험 때문에 '역사로부터 배우자'라는 교육철학이 강했습니다. 역사교과서와 정치교육에서 나치시대와 그로부터 얻은 교훈을 다룹니다. 독일의 민주시민교육은 1976년 이루어진 보이텔스바흐 협약(Beutelsbach Consensus)에 담긴 3대 원칙에 입각해 진행됩니다.

학생에게 특정 견해를 강제로 주입하거나 교화해서는 안 된다는 '강제성 금지' 원칙, 수업에서 현실의 다양한 논쟁적 사안을 다루되 여러 입장을 균형 있게 제시해야 한다는 '논쟁성 유지' 원칙, 학생 스스로 현실적 상황을 판단해 참여할 수 있는 역량을 길러줘야 한다는 '정치적 행위 능력 강화' 원칙 등입니다.

이를 통해 '선입견이 없는 사람'을 길러내는 것을 핵심목표로 합니다. 초등학교부터 주2회 토론을 진행하고, 서로 입장을 바꿔가며 이슈 논쟁을 진행합니다. 보이텔스바흐 합의는 독일 교육현장에서 정치교육의 헌법과 같은 역할을 했으며, 통일 후 사회통합을 이루는데 크게 기여한 것으로 평가됩니다.

독일 마리퀴리 김나지움(Marie-Curie-Gymnasium)에서 진행된 토론 수업의 한 장면을 소개하고 싶습니다. 수업주제는 '정치적 커뮤니케이션 수단으로서의 사진 분석'입니다. 독일 연방군과 언론사에서 제공한 러시아-우크라이나 전쟁 사진을 함께 본 후 학생들은 이를 각자 분석한 후 조별토론을 거쳐 발표하고 의견을 나눕니다. 사진에 대한 단순한 인상부터 어떤 사진이 더 적합한지에 대한 의견까지 다양한 목소리가 나옵니다. 정반대의 의견이 나오기도 합니다. 그러나 교사도 학생도 어떤 의견이 정답이라고 확정 짓지 않은 채 수업이 마무리됩니다. 주입 금지, 논쟁성의 유지, 정치적 행위 능력 강화의 세가지 원칙이 충실히 지켜집니다.

수업에 참가한 한 학생들의 반응은 보이텔스바흐 협약에 기반한 정치교육의 효과를 실증적으로 보여줍니다. "이런 수업을 듣고 나면 요약도 되고 뉴스가 더 잘 이해된다", "모든 학생이 수업에서 자기 생각을 말할 수 있고, 잘 모르더라도 선생님이 함께 논의하도록 도와주니 두렵지 않다"고한 학생은 그동안 진행된 정치교육 수업 가운데 가장 인상 깊었던 수업을 묻는 질문에 '나치에 대한 역사를 배웠을 때'라며 "민주주의가 언제든 공격당할 수 있다는 사실을 알게 되고, 민주주의를 지킬 수 있는 방법이 있다는 걸 학교에서 배워서 다행이라고 생각했어요"라 답했습니다(한국일보, 2025.9.4.).

　그런 독일에서 심상치 않은 변화가 일어나고 있습니다. 2025년 봄에 치러진 총선에서 극우정당으로 간주되는 독일을 위한 대안당(AfD)이 20.8%를 얻어 기민·기사연합에 이어 두번째 득표를 했습니다. 연방의회 630석 가운데 152석 차지했습니다. 기민·기사연합이 주도한 연정에는 배제되었지만 충격적인 결과입니다. 저렇게 훌륭한 민주시민교육의 원칙과 프로그램을 가지고 오랫동안 실천해 온 독일에서 왜 그런 일이 일어난 것인지 궁금해졌습니다.

　독일대안당(AfD)은 동독 지역에서 더 큰 호응을 얻었는데, 이는 동독 지역이 더 강한 극우화 경향을 보인다는 말입니다. 여러 연구들은 먼저 동독 지역의 경제적·사회적 불안정을 원인으로 지적합니다. 통일 이후 동독 지역이 경제적 충격을 많이 받았고, 서독 지역에 비해 실업률·지역소멸·인구유출 등이 심했습니다. 그로 인해 소외감도 커지고, 정체성의 위기도 찾아왔습니다. 그것만으로는 설명이 충분치 않습니다. 여기서 동독 지역은 서독 지역보다 민주시민교육의 역사적 기초가 덜 튼튼하다는 평가가 나옵니다. 통일 전 동독의 교육 시스템은 공산주의 체제 아래 있었고, 정치교육이 일부 국가이념 중심이었으며 그 이후 민주적 시민교육 체제로의 전환이 쉽지 않았다는 지적이 존재합니다. 동독 지역은 이민자와 다문화 등 외부인에 대한 경험이 상대적으로 적었기에 이민·난민 이슈가 더 크게 작용했을 것이라는 분석도 있습니다. 어쨌든 여기서 우리는 민주시민교육의 성숙 여부가 민주주의를 지키는 변수 가운데 하나라는 점을 확인할 수 있습니다.

교육기본법 제2조는 '민주시민으로서 필요한 자질을 갖추게 함'을 공교육의 목표 가운데 하나로 명시하고 있습니다. 자라나는 세대가 헌법 가치를 내면화하고, 공동체 안에서 이를 실천하는 민주시민으로 성장할 때만 한국 사회에서 민주주의가 뿌리내리고 지속될 수 있다 보았기 때문입니다.

그러나 현실은 법과 달랐습니다. 식민 통치에서 해방으로, 독재에서 민주로 이행한 사회 변화는 학교 현실에도 그대로 반영되었습니다. 식민지 규율권력에 대한 제 연구논문에서 밝혔듯이 일제강점기 조선총독부의 수신교육은 개인의 내면적 성찰이 아닌 제국신민으로서 복종을 강요하는 통제 기제였습니다. 해방이 되었지만, 식민지 규율을 내면화한 엘리트들이 여기서 벗어나는 것이 쉽지 않았습니다. 그들이 이끄는 교육 현장은 변하지 않았습니다. 학교는 식민지의 유산을 고스란히 물려받았습니다. 박정희 정부가 1968년 발표한 국민교육헌장은 국가 주도 발전주의 시대의 도구주의적 교육관을 잘 보여줍니다. 민주주의와 인권, 헌법 가치는 학생과 교사에게 삶의 원리가 아니라 교과서에 박제된 지식으로 받아들여졌습니다. 이에 대한 비판이 1978년 전남대학교의 교육지표사건입니다.

1987년 민주화는 공교육에 변화의 계기를 제공했습니다. 민주주의의 확산과 개인 권리에 대한 각성은 교육 민주화를 추동했고, 학교 현장에서 권위주의를 극복하고 민주주의를 실천하는 노력이 이루어졌습니다. 2007년 교육감 직선제 도입으로 더 큰 전환점이 마련되었습니다. 직선 교육감들은 권위주의적이고 관료적인 학교행정을 바꿔나갔고, 학교 현장에서 학생의 권리를 존중하고, 다양성을 보장하는 흐름이 가속화되었습니다. 학생인권조례가 제정됐고, 체벌이 금지됐으며, 무상급식이 도입됐습니다.

서울교육청의 민주시민교육은 그 연장선에 있습니다. 서울교육청은 2011년 전국시도교육청 가운데 처음으로 인권기구를 신설했습니다. 당시 수립된 『서울교육발전계획』은 '참여와 실천 중심의 민주시민교육'을 주요 과제로 명시했습니다. 민주시민교육을 담당하는 부서도 신설됐습니다. 과거 권위주의 체제에서 국가 발전의 도구로 동원했던 순응적 국민이 아니라, 스스로 존엄을 지키고 타인의 인권을 존중하며, 비판적 사유와 합리적 토론을 통해 공적 문제해결에 참여하는 역량을 갖춘 헌법적 인간상을 기르는 교육이 자리잡아 갔습니다.

서울형 민주시민교육은 2018년 제정된 '서울특별시교육청 학교민주시민교육 진흥 조례'를 통해 제도적 기반을 마련했습니다. 이후 조례는 여러 차례 개정돼 내용이 추가됐는데, 그 첫 번째 내용은 헌법 가치에 관한 것입니다. 대한민국 헌법이 천명하는 인권과 민주주의는 교육과정 전체를 관통하는 원리가 돼야 한다, 학생들은 헌법 조문을 단지 외우는 게 아니라 역사적 맥락에서 사회 공동체가 합의한 결과로 이해해야 한다, 또 사회나 역사 등 특정 교과만이 아닌, 모든 수업에서 헌법 가치를 이해하고 체험할 수 있어야 한다, 예컨대 과학 수업에서도 과학기술의 사회적 책임에 대해 생각하는 기회가 보장돼야 한다는 등의 내용입니다.

조례의 두 번째 내용은 '논쟁있는 사안을 해결하기 위한 합리적 의사소통방식, 비폭력 갈등 해소 방안, 설득과 경청 등에 관한 기능과 태도'에 대한 것입니다. 현대 사회의 복잡한 갈등은 형식적 다수결만으로는 해결하기 어렵다, 소수 의견을 존중하고 자기 입장을 성찰하는 가운데 숙의를 거치는 과정이 필수적이다. 그리고 학교는 이 같은 숙의민주주의를 익히는 최초의 공론장이 돼야 한다 등입니다.

토론기반의 역사교육과 헌법교육

지난 12월의 계엄령 사태를 겪으면서, 학교가 건실한 민주시민을 길러내는 일은 선택이 아니라 필수 과제가 되었습니다. 서울교육청의 방향은 분명합니다. 민주시민교육을 학교 일상에 뿌리내리게 하는 것입니다.

서울교육청은 독일의 정신을 우리 현실에 맞게 다듬은 '한국형 보이텔스바흐 원칙' 4가지를 공표했습니다.

- 민주주의의 근간이 되는 인간에 대한 존엄, 표현의 자유, 자유롭고 민주적인 기본 질서에 대한 존중의 원칙
- 교육의 정치적 중립 준수와 강압적 주입 금지의 원칙

난우중학교 헌법 수업 참관 (2025.12.1)

- 논쟁성 재현의 원칙
- 보편성을 기반으로 특수성을 존중하는 역지사지의 원칙

이를 토대로 '역지사지 공존형 토론수업'을 개발했습니다. 어떤 의견이 내 것이 되는 순간 확신이 증폭되고 비이성적으로 집착하는 소유 효과가 발생합니다. 더구나 갈수록 영향력이 확대되는 SNS 알고리즘은 확증편향을 강화하고, 심각한 사회적 갈등을 빚고 있습니다. 사실과 논리로 뒷받침되지 않는 확신이 공동체를 위협하고 있습니다. 한국형 보이텔스바흐 협약 기반 토론수업에 '역지사지 공존형'이란 명칭을 붙인 이유입니다.

이 수업에선 토론으로 우열 또는 승부를 가르지 않습니다. 내 입장을 내려놓고, 상대 입장을 경험하게끔 하는 게 핵심입니다. 이 과정에서 내가 미처 생각하지 못한 점을 깨닫고, 다른 입장에도 일리가 있다는 사실에 눈을 뜹니다. 극단적인 진영 대립과 확증편향을 넘어서는 힘을 기르게 됩니다. 스스로 성찰하고 상대를 존중하는 시민으로 성장하게 됩니다.

창의적 해석과 자유로운 주장이 얼마든지 허용되지만, 이는 반드시 사실과 논리에 기반해야 한다는 게 '역지사지 공존형 토론'이 규칙입니다. 학생들은 참고 자료의 진실성을 비판적으로 검증하는 방법을 배웁니다. 디지털 미디어와 인공지능(AI)의 발달로 부정확한 정보가 넘쳐나고, 탈진실과 그로 인한 확증편향이 강화되는 상황에서 꼭 필요한 소양입니다. 학생들이 왜곡된 주장에 흔들리지 않는 비판적 문해력을 갖출 때 한국 민주주의의 미래도 낙관할 수 있습니다.

서울교육청은 비판적 미디어 문해력 강화를 위해 한국언론진흥재단과 손잡고 '토론 연계 사회현안 팩트체크 교실'을 운영하고 있습니다. 학생들이 실제 현안을 데이터와 1차 자료로 검증하고, 그 위에 주장과 반론을 세우는 훈련을 합니다. 지금은 시범적으로 운영하고 있지만 전 학교로 확대할 계획입니다.

서울교육청은 2025년 8월 20일 경기교육청과 공동으로 '수능 제도 유지 vs 폐지'를 주제로 역지사지 공존형 토론을 진행했습니다. 이 주제는 학생들이 스스로 선정했습니다. 서울·경기 학생들이 함께 찬반 입장을 바꿔 토론을 진행하면서 상대방 주장 가운데 타당한 부분을 받아들이고 숙고와 의견조정을 거쳐 합의문을 만드는 경험을 했습니다. 형식이 아니라 공존의 기술을 배우는 자리였습니다.

경기-서울 학생토론회 (2025.8.20)

'역지사지 공존형 토론수업' 심화교재도 만들어 학교 현장에 보급하고, 교원 연수로 토론담당 교사 육성과 수업 설계를 지원하고 있습니다. 지역의 각 분야 전문가를 토론수업에 초청해 이야기를 듣고, 질문하고, 비판적으로 토론하는 방안도 검토하고 있습니다. 독일에서는 각 정당의 정치인을 부르기도 합니다. 이를 통해 지역사회까지 참여하는 협력교육의 모델이 만들어질 수 있습니다.

현재 서울교육청의 민주시민교육은 사회과 수업, 창의체험활동, 체험학습 등의 시간을 활용해 이루어지고 있습니다. 중요성을 감안할 때 민주시민교육은 정규 과목으로 채택되어야 합니다. 1998년 발표된 영국의 '시민교육과 학교에서의 민주주의 교육' 보고서 일명 크릭 보고서(Crick's Report)는 광의의 민주주의와 시민의식에 대한 교육이 학교생활이나 시민생활 전체의 입장에서 볼 때 아주 중요하므로 '모든 학생들이 필수적으로 이수해야 하는 과목으로 지정할 것'을 교육부 장관에게 건의했습니다. 이에 따라 2002년부터 중등학교에서 시민교육이 법정 필수 과목으로 지정되었습니다.

우리도 이제 민주시민교육을 체계적으로 실시해야 합니다. 차정인 국가교육위원장도 취임 일성으로 민주시민교육과 올바른 역사교육이 전인교육의 핵심이라고 강조했습니다. 저는 한 걸음 더 나아가 보다 폭넓은 '민주시민교육위원회'(가칭)를 설치해 교육부·고용노동부 등 범부처 협력 시스템을 구축하고, 민주시민교육이 교육 전반의 기본교육이 될 수 있도록 체계를 만들 필요가 있다고 생각합니다. 학교의 민주시민교육은 산업·노동·미디어·디지털·지역 참여와 직결돼 있어 부처 간 조정과 협력이 핵심입니다. 나아가 민주시민교육은 세계시민교육의 큰 흐름과 결을 함께 하고 구체화되어야합니다.

올바른 역사의식을 갖추게 하는 것만큼 중요한 민주시민교육은 없습니다. 독일의 민주시민교육은 나치의 경험 때문에 '역사로부터 배운다'는 취지에서 출발했습니다. 서울교육청은 '2016 역사교육 기본계획'을 발표했습니다. 박근혜 정부가 일으킨 역사교과서 국정화 논란에 대응하는 취지도 있었습니다. 그것의 기본계획은 미래지향적 역사교육을 통해 민주시민을 양성하는데 목적을 두고 ▲토론을 통한 역사교육의 방향 정립 ▲역사수업 개선을 위한 연구 및 자료 개발·보급 ▲전문성 신장을 위한 역사교사 연수 운영 ▲동아리·캠프 등을 통한 학생들의 탐구활동 지원 등 4개의 추진과제로 구성했습니다.

그러나 당시 서울시의회는 이런 계획에 반대하고 예산을 대폭 삭감하여 어려움이 컸습니다. 제가 취임했던 2024년에는 역사교육이 160만 원에 불과했습니다. 제가 취임한 후 많은 분들이 도와주셔서 2025년 5억 원의 예산으로 의미있는 역사교육을 시작할 수 있게 되었습니다.

2025년 역사교육정책을 자문하는 역사교육활성화위원회를 새롭게 출범시켰습니다. 교원의 역사교육 역량강화를 위해 20개 팀으로 구성된 역사바로알기 교원학습공동체를 운영했습니다. 온라인 역사자료센터를 개관하고, 수업에 활용할 수 있는 체험형 콘텐츠를 2025년 한 해 4종 만들었습니다. 광복회, 동학농민혁명기념재단, 제주4·3평화재단, 5·18기념재단과 역사·평화교육 활성화를 위한 업무협약을 체결했습니다. 미래인력연구원과 역사교육 및 민주시민교육 활성화를

학생참여단과 해외 독립운동 역사탐방(2025.8.9)

'민주주의, 우리가 지켜온 길 위에 학생들' 특강(2025.6.21)

제96주년 학생독립운동기념일 서울학생 정담회(2025.11.3)

위한 업무협약도 체결했습니다.

　서울교육청의 역사교육은 두 가지 범주로 진행됩니다. 하나는 자료를 활용하는 역사교육입니다. 광복 80주년을 맞아 문화예술 연계

역사교육 프로그램을 운영했습니다. 다른 하나는 체험형 역사교육입니다. 특히 학생들이 체험형 역사교육은 학생들이 단순 참가자에 그치지 않고 주도하는 것이 가능합니다. 2025년 3·1절 기념행사는 대표적인 사례입니다. 1919년 당시 3·1운동에 참여했던 이화여자고등학교에서는 학생들이 교내에 있는 유관순 열사 동상 앞에서 기념식을 해왔습니다. 저는 이 학교의 기념식에 참석하고, 학생들과 함께 3.1운동의 역사적 의의, 각 학교 선배들의 활약상 등을 돌아보는 시간을 가졌습니다.

11월 3일 학생독립운동기념일은 1929년 광주에서 일어난 광주학생항일운동을 기념하기 위해 제정된 기념일입니다. 이 운동은 전국적으로 확산되어 5만 4천 명이 참여하는 대규모 항일운동으로 발전했습니다. 2025년 학생독립운동기념일 기념행사를 11월 2일 국회에서 가졌습니다. 서울에서 1929~30년 당시 항일학생운동에 참여한 30여 개 학교의 학생대표단들을 모두 초청했습니다. 그 중 당시 평양에 있다가 서울로 이전한 오산학교의 선생님과 학생들은 학교의 항일운동 사례를 발표하고 선배들의 숭고한 뜻을 기렸습니다.

서울교육청은 2015년에 체험형 역사자료센터를 만들고, 학생참여위원회의 대표들과 시범적인 체험교육을 독도와 백두산 중심으로 실시했습니다. 이를 좀 더 활성화할 필요가 있습니다. 다행스럽게도 시의회의 협조로 2026년에는 두 배의 예산을 확보할 수 있었습니다.

역사교육은 민주시민교육과 결합하여 이루어져야 그 의미가 훨씬 깊어지고 풍부해집니다. 저는 교육부, 통일부와 함께 이를 위한 방안들을 적극적으로 논의해 왔습니다. 그 결과 통일부의 전폭적인 지원을 바탕으로 민주평화통일교육센터를 준비·추진하고 있으며, 교육부가 계획하고 있는 민주시민교육원을 함께 기획하고 지원하기 위한 노력을 기울이고 있습니다.

저는 효율적인 역사교육에는 학교의 역사를 국가의 역사, 민족운동의 역사와 연결하여 사고할 수 있도록 배려하는 것이 필요하다고 생각합니다. 3·1절이나 4·19, 학생운동기념의 날을 학생 참여형으로 기획할 필요가 있습니다.

2024년 12월 3일에 벌어진 비상계엄 사태는 대한민국 헌정사에 깊은 상처로 남아 있습니다. 동시에 이 사건은 우리 사회의 민주주의가 얼마나 단단한 회복력을 지니고 있는지를 세계에 보여준 계기이기도 했습니다. 1년이 지난 지금, 저는 이 시간을 단순한 정치적 사건이 아니라 교육의 의미를 다시 돌아보게 한 역사적 순간으로 기억하고자 합니다.

그날 밤, 헌법이 규정한 요건과 절차를 무시한 계엄 선포는 시민과 교육공동체에 큰 충격을 안겼습니다. 어렵게 쌓아 올린 민주주의가 한순간에 무너질 수 있다는 불안은 서울교육공동체 모두에게 깊은 각인을 남겼습니다. 학생과 교사, 학부모는 뜬눈으로 밤을 지새우며, 민주주의가 결코 당연한 것이 아님을 다시금 실감했습니다.

그러나 그 이후의 과정은 대한민국 민주주의의 성숙함을 분명히 보여주었습니다. 시민들은 폭력이나 혼란이 아닌, 가장 평화적이고 합법적인 방식으로 민주주의의 퇴행을 막아냈습니다. 국회는 헌법기관으로서의 책무를 다해 계엄 해제를 의결했고, 이어 법치주의의 원칙에 따라 대통령 탄핵 소추와 헌법재판소의 결정이 이루어졌습니다. 이는 권력의 오남용에 맞서 법과 제도, 그리고 시민의 참여로 민주주의를 지켜낸 세계적으로도 주목할 만한 사례입니다.

이 모든 과정은 학생들에게 살아 있는 민주주의 교과서였습니다. 학생들은 시민이 잘못된 권력을 어떻게 견제하는지, 법과 제도가 어떻게 사회를 다시 정상 궤도로 돌려놓는지를 현실 속에서 목격했습니다. 민주주의가 교과서 속 개념이 아니라, 시민의 실천과 책임 위에 서 있다는 사실을 직접 경험한 것입니다.

2024년 12월 3일의 사태를 거치면서 헌법교육의 중요성이 한층 커졌습니다. 민주시민교육의 중요한 목표 가운데 하나가 헌법적 가치를 내면화하는 것입니다. 서울교육청은 2025년 7월부터 헌법재판연구원, 로펌공익네트워크, 법무부 등과 협력해 '살아있는 헌법교육'을 본격화했습니다. 헌법교육은 단순히 헌법 조항을 배우는 데 그치지 않고, 교실과 생활 속에서 헌법 가치를 체득할 수 있도록 현장 중심으로 운영했습니다.

먼저, 교원 대상 직무연수를 강화했습니다. 헌법재판소와 협약해 연 4회 연수를 운영하고, 올해 7월에는 참여 인원을 확대했습니다. 실제 헌법재판 사례를 다루어 수업과 생활지도에 적용할 수 있도록 했으며, 10월부터 쌍방향 원격연수도 도입했습니다.

둘째, 학생 대상 법률교육을 확대했습니다. 6개 대형 로펌 변호사가 직접 교실로 찾아가 악성 댓글, 지적재산권, 소년법 등 학생 생활과 관련된 주제를 다룹니다. 2025년 한 해 동안 약 50개 고등학교, 1,300여 명이 참여했습니다.

셋째, 헌법 전문가 특강도 진행했습니다. 2025년 제헌절에는 문형배 전 헌법재판관을 초청해 교장·교감을 대상으로 특강과 대담의 자리를 만들었습니다.

지난 1년은 민주시민교육의 가치와 성과를 우리 사회가 다시 확인한 시간이기도 합니다. 민주주의를 지켜내는 시민의 힘은 하루아침에 만들어지지 않습니다. 오랜 시간 학교에서 인권과 토론, 참여와 책임을 배우고 실천해 온 교육공동체의 축적된 노력이 있었기에 가능했습니다. 교육은 민주주의의 결과가 아니라, 민주주의를 가능하게 하는 토양입니다.

평화·통일교육과 세계시민

지금 청소년들은 한국전쟁(6·25)은 물론이고, 2000년대 초반에 이루어진 금강산관광이나 개성공단도 잘 모르는 세대입니다. 그래서 통일을 필요하지 않다고 생각하거나 부정적으로 보는 경우가 늘고 있는데, 저는 이것이 오히려 새로운 통일교육의 출발점이라고 생각합니다. 과거 중심의 주입식 교육이 아니라, 현재와 미래 중심의 참여적이고 공감적인 방식으로 접근해야 한다는 의미입니다.

서울교육청은 먼저 체험·참여 중심의 통일교육을 강화하고 있습니다. 2025년 한 해 통일교육버스를 활용한 6개 코스의 현장체험학습

연지초등학교에서의 평화교육(2025.12.5)

에는 138개 팀이 참여했습니다. 통일교육 프로젝트 수업을 통해서는 학생들이 직접 통일 이슈를 탐구하고 실천할 기회를 제공했습니다.

둘째, 공감과 이해 중심의 통일교육을 추진합니다. 북한이탈주민 강사와의 만남, AI · VR 실감형 콘텐츠 체험, 가상 편지쓰기 등을 통해 북한 사회를 이해하고 통일을 더 친숙하게 느끼도록 돕고 있습니다.

셋째, 토의 · 토론 기반의 통일교육을 확산합니다. 서울교육청이 개발한 '역지사지 공존형 토론수업' 모델을 활용해 학생들이 통일을 경제 · 문화 · 국제관계 차원에서 비판적으로 사고하고, 세계시민교육 · 민주시민교육과 연계된 시각을 기를 수 있도록 합니다.

그 외에도 문화 · 예술 연계 통일교육도 활성화하고 있습니다. 통일

교육주간에 학생 참여형 프로그램을 운영하고, '서울학생 통일 꿈이룸 한마당' 등 문화예술 행사를 마련해 학생들이 자연스럽게 통일을 접할 수 있도록 했습니다.

한반도 통일은 우리 민족 내부의 재결합으로 그치는 것이 아니라 냉전체제의 마지막 유산을 정리하고 동북아의 새로운 평화질서를 창조하는 일입니다. 따라서 통일교육의 궁극적인 목적은 단순히 한반도의 통합을 넘어, 갈등을 평화적으로 해결하고 함께 살아가는 힘을 기르는 '평화세계시민'으로의 성장에 있습니다. 저는 통일교육이 평화교육이라는 큰 흐름 속에서 이루어져야 한다고 생각합니다.

세계적인 맥락에서, 그리고 우리나라의 상황에서 아이들에게 평화의 의미가 어떻게 심어지는 게 좋을까요. 저는 우선 평화에 관한 자료를 축적하고 교육 커리큘럼을 개발하는 게 필요하다고 보고 있습니다. 역대 노벨 평화상 수상자들을 비롯해 세계평화에 기여한 분들, 기관과 단체, 세계 인권운동 지도자들의 업적과 사상 전시, 글로벌 평화교육 기관과 네트워킹, 학생들이 활용할 수 있는 평화교육 커리큘럼 개발 등을 준비해보려고 합니다.

학생인권과 자치역량

인권은 고전 자유주의 사상가들이 제시한 자연권의 현대적인 개념입니다. 자연권은 인간이 태어날 때부터 가지는 천부적이고 보편적인 권리로서, 국가나 법이 존재하기 이전부터 주어지는 권리입니다. 인권은 이러한 자연권의 개념을 바탕으로 법적으로 규정되고 보장받는 기본적 권리를 뜻합니다.

인권과 민주주의는 상호의존적이며 보완적인 관계입니다. 민주주의는 인권을 보장하는 제도적 장치이며, 인권은 민주주의 근본 이념이자 가치입니다. 민주주의 없이는 인권이 제대로 보장되기 어렵고, 인권이 보장되지 않으면 민주주의 또한 완전하다고 할 수 없습니다. 민주주의와 인권은 늘 함께 언급되고, 70~80년대 민주화운동은 언제나 인권운동과 어깨를 나란히 했습니다.

학생인권조례는 2011년 제정된 이후 14년 가까운 시간 동안 서울 교육의 중요한 기준점으로 기능해 왔습니다. 이 조례는 단지 몇 가지 규칙을 나열한 문서가 아닙니다. 학교 안에 민주주의와 인권이라는 가치를 제도적으로 뿌리내리게 했고, 학생을 '관리의 대상'이 아니라 '권리를 가진 주체'로 인식하게 만든 계기였습니다. 그 과정에서 우리 학생들은 권리를 주장하는 법뿐 아니라, 타인의 권리를 존중하는 법을

세계인권의 날 기념 영림중학교에서 인권특강

함께 배워 왔습니다.

그동안 학교 현장이 순탄하기만 했던 것은 아닙니다. 교권 침해, 악성 민원, 아동학대 신고의 오남용 등 복합적인 문제가 누적되어 왔습니다. 그러나 이러한 어려움의 원인을 학생인권조례 하나로 환원하는 것은 문제 해결에 도움이 되지 않습니다. 학교가 마주한 위기의 근본 원인은 훨씬 구조적이며, 법과 제도, 사회 인식이 함께 얽혀 있는 문제이기 때문입니다.

학생들에 대한 인권교육에서 직접적인 계기는 학생인권조례 폐지 논쟁입니다. 2024년 4월, 정치적 보수화의 물결을 타고 서울시 의회는 학생인권조례를 폐지할 것을 의결했습니다. 조희연 교육감은 이

서울시의회의 학생인권조례 폐지 조례안 의결 직후 학생, 서울시의원들과 함께 입장 표명(2025.12.16)

에 항의하기 위해 천막 농성을 하기도 했습니다. 서울교육청은 시의회에 재의 요청을 했고, 시의회는 이에 아랑곳하지 않고 다시 의결했습니다. 서울 교육청은 대법원에 효력정지 가처분신청을 했고, 대법원은 이를 인용하였습니다. 정확히 말하면 서울시 학생인권조례는 여전히 살아있고, 대법원에 계류 중입니다.

그런데, 2025년 12월 16일, 서울시의회는 학생인권조례를 다시 한번 폐지 의결했습니다. 이미 대법원의 집행정지 결정과 본안 재판이 진행 중인 사안입니다. 그럼에도 같은 결정을 반복한 것은 행정적 혼란을 키웠을 뿐 아니라, 학교 현장에 불필요한 상처와 갈등을 남겼습니다. 교육을 책임지는 사람으로서 깊은 유감을 느낄 수밖에 없습니다. 비가 내린 그날 시의회를 마치고 저는 서울시의회 앞에서 학생인권 폐지 의결에 대해 입장문을 발표하면서 '학생인권에 대한 오해와 편견만을 반영한 극단적 결정'이라며 항의했습니다. 그리고 2026년 1월 5일, 저는 시의회의 결정을 재고해달라고 요청했습니다. 저의 행동에 앞서 학생인권을 지키고자 하는 학생들과 학부모님들, 인권단체, 학생인권위원회에서 적극 역할을 해왔고, 저는 그분들의 목소리와 행동을 매우 소중하게 여기고 있습니다.

학생인권과 교권은 대립하는 개념이 아닙니다. 오히려 상호 존중과 책임이라는 원칙 위에서 충분히 양립할 수 있습니다. 교사의 교육적 권한은 다수 학생의 학습권을 보호하기 위한 것이며, 학생인권은 교실을 무질서하게 만들기 위한 장치가 아닙니다. 두 가치는 더 나은 공교육으로 나아가기 위한 수레의 두 바퀴와 같습니다. 어느 하나를 약화시킨다고 해서 다른 하나가 자동으로 강화되지는 않습니다.

교육에 필요한 정치는 편 가르기가 아닙니다. 학생과 교사, 학부모를 서로 대립시키는 정치로는 학교의 회복을 기대할 수 없습니다. 필요한 것은 각 주체가 겪는 어려움을 있는 그대로 바라보고, 협력의 조건을 만드는 일입니다. 시간이 걸리더라도, 상호 존중의 문화를 회복해 가는 것이 교육의 길입니다.

인권은 폐지할 수 있는 정책이 아닙니다. 인권의 보편성과 불가침성, 평등성은 헌법이 보장한 원칙이며, 교육은 그 가치를 다음 세대에 전하는 가장 중요한 공적 영역입니다. 학생인권을 지키는 일은 곧 교사의 권위와 학부모의 신뢰, 그리고 학교 공동체 전체의 존엄을 함께 지켜내는 일입니다. 저는 앞으로도 서울교육공동체와 함께 학생인권과 교권이 모두 단단하게 보장되는 학교를 만들어가고자 합니다. 갈등을 키우는 선택이 아니라, 신뢰를 회복하는 선택이 교육의 본령입니다.

민주시민교육은 세계시민교육이 바탕이 되어야 하고 세계시민교육으로 확대되기도 해야 합니다. 미래 세대는 글로벌 차원의 문제해결에 관심을 갖고 실천적으로 기여해야 합니다. 혹자는 우리나라 문제를 해결하기도 급급한데 왜 우리가 글로벌 차원의 문제해결에 힘을 써야 하는가? 라고 반문하실지도 모르겠습니다. 또 최근 전세계적으로 자국 우선주의와 배타적 민족주의가 강화되고, 이주 배경 시민에 대한 혐오가 커지고 있는 상황에서 우리만 다른 길을 갈 수 없다는 주장도 있습니다. 그렇지 않습니다. 이와 같은 퇴행적인 분위기가 강화될수록 우리의 미래세대가 책임있는 세계 시민으로 성장할 수 있도록 더욱 더 노력해야 합니다.

정독도서관 노벨문학라운지 개관식(2025.10.1)

세계 시민교육이 필요한 이유는 두 가지입니다.

첫째, AI, 기후위기, 전쟁, 기아, 불평등, 이민과 다문화 등 급변하는 현대사회의 문제 대부분은 국경이 없습니다. 모든 문제가 글로벌 차원에서 연결되어 있습니다. 기후위기가 대표적입니다. 한반도에서 해마다 거듭되는 폭염과 이상 한파는 기후위기의 징표입니다. 환경운동의 오랜 슬로건이 있습니다. '지구적으로 생각하되 지역적으로 행동하라' 지구적 기후와 생태환경문제의 해결을 위해 일상생활 속에서 실천하고, 전 지구적 관점에서 사고해야 한다는 뜻입니다.

서울교육청이 진행하고 있는 생태전환교육은 그런 점에서 세계 시민 교육의 일환입니다. 서울교육청은 생태전환교육 중점학교를 선정해 탄소제로 실천학교를 운영하고 있습니다. 교사·학생 기후행동 365

네트워크 구성과 활동을 지원합니다. 해마다 6월을 생태전환교육 행동의 달로 지정해 공동행동을 실천하고 있습니다. 생태전환교육 인정도서도 개발했습니다.

둘째, 글로벌 리더를 길러내야 하기 때문입니다. 대한민국은 선진국이자 강대국입니다. 선진국이자 강대국에 요구되는 책임이 있습니다. 미국은 냉전의 한 축으로서 부정적인 유산을 남기기도 했지만 다른 한편 국제 자유무역 질서를 만들고 유지함으로써 전세계의 발전에 기여했습니다. 우리나라가 그 질서의 가장 큰 수혜국 가운데 하나인 것도 사실입니다. 1960년대 초, 미국의 케네디(John F. Kennedy) 대통령은 미국의 많은 젊은이들을 평화봉사단원으로 세계에 파견하여 미국적 가치를 확산시켰습니다. 문화적으로는 할리우드 영화가 오랜기간 전세계를 석권했습니다. 식민제국을 건설했던 유럽의 선진 강대국들은 식민지 해방 이후에도 세계질서를 이끌어 왔습니다. 그들의 상품만이 아니라 그들의 문학·영화·패션 등의 문화, 민주주의 제도, 자유와 인권 등의 가치가 전세계에 영향을 끼쳤습니다.

지금 대한민국의 문화적 경쟁력은 세계적인 것이 되었습니다. 한류가 전세계를 강타하고 있습니다. 문화를 수입만 하다가 수출하는 나라가 되었습니다. 노벨문학상 수상자도 나왔습니다. 미래 세대는 어릴 때부터 세계를 가슴에 품고, 세계를 이끌어갈 글로벌 리더로 성장해야 합니다. 외국어를 익히는 것보다 더 중요한 것은 글로벌 마인드와 세계시민으로서의 책임의식을 키우는 것입니다.

저는 2024년 10월 교육감선거 과정에서 한강 작가의 노벨문학상 소식을 듣고 축하했습니다. 연말에는 광주에서 이를 기념하는 강연을 했습니다. 교육감 선거 과정에 이루어진 약속에 따른 것입니다만, 저는 여기에서 광주가 낳은 노벨평화상과 노벨문학상을 기념만 할 것이 아니라 시민생활의 질을 향상시키는 실질적 계기로 삼아야 한다고 말했습니다. 그러나 그것은 광주시민들에게만 해당되는 것이 아닙니다. 저는 서울교육청이 주도하는 책 읽기 운동, 독서웨이브 운동이 이런 뜻을 포괄하면 좋겠다는 생각에서 정독도서관에 노벨문학라운지를 설치할 것을 주문했습니다. 작은 정성이었지만, 전국 최초로 노벨문학라운지가 문을 열었습니다. 이제 이곳에서 한강 작가를 비롯해 역대 노벨상 작가들의 작품을 전시하고, 강연회, 독서토론 등의 사업을 진행할 수 있게 되었습니다.

학교민주시민교육의 또 다른 주요 내용은 '단위 학교의 민주적 의사결정구조와 절차 및 참여방식'입니다. 학교는 미래 세대가 헌법이 보장한 인권과 민주주의를 처음으로 체험하고 실천하는 공간입니다. 한 마디로 학교는 민주주의 학습장입니다. 친구들과 함께 공동의 문제에 대처하고 능동적 주체로 역할을 수행하는 과정에서 사회화가 이루어집니다.

학생자치참여예산제를 사례로 들겠습니다. 연간 초등학교는 학급당 150만 원, 중등학교는 350만 원의 자치예산이 지급됩니다. 학생들은 학급자치회를 열고, 조별토론과 학급 전체토론을 거쳐 이 예산을 어디에 쓸 것인지를 결정합니다. 학생들이 스스로 디자인해서 학급 티셔츠를 제작하기도 하고, 학급 잔치를 열기도 하고, 광복 80주년을 기념해 타임캡슐을 만들기도 했습니다.

학생참여위원회와 학생동아리는 지역사회와 함께 공동 자치 프로젝트를 추진하기도 합니다. 경문고등학교, 수도여자고등학교, 남강고등학교, 국사봉중학교 학생들은 연합으로 '꽃을 든 청소년 프로젝트'를 추진했습니다. 한국전쟁 학도병 등 전쟁에 내몰렸던 청소년의 역사를 재조명하고 평화의 소중함을 되새기기 위해 평화 조형물을 설치하는 사업입니다. 학생들의 힘만으로는 안됩니다. 서울시와 서울교육청, 자치구, 지역주민 등 지역사회 전체가 참여하는 협력 프로젝트가 됐습니다.

이처럼 학교의 의사결정에 민주적으로 참여한 경험은, 주권자인 시민으로서 체득해야 할 권리와 책임의 상호성, 다양성에 대한 존중, 공동선에 대한 연대의 가치를 익히는 기회가 됩니다. 생활 속에서 민주주의를 실천하는 시민은, 민주적 의사결정구조가 정착한 학교에서만 자랄 수 있습니다.

12·3 비상계엄 사태와 그 극복 과정은 앞으로 역사 교과서에 중요한 장으로 기록될 것입니다. 비 온 뒤에 땅이 굳어진다는 말처럼, 1년 전의 충격과 상처는 우리 민주주의의 뿌리를 더 깊고 단단하게 만들었습니다. 이제 우리는 상처에 머무르지 않고, 더 성숙한 민주주의로 나아가야 합니다. 그 중심에는 우리 아이들이 있습니다. 서울교육은 시민과 손잡고, 우리 아이들을 올바른 역사 인식과 인권 감수성을 갖춘 정의롭고 지혜로운 민주시민으로 기르기 위해 흔들림 없이 앞으로 나아가야 합니다.

혐오와 차별이 아닌 이해와 포용의 민주시민교육

2025년 9월 25일, 저는 서울 구로구 대림동의 한 중학교를 찾았습니다. 그 학교는 중국에서 온 학생들과 다문화 가정의 아이들이 많이 다니는 학교입니다. 그동안 명동을 시끄럽게 하던 '혐중 시위대'가 중국계 이주민과 그들이 운영하는 상가가 밀집된 대림동으로 진출해 지역 상인들과 심각한 갈등을 일으켰습니다. 혐중 시위대의 동선에는 제가 방문한 중학교를 포함해 12개의 학교가 가까이 있습니다.

혐중 시위대가 학교 주변을 휩쓸자, 해당 중학교 교장은 구로경찰서장과 구로구청장에게 편지를 보내 "혐오와 차별집회를 막아달라"고 호소했습니다. 이어서 남부교육지원청의 한미라 교육장이 나섰습니다. 한 교육장은 "현행 법률상 학교로부터 일정 거리에서는 악취를 내는 사업을 할 수 없고, 음란하거나 사행성 행위도 할 수 없도록 하고 있

학생들과 함께 혐오시위 반대 거리 행진

다"며, "교육환경보호구역에서는 우리 학생들의 마음을 망가뜨리고 상처를 주는 혐오 시위를 할 수 없도록 해야 한다"고 강하게 외쳤습니다.

저는 이를 매우 심각한 사태라 판단했습니다. 이것이야말로 민주시민의 덕목인 존중과 포용과는 대척점에 있는 것입니다. 저는 교육감으로서 보고만 있어서는 안되겠다고 판단했습니다. 교육자로서 용기와 판단력을 보여준 교육장과 교장을 격려하고, 교사와 학생들을 위로하며, 나아가 이 기회를 혐오·차별을 반대하고 존중·포용의 가치를 확산시키는 계기로 삼아야한다고 생각했습니다.

저는 해당 중학교를 방문하여 학생회 임원 및 교사들과 함께 '혐오·차별 반대와 존중·포용 캠페인'을 시작했습니다. 우리는 '혐오는 STOP, 존중은 START'라는 팻말을 들었습니다. 저는 학생들에게 '혐오는 또 다른 혐오를 낳고 사회적 갈등을 부추기는' 부적절한 행위이므로 이를 막아야 하며, '교육환경보호구역에서는 혐오 시위를 할 수 없도록 하는 법령을 제정하도록 국회에 제안 활동을 벌일 것'을 약속했습니다.

10월 중순에는 일본군 위안부 피해를 부정해 온 한 단체가 평화의 소녀상이 설치된 학교에서 집회를 예고하였습니다. 이들은 이 소녀상을 매춘을 부추기는 동상이라고 표현하고 이의 철거를 요구하였습니다. 깜짝 놀랐습니다. 혐중 시위보다 더 심각한 것이라고 판단되었습니다. 서울에는 성동과 서초의 두 학교에 평화의 소녀상이 설치되어 있는데, 성동에 있는 학교의 소녀상은 2017년 '세계 일본군 위안부 기림일'을 기념하여 설치한 것으로, '정치적 목적이 아닌 역사교육과 민

서초고 소녀상 앞에서

주시민교육의 일환으로 학생들이 스스로 기획하고 실천한 결과물'입니다. 저는 '평화의 소녀상 철거 요구 및 집회 예고에 대한 입장문'을 내고 이를 "즉각 중단할 것을 요청"하였습니다. '역사 왜곡과 혐오 표현은 교육 공간에서 허용돼선 안 된다'고 생각합니다. 이에 대한 폄훼는 '표현의 자유의 범위를 넘어서는 역사왜곡'이며, 혐오와 차별과 맥을 같이 하는 행위입니다.

저는 경찰에 학교 앞에서 이루어지는 이들의 혐오 시위를 막아줄 것을 요청하고 현장에 나갔습니다. 다행히 이곳에서는 시위가 이루어지지 않았습니다. 그 다음 주에 이들이 다시 서초에 있는 학교 앞에서 시위를 한다는 소식이 있었기 때문에 이 학교를 방문하여 소녀상 앞에서 수업이 이루어지는 것을 참관하고 격려하였습니다.

혐오 시위나 역사왜곡에 기초한 시위에 대한 비판과 반대 캠페인은 살아있는 민주시민교육이자 역사교육입니다. 차별에 반대하는 인권 교육이고, 배타적 민족주의와 이주 배경 시민에 대한 혐오를 바로잡는 세계 시민 교육입니다. 지식습득이 아니라 실천적 활동을 통해 민주적 가치를 체화하는 것이야말로 가장 효과적인 민주시민교육이라 생각합니다. 이런 과정을 거쳐 이후 관련 법안이 국회에서 발의되었습니다.

저는 2026년 초, 비통한 심정으로 소녀상을 매춘교육으로 폄훼하고 왜곡하는 단체를 경찰에 고발했습니다. 서울교육청의 경고에도 불구하고 예고하지 않는 방식으로 학교주변을 소란하게 하고, 도저히 표현의 자유라고 인정할 수 없는 내용으로 반복적으로 법률을 부정했기 때문입니다. 아동복지법 위반, 음란물 유포나 사자 명예훼손 등을 범한 것이라고 생각했습니다.

제4장 인공지능(AI) 시대의 교육

인공지능(AI) 시대의 도래

먼저 아주 오래된 옛날 영화 이야기 하나 하겠습니다. 스탠리 큐브릭 (Stanley Kubrick) 감독의 〈2001: 스페이스 오딧세이〉(1968)라고 영화 역사상 최고의 걸작 가운데 하나이자 SF영화의 최고봉으로 꼽히는 명화입니다. 영화 속에 할(Hal)이라는 인공지능 컴퓨터가 등장합니다. 목성으로 향하는 우주선 디스커버리호에 실린 할은 인간의 언어로 우주비행사들과 대화를 나누고, 그들의 명령에 따라 우주선의 시스템을 관장합니다. 어느 날 평화롭던 우주선은 할이 스스로 생각하기 시작하면서 공포에 빠집니다. 할은 비행의 목적에 비추어 옳고 그름을 스스로 판단해 우주비행사를 공격합니다. 선장이 할의 작동을 멈춤으로써 디스커버리호는 가까스로 위기에서 벗어납니다.

그 뒤를 이어 〈터미네이터〉시리즈, 〈매트릭스〉시리즈, 〈A.I.〉(2001), 〈아이 로봇〉(2004) 등 인공지능이 주요 배역으로 등장하는 영화가 계속 나옵니다. 비교적 최근에 나온 영화로 인간과 AI의 사랑을 다룬 〈그녀(HER)〉(2013)와 〈엑스 마키나〉(2015) 등도 있습니다. 영화속에 그려진 인공지능—지금부터는 줄여서 AI라 하겠습니다—은 인간과 거침없이 대화하고, 자아를 가지고 있고, 그래서 인간과 사랑을 나누기도 하지만 배신하거나 공격하기도 하고, 인간을 지배하기도 합니다.

AI 유토피아보다는 디스토피아를 그린 영화가 많았습니다. 우리가 접해온 AI의 이미지였습니다. 하지만 우리는 이 모든 것이 영화 속에서나 가능한 상상이라 여겼습니다.

과학기술정보통신부 조사에 따르면 2024년 기준 한국의 AI 서비스 경험률은 60.3%, 이용율은 33.3%에 달한다고 합니다. 한국청소년정책연구원의 연구발표에 따르면 청소년의 55%가 ChatGPT 사용 경험이 있고, 35%가 과제 수행에 활용한다고 합니다(2024.12). 2025년 2월 엠브레인 조사에서는 10대의 95%가 ChatGPT를 써본 적이 있고, 그들 중 38%는 생성형 AI와 의미있는 정서교류가 가능할 것으로 믿는다는 결과가 나왔습니다(코리아헤럴드, 2025.2.26). 참고로 우리나라의 ChatGPT 유료사용자가 미국 다음으로 많다고 합니다. 인구수 차이를 감안하면 비율로는 세계 최고입니다. 새로운 기술과 트렌드에 빨리 적응하는 한국인의 특징이 AI에서도 유감없이 발휘되었습니다.

우리 정부도 AI 3대 강국으로 만들겠다는 야심찬 계획을 세웠습니다. 2026년에 AI에 10조1천억 원의 예산을 투입하고, AI 발전을 위해 100조 원 규모의 펀드를 조성하기로 했습니다. 이 돈으로 민간부문과 함께 국가 AI 컴퓨팅 센터를 비롯한 AI 인프라를 건설하고, AI 인재양성, 스타트업 지원 등에 나설 것이라 합니다. 정부는 특히 피지컬 AI(-Physical AI) 분야를 집중지원할 계획입니다. 피지컬 AI란 물리적 동작을 하는 AI를 말합니다. 지금까지 생성형 AI는 주로 추론을 하거나, 그 결과를 가지고 텍스트와 이미지 등의 콘텐츠를 만드는 일을 하는데 비해 피지컬 AI는 학습 결과를 토대로 물리적 동작을 하는 AI입니다. 로봇이 대표적이고, 자동차와 조선같은 제조업 현장에서도 활용됩니다.

민간부문의 AI 투자도 크게 늘어날 전망입니다. 삼성, 현대, SK, LG, 네이버, KT 등의 대기업들이 AI 및 관련 분야에 각각 수조에서 수십조에 이르는 대규모 투자 계획을 밝혔습니다. 한국 AI 산업의 특징은 반도체 제조부터 자동차 자율주행, 가전 분야의 사물인터넷, 방위산업, 의료분야의 건강관리, 신약개발, 소비자 서비스 개선 등에 이르기까지 거의 전분야에 걸쳐있다는 점입니다. 하드웨어에서 소프트웨어까지 일종의 AI 생태계가 구축되어 있습니다. 이런 특징 덕에 한국의 AI 경쟁력은 세계 3~7위권에 올라있습니다. 도시국가 규모인 싱가포르를 제외하면 미국과 중국 다음 자리에서 영국, 프랑스 등과 견주는 3위 그룹에 속합니다.

외국 기업들도 이런 한국의 경쟁력과 AI 생태계가 가진 잠재력을 높이 평가합니다. AI 분야에서 한국과 전략적 제휴를 맺고 싶어하는 외국 기업들이 AI 관련 투자를 늘리고 있습니다. 세계 최대의 자산운용사인 블랙룩은 얼마전 AI와 미래 에너지 분야에 20조 원 투자를 약속했고, 아마존, 지멘스, 르노 등도 수십억 달러 규모의 AI 관련 한국 투자계획을 발표했습니다. 오픈AI는 한국법인을 출범시키고, 한국과 AI 동맹 수준의 전략적 협력관계를 맺는데 열을 올리고 있습니다.

엔비디아 CEO 젠슨 황(Jensen Huang)은 2025년 소비자 가전 전시회(CES)에서 AI의 로드맵을 제시했습니다.

"2012년 제프리 힌턴 덕에 인식형 AI가 고양이와 강아지를 구분할 수 있게 되었습니다. 그리고 2017년 트랜스포머에 이어 2023년 챗GPT라는 생성형 AI가 나왔지요. 지금 우리는 생성형 AI 시대에 살

고 있습니다. 앞으로 로드맵은 뻔합니다. 다음으로 우리가 맞이하게
될 것은 다름아닌 에이전트 AI(Agent AI)입니다."

생성형 AI는 우리가 물어보는 것만 답을 합니다. 모든 질문 또는
명령에 대한 반응은 디지털 세상 안에서 이루어집니다. 여행계획을 짜
달라고 하면 제법 훌륭한 결과를 내놓지만 그 뿐입니다. 인간의 욕심
은 추천으로 그치는 것이 아니라 실제로 예약도 해주고, 필요하면 결
재도 해주는 AI입니다. AI의 추천을 받아 사람이 관련 앱을 켜거나 웹
사이트에 들어가 이름과 개인 정보를 입력하고 결재하던 일련의 행동
을 AI가 대신 해주는 겁니다. 지금도 생성형 AI를 학습시켜 개인의 에
이전트 AI를 만들 수 있습니다. 예를 들어 "매일 글로벌 언론을 검색해
세계 경제 동향을 분석하고, 그 결과를 두 페이지로 요약해 아침 9시
에 알람과 함께 내 스마트 폰에서 보여줘"라는 일련의 지시를 학습시
키면 그대로 해줍니다. 다만 아직 과정이 조금 복잡합니다. 그러나 조
만간 AI 서비스 기업들이 그 과정을 단순화한, 누구나 쉽게 자기만의
에이전트 AI를 만들 수 있는 서비스를 제공할 겁니다. 나아가 각각의
업무별 에이전트 AI가 있고, 그 에이전트 AI 사이에 소통이 이루어지
면 멀티 에이전트 AI가 됩니다.

하지만 이것도 디지털 환경 안에서 이루어지는 일입니다. 아날로
그 환경에서, 이를테면 "물 한 잔 떠다 줘"와 같은 지시는 이행할 수 없
습니다. 이걸 해결하는 것이 피지컬 AI입니다. 에이전트 AI의 다음 단
계는 피지컬 AI입니다. 대표적으로 로봇은 물리적 행동으로 행동하는
에이전트 AI인 셈입니다. 우리가 영화에서 보던 AI에 점점 더 가까워
지고 있다는 인상을 지울 수 없습니다. 여러 중국 기업들, 테슬라, 구

글, 엔비디아, 오픈 AI, 현대차 등이 직접 로봇 개발에 뛰어들거나 상호 전략적 협력관계를 구축하고 있습니다. 다양한 로봇이 양산단계에 들어갔고, 어떤 로봇은 이미 제조공정에 투입되었습니다. 아마 미국 현대차 공장에 로봇이 투입되어 일하는 장면을 보신 분도 있을 겁니다.

AI 시대 우리의 교육에 대한 우리 사회의 반응은 기대와 우려가 엇갈리고 있습니다. 학생들은 필요성은 인정하지만 흥미도가 상대적으로 낮았습니다. AI가 정보전달에 효과적이고, 공평하게 학생을 대하며, 재미있을 것이라 기대하는 한편, 감정적 소통이 부족할 것이라 보고 있습니다.

학부모들은 반응은 교육개발원이 AI 디지털교과서 도입과 관련해 2024년 10~11월에 실시한 집중심층면접 결과를 통해 확인할 수 있습니다. 초·중·고 학부모 19명을 대상으로 진행했는데, 한 초등학교 학부모는 교사와 학생 사이 소통이 적어질 것을 우려했습니다. "지금은 선생님들이 아이들과 아이컨택을 하면서 수업을 진행하는데 디지털교과서가 도입된다면 아이들이 화면을 보고 있는 거고 선생님과의 소통이 부족하지 않을까 염려스럽다"고 했습니다.

교사가 AI 디지털교과서에 밀려 보조적인 역할을 수행하게 될 수 있다는 지적도 나왔습니다. 교육개발원도 "교사가 학생의 학습 과정에서 단순한 관찰자나 관리자 역할로 전환될 위험성을 내포하고 있다"고 우려했습니다.

교사가 AI 디지털교과서를 얼마나 활용하는지에 따라 학생마다 교육의 질 격차가 발생할 수 있다는 우려도 제기됐습니다. 코로나19 팬데믹 때 비대면 수업 환경에서 디지털 기기를 능숙하게 잘 다루시는 분이랑 잘 못 다루시는 분의 격차를 경험했기 때문입니다.

학부모들은 수업 집중도 저하, 디지털 과몰입, 유해 콘텐츠 차단의 어려움도 우려했고, 특히 초등학교 학부모들은 AI 디지털교과서를 적용하기에 시기가 이르다고 생각했습니다.

다만 학부모들은 AI 디지털교과서를 통해 학생 수준에 맞춰 별도 문제를 제공하는 등 맞춤형 학습이 가능해질 것이라고 기대했습니다. 학생들이 누적된 학습 데이터를 보고 부족한 부분을 스스로 보완하며 자기주도학습이 강화될 것이라는 의견도 나왔습니다.

교사의 생각을 알아보기 위해 실천교육교사모임에서 기획한 책 『인공지능이 가르칠 수 있다는 착각』을 읽어보았습니다. AI 교육 전문가들의 생각과 AI 교육에 대한 교사들의 생각을 엿볼 수 있는 좋은 책입니다. 도발적인 책 제목과는 달리 책 내용은 AI 교육을 일방적으로 경원시하지 않습니다. "AI 시대, 교육의 가치와 교사의 역할을 다시 묻다"라는 책의 부제에서 드러나듯 고민과 모색을 시도한 책입니다.

책은 인공지능(AI)을 교육 현장에 도입하는 흐름 속에서, "AI가 교사 역할을 대체할 수 있다" 혹은 "교육은 기술로 충분하다"는 믿음이 퍼지고 있는데, 이 믿음이 교육의 본질, 교사의 역할, 몸·관계·맥락이 있는 학습이라는 측면을 간과할 수 있다고 경고합니다.

학교와 교실은 단지 지식 전달의 장소가 아니라, 학생과 교사·동료가 함께 배우고 관계 맺으며 성장하는 공동체인데, AI는 정보 처리에 탁월할 수 있지만, 몸으로 체득하는 학습이나 교사-학생의 대면적 상호작용과 교육적 돌봄까지 대체하지 못한다는 것이죠.

AI를 교육에 도입하면서 격차 확대, 의존성 증가, 학생의 사고력 저하 등의 위험이 등장하고 있다는 점도 강조합니다. 예컨대, AI를 이용해 과제나 글쓰기를 대체하면 '생각하고 쓰는 훈련'이 약화될 수 있다는 겁니다. 또한 기술 사용 자체가 목표가 될 때, 교육이 '인간을 키우는 일'이 아니라 '기계 도구를 사용하는 일'로 전환될 위험이 있다고 우려합니다.

AI 시대 교사의 역할에 대해서도 언급합니다. 교사는 기술을 활용하거나 통제하는 사람이 아니라, 학생이 문제를 스스로 인식하고 구성하며 해결하도록 돕는 존재여야 한다는 주장입니다. 또한, 교육은 단순히 지식량을 늘리는 것이 아니라 사람답게 살기 위한 학습, 리터러시·공감·비판적 사고를 길러내는 과정임을 재확인해야 한다고 주장합니다.

"제가 강조하고 싶은 것은 기술이 급진적으로 세계를 재구성할 때, 교육이 해야 할 일은 더욱 급진적인 가치의 도입을 통해 이에 대응해야 한다는 점이에요."(『인공지능이 가르칠 수 있다는 착각』, 188쪽)

저자와 교사들 문제 제기의 핵심은 위 인용구에 담겨있다고 생각합니다.

AI 교육에 대한 근본적인 질문

AI 교육에 대한 학생과 학부모들의 반응과 우려 모두 충분히 이해할 수 있습니다. 『인공지능이 가르칠 수 있다는 착각』의 저자와 교사들의 주장도 대부분 공감이 갑니다. 특히 교육의 본질에 대한 근본적인 질문을 던진 것은 의미있는 시도라 생각합니다. 그럼에도 불구하고 몇 가지 생각할 부분이 있습니다.

우선 먼저 짚고 넘어갈 것은 AI 교육과 AI 디지털 교과서를 활용한 교육은 다르다는 점입니다. 이미 AI 디지털교과서는 초·중등교육법 개정으로 법적 지위가 교과서에서 교육자료로 격하되었습니다. 의무채택 대상에서 제외됐고, 검정 절차도 중단되었습니다. 교육현장에 혼란만 일으킨 전 정부의 조급한 정책추진이 이렇게라도 바로잡힌 것이 천만다행입니다. 전교조와 한국교원단체총연합회(교총) 등 교원단체도 모두 환영 논평을 냈습니다. 그러나 처음부터 AI 디지털교과서는 AI 교육의 극히 일부에 불과했습니다. 위에서 살펴본 의견도 대부분 AI 디지털교과서 도입을 전제로 했기에 부정적으로 기운 것이 아닌가 생각합니다. 처음부터 우리의 논의를 AI 디지털교과서가 아니라 AI 교육 전체로 넓힐 필요가 있었습니다. 따라서 학생을 위한 AI 교육의 정의를 우선 짚고 넘어갈 필요가 있습니다.

디지털 기술을 통한 교육혁신을 추동하는 것을 목적으로 하는 미국의 비영리기구 디지털 프로미스(Digital Promise)은 AI 리터러시를 'AI를 이해(Understand), 평가(Evaluate), 활용(Use)'할 수 있는 능력이라 정의합니다. 비슷한 성격의 에듀코즈(EDUCAUSE)는 AI 리터러시를 'AI가 어떻게 작동하는가에 대한 기초이해, AI 도구의 적용을 비판적으로 평가할 수 있는 역량, 학교·학습 현장에서 효과적으로 적용·통합할 수 있는 실용적 능력, 그리고 윤리적·사회적 맥락에서 책임감 있게 활용할 수 있는 태도'로 정의합니다.

이를 교육 내용으로 바꿔서 말하면, 첫째, AI의 기초 개념 교육입니다. AI가 뭔지, 머신러닝·신경망·데이터훈련 등은 어떻게 이루어지는지, AI의 한계는 뭔지 등을 배우는 기술적·이론적 학습입니다. 이를 통해 AI 도구로 이용하는 수준을 넘어 그 내부 구조나 위험성까지 알 수 있으며, AI에 대해 비판적이고 윤리적인 태도를 가질 수 있습니다.

두 번째로 AI의 활용 방법에 대한 교육입니다. 챗GPT와 같은 생성형 AI의 사용방법, 프롬프트 설계, AI를 학습·과제·문제해결 등에 어떻게 적용하는지를 가르쳐 학생들이 학습활동이나 생활에서 AI를 도움도구로 활용할 수 있도록 역량을 기르는 교육입니다. 구체적인 방안으로 과제 작성, 자료 요약, 코드 자동완성, 영상편집 등을 실제로 같이 해보는 실습이나 워크샵 등이 있습니다.

세 번째는 교과 및 교육활동 내에서 AI를 활용하는 교육입니다. 이것도 활용 역량 교육의 일환이지만 AI를 더 통합적으로 적용하는 것입니다. 수학 수업에서 AI 기반 적응형 학습시스템을 도입하거나, 역사 수업에서 AI 생성도구를 활용해 토론자료를 만들게 하는 등의 교과 내 통합입니다.

네 번째는 알고리즘 설계, 머신러닝 모델 구현, 데이터분석 등 AI를 설계·개발할 수 있는 능력을 기르는 것입니다. 이것은 초중등 교육과정에 담을 수 있는 수준이 아니고 고등교육 과정에서 이루어져야 하는 교육입니다.

이를 종합하면 학생 대상 AI 교육이란 개념적·기술적 이해, 도구적 활용, 비판적 평가 및 윤리적 태도를 포함하는 복합적 역량을 키우는 교육입니다. AI 디지털 교과서가 많은 우려와 혼란만을 남기고 후퇴하게 된 원인은 AI 교육의 복합적 성격을 도외시하고 도구적 활용만을 먼저 시작했다는 데에 있습니다.

AI 교육에 대한 학생·교사·학부모의 우려와 AI 교육의 정의를 함께 짚어보면서 AI 교육의 방향과 미래를 함께 생각해보면 좋겠습니다.

첫째, AI가 실제로 학습에 도움이 될 것인가에 대한 우려입니다. AI에 대한 의존성이 높아지면 오히려 사고력이 저하될 것을 우려합니다. 디지털 과몰입으로 학업을 소홀히 하거나 수업집중도가 떨어질 것으로 봅니다. 그럴 수 있습니다. 구글 이펙트(Google effect)란 말이 있습니다. 인터넷 검색엔진에 의존하다 보니 온라인에서 쉽게 찾을 수 있는 정보를 잊어버리는 경향을 말합니다. 그러나 역설적으로 그런 위험을 안고 있기 때문에 AI 교육이 필요합니다. AI의 기본 개념과 한계, AI의 올바른 활용법, AI를 활용하면서도 사고력과 비판적 판단능력을 증진하는 방법, 윤리적인 태도 등을 가르쳐야 합니다. 특히 요즘 AI를 이용한 딥페이크 범죄가 늘어나고 있습니다. 우리 청소년들이 여기에 유혹당하지 않도록 각별한 주의가 필요합니다.

AI를 쓰지 않으면 될 것 아니냐? 현실을 보지 않을 수 없습니다.

이미 우리 학생들은 AI의 영향에 전면적으로 노출되어 있습니다. 학교에서 가르치지 않아도 집에서 사용합니다. 친구들과 PC방에서 사용합니다. 앱 하나만 깔면 스마트폰으로 AI에 쉽게 접근할 수 있습니다. 2024년 조사 기준, 대략 2/3 정도의 청소년들이 생성형 AI를 접해본 적이 있고, 1/3 정도의 청소년들이 과제작성에 활용한다고 합니다. 2025년 초의 엠브레인 조사에서는 사용경험이 95%나 되고, 40% 가까운 청소년들이 생성형 AI와 의미있는 정서적 교류가 가능하다고 답했습니다. ChatGPT가 등장한지 불과 2년 만에 벌어진 일입니다. 앞으로 확산속도는 더 빨라질 겁니다.

두 번째는 교사와 관련된 것입니다. 교사와 직접적 소통이 줄어들거나 교사가 보조적인 역할로 전락할 것이란 우려입니다. 또 교사의 역량 차이에 따라 교육에 질적인 차이가 발생할 거란 우려도 나옵니다. 이 또한 타당한 걱정입니다. 그러나 AI 시대에 교사 역할은 재정의되어야 합니다. AI가 지식 전달을 대체하는 만큼, 전통적인 지식 전달자의 역할에서 벗어나 학생들의 멘토이자 코치가 되어 학습 동기를 부여하고, 비판적 사고력과 창의력을 키우며, 진로를 찾는 일 등에 더 집중할 수 있습니다. 저는 교사들이 오히려 학생들과 더 소통이 원활해질 수 있고, 역할이 더 커질 수 있다고 봅니다. 물론 이런 변화가 짧은 기간에 이루어지지는 않을 겁니다. 교사들의 준비가 필요합니다. 새로운 교수 방법도 연구·개발해야 합니다.

서울교육청은 2025년도에 '서울교육, AI로 미래를 상상하다'는 대주제 아래 연속 진행한 포럼의 두 번째 행사(주제: AI와 에듀테크를 활용한 교실 혁명)에서 교사의 역할 변화에 대해 논의했습니다. 지식 전달과 맞춤형 문제 풀이는 AI(High-Tech)가 담당하고, 교사는 학생의 정서 케어, 상담, 동기 부여 등 인간적인 연결(High-Touch)에 집중하는 모델입니다.

세 번째는 AI가 교육격차를 심화시킬 것이란 우려입니다. AI는 학업능력이 우수한 학생들이 더 잘 활용하기 때문에 오히려 교육격차가 더 벌어질 것이란 말입니다. 소위 마태효과(Matthew Effect-있는 자는 더 넉넉해지고 없는 자는 있는 것마저 빼앗긴다"는 성경 구절에서 유래한 사회학적 현상)입니다. 이주호 전 교육부 장관은 AI 디지털교과서를 도입할 때 지역 및 소득에 따른 교육격차를 해소하는 것을 목표로 한다고 했습니다. 이대로 그냥 놔두면 AI는 소득과 지역에 따른 교육격차를 심화시킬 수 있습니다. 그런데 이것이 AI 교육을 하지 말아야 할 근거가 될 수는 없습니다. 오히려 그렇기 때문에 공교육이 반드시 AI 교육을 해야 합니다.

앞서 말씀드린 것처럼 학교가, 공교육이 AI 교육을 하지 않아도 학생들은 개인적으로 AI를 접합니다. 호기심에서든 과제를 위해서든 생성형 AI를 사용합니다. 공교육이 AI 교육을 하지 않으면 부모의 소득이나 학력, 지역적 여건, 본인의 학업능력 등에 따라 AI를 쉽게 접하고, 활용방법을 쉽게 배워 학업에 능숙하게 활용할 수 있는 학생들의 학업성취도가 더 올라가고, 교육격차는 더 벌어집니다. 과거 디지털 전환 초기 나왔던 디지털 격차에 이어 AI 격차가 발생하는 겁니다.

네 번째는 교육의 본령에 관한 조금 더 근본적인 질문입니다. 실천교육교사모임은 "학교와 교실은… 학생과 교사·동료가 함께 배우고 관계 맺으며 성장하는 공동체"이고, 교육은 "사람답게 살기 위한 학습, 리터러시·공감·비판적 사고를 길러내는 과정"이며, AI는 "몸으로 체득하는 학습이나 교사-학생의 대면적 상호작용과 교육적 돌봄까지 대체하지 못한다"는 의견을 줬습니다. 읽기와 글쓰기의 중요성을 강조했습니다.

이것 역시 타당한 말입니다. 그러나 AI 교육이 이러한 교육의 본령을 해친다는 명백한 근거가 부족합니다. 아무도 "AI가 교사 역할을 대체할 수 있다" 혹은 "교육은 기술로 충분하다"고 이야기하는 사람은 없습니다. AI 교육과 교사들이 말하는 교육의 본령은 배치되지 않습니다. 오히려 더 AI를 활용해 학생들과 더 충분히 교감하고, 비판적 사고를 길러내는데 집중할 수 있습니다. 함께 그 길을 찾아야 합니다.

다만, 초등학생 교과과정에 AI 교육을 포함시키는 것에 대해서는 신중하게 생각해야 할 부분이 많습니다. 초등학생의 인지적·사회적 발달과정을 감안할 때 초등학생들은 아직 메타인지 기능, 비판적 사고, 자기조절 학습역량이 충분히 발달하지 않은 상태이기 때문에 교사와의 직접적 상호작용과 감정적 피드백, 문제해결 활동이 학습 효과에 있어서 매우 중요합니다. 2025년 4월 발표된 '초등학교의 AI 리터러시 교육'에 대한 리뷰도 무엇을 가르칠 것인지, 어떤 방식으로 가르칠 것인지에 대한 설계가 미비하고, 학습자의 발달단계 및 사회·정서적 맥락을 고려해야 한다고 지적했습니다.

AI 기술의 발전과 확산은 거스를 수 없는 현실입니다. 기술발전은 긍정적이든 부정적이든 교육환경을 변화시킵니다. 관건은 우리가 어떻게 준비하고 어떻게 대응할 것인가입니다.

　청소년들의 생성형 AI 사용실태와 영향에 대한 스웨덴의 연구가 참조할 만합니다. 2024년 8월, 스웨덴 룬드대학교 연구팀이 청소년들의 생성형 AI 사용실태와 영향에 대한 연구결과를 발표했습니다. 중학생의 14.8%, 고등학생의 52.6%가 생성형 AI를 학업에 사용하고 있는 것으로 나타났습니다. 우리와 얼추 비슷한 수치입니다. 연구팀은 특히 학생들의 실행 기능(Executive Function, EF)과 AI 사용 간의 관계에 주목했습니다. 실행 기능은 계획 수립, 집중력 유지, 과제 완수 등 학업 성취에 중요한 인지 능력을 말하는데, 실행 기능에 어려움을 겪는 학생들일수록 학업에 AI를 더 유용하게 여기는 것으로 나타났습니다. 특히 이들은 과제 완수에 AI를 활용하는 경향이 강했습니다. 이는 AI가 실행 기능이 부족한 학생들에게 일종의 '보완 도구' 역할을 하고 있음을 시사합니다.

　연구보고서는 "이는 AI가 학습 격차를 줄이는 데 도움이 될 수 있다는 가능성을 보여준다"고 설명했습니다. 하지만 그는 동시에 "AI에 과도하게 의존하면 장기적으로 학생들의 인지 능력 발달을 저해할 수 있다"고 경고했습니다. 실제로 학생들은 AI를 과제 시작이나 구조화보다는 주로 과제 완수에 활용하는 것으로 나타났는데, 이는 AI가 학생들의 능력을 보완하기보다는 대체하고 있을 가능성을 보여줍니다. AI가 교육에 미치는 영향이 학업 성취도 향상과 인지 능력 발달 저해라는 양면적 성격을 갖는다고 볼 수 있다는 것입니다.

　결론적으로 이 연구 결과는 AI가 이미 우리 생활의 일부가 된 만큼 교육계가 이 새로운 기술을 어떻게 현명하게 활용하여 모든 학생의 잠재력을 최대한 끌어올릴 수 있을지 진지하게 고민해야 할 때이며, AI를 단순히 금지하거나 방임하기보다는, 학생들이 AI를 비판적이고 창의적으로 활용할 수 있도록 안내하는 것이 중요하다고 강조합니다.

지금까지 'AI 시대 교육은 어떻게 되어야 할 것인가'를 주로 말씀 드렸습니다. 일단 제가 앞서 말씀드린 내용은 AI 기술발전은 피할 수 없다, 현실을 인정해야 한다, 공교육이 적극적으로 끌어안지 않으면 AI 격차는 더 커진다, 학생들에게 AI를 활용하는 능력을 가르쳐야 하며, AI를 활용한 통합 교과과정을 개발해야 한다, 단 AI에 대한 비판적이고 윤리적인 태도를 견지할 수 있도록 AI 리터러시 교육이 필요하다 등으로 요약할 수 있겠습니다.

우리는 여기서 더 근본적인 질문을 던져야 합니다. AI 교육이 아니라 'AI 시대의 교육이란 무엇인가', 'AI 시대에 무엇을, 어떻게 가르칠 것인가', 'AI 시대에 갖춰야 할 핵심적 미래역량은 무엇인가'에 대해서 물어야 합니다. AI 시대의 교육은 역설적으로 AI가 할 수 없는 인간 고유의 능력을 키우는 것이 되어야 합니다. 인간의 고유성을 강화하는 것이 AI 시대 교육의 새로운 목표가 되어야 합니다. 구체적인 내용을 살펴봅시다.

첫째, 질문하는 능력입니다. 답은 AI가 더 빠르고 정확하게 찾습니다. 이제는 AI에게 올바른 질문을 던지고, 문제의 본질을 정의하는 능력이 핵심 역량이 됩니다. 올바른 질문을 던지는 것을 프롬프트 엔지니어링(Prompt Engineering)이라고 합니다.

둘째, 비판적 사고와 검증 능력입니다. AI의 한계와 AI가 생성한 정보의 사실 여부를 판단하고, 편향성을 걸러낼 수 있는 디지털 문해력이 필수적입니다.

셋째, 공감과 협업 능력입니다. 타인의 감정을 이해하고 갈등을 조정하며 협력하는 능력은 AI가 대체할 수 없는 인간의 고유 영역입니다.

넷째, 메타인지입니다. 자신이 무엇을 알고 무엇을 모른지, AI가 필요한 순간과 인간의 직관이 필요한 순간을 구분하는 상위 인지 능력을 말합니다.

'미래를 여는 협력교육'이 바라보고 있는 방향과 일치합니다. 유네스코가 『교육의 미래 2050』 보고서를 통해 제시한 핵심적 미래 역량인 협력과 연대, 상호작용 능력, 지속가능성, 비판적 사고 및 정보 해석 능력, 공감 및 사회 변혁 능력 등과도 맞아 떨어집니다.

교육과정도 변해야 합니다. 모든 학생이 똑같은 진도를 나가는 표준화된 공장형 모델에서 데이터 기반의 맞춤형 모델로 변화해야 합니다. AI 리터리시 교육에 국·영·수 못지않은 중요성을 부여해야 합니다. AI의 기본 개념, 작동원리, 한계 등에 대한 기술적·이론적 학습과 데이터 편향 등의 AI 윤리를 학습해야 합니다. 인간에 대한 이해를 높이기 위한 문학, 역사, 철학 등 인문학적 소양을 강화해야 합니다. 수학과 과학 과목은 계산보다 수학적 모델링이나 과학적 추론 과정을 깊이 다루는 개념 중심의 수업으로 전환해야 합니다.

평가도 변해야 합니다. 학생들이 AI의 도움을 받아 과제를 하면 결과물을 쉽게 만들 수 있습니다. 따라서 결과보다 결과를 만드는 과정을 중시해야 합니다. 그리고 AI의 도움을 받아 결과물을 만들었더라도 그것을 얼마나 이해하고 자신의 것으로 소화했는지를 가늠할 수 있도록 평가방식, 즉 구술발표의 비중을 늘려야 합니다.

AI 시대의 미래교육전환

AI 시대 진로선택에 대한 조언으로 "기계가 하지 못하는 일을 하라"는 말이 있습니다. 일견 맞는 말같지만 사실 공허한 말입니다. 기술의 발전 속도가 너무 빨라 못하는 일의 경계가 매일 무너지고 있기 때문입니다. 우리 학생들이 사회에 진출할 때 어떤 직업이 남고, 어떤 직업이 사라질지 알 수가 없습니다. 따라서 진로지도의 방향은 직업을 잘 선택하는 것에서 역량을 갖추는 것으로, 그리고 AI를 피하는 것이 아니라 AI 위에 올라타는 것으로 전환되어야 합니다.

학생들에게 '미래에 유망한 직업 리스트'를 주는 것은 이제 무의미합니다. 대신 어떤 직업을 선택하든 적용할 수 있는 판단 기준을 심어주어야 합니다.

먼저 대체가 아니라 협업 가능성을 봐야 합니다. AI와 경쟁하는 직업은 위험하지만, AI를 도구로 부리는 직업은 오히려 더 강력해집니다. "이 직업은 AI가 대신할까"라고 묻는 대신 "이 직업에서 AI를 비서로 쓴다면 나는 무슨 결정을 내리는 리더가 될까?"를 물어야 합니다. 모두 AI 개발자가 될 수는 없고, 또 그럴 필요도 없습니다. 그러나 회사원, 변호사, 작가, 엔지니어, 심지어 자영업에 이르기까지 어떤 직종에서든 AI를 다루는 능력이 곧 그 직업의 생존 능력이 됩니다. AI를 다루는 능력 가운데 가장 중요한 것은 질문하는 능력입니다. 그런 점에서 AI 활용교육은 역량을 키우는 진로 지도의 일환입니다.

기계가 잘 못하는 일이 있긴 합니다. 상황에 따라 정답이 바뀌거나 아예 정답이 없는 문제, 복잡하고 비정형적인 문제일수록 기계가 잘 못합니다. 반대로 정해진 매뉴얼대로 하는 일은 가장 먼저 대체됩니다. 반복적인 훈련이 필요한 전공보다는 여러 학문을 융합해 복잡한 문제를 해결해야 하는 일이 상당기간 인간의 영역이 될 겁니다. 이를 위해 연결지능을 키워야 합니다. 이를테면 미술과 데이터를 연결하고, 농업과 로봇을 연결하는 겁니다. 문·이과 구분이 없는 독서와 다양한 분야의 융합 프로젝트 경험을 갖는 것이 도움이 됩니다.

사람의 마음을 읽을 줄 알고 움직이는 능력이 중요합니다. 기술이 고도화될수록 사람들은 역설적으로 '따뜻한 인간의 터치'를 갈망합니다. 타인의 감정을 이해하고, 공감하고, 설득하고, 갈등을 조정하고, 협력하는 능력은 AI가 대체할 수 없는 인간의 고유 영역입니다. 어떤 직종에서든 외국어 능력이나 특정한 스킬보다 더 중요한 역량으로 평가받게 될 겁니다.

회복탄력성을 길러야 합니다. 이미 평생직장의 개념은 사라졌습니다. 기존 직업이 대체되거나 사라졌기 때문이 아니라 청년세대는 스스로 직장을 자주 옮깁니다. 현재 청년세대의 첫 직장 평균 재직 기간은 2024년 기준 약 1년 6개월에 불과합니다. 스스로의 선택이든, AI 도입으로 일자리가 사라지든 새로운 기술을 배워 다시 시작할 수 있는 학습 민첩성을 키워야 합니다.

서울교육청은 AI 시대의 미래 교육을 위해 열심히 준비하고 있습니다. 2025년 한 해 동안 ˝서울교육, AI로 미래를 상상하다˝라는 대주제 아래 연속 포럼을 개최했습니다. 디지털 기반 교육 혁신의 방향성을 모색하고 현장의 안착을 돕기 위해 기획되었습니다. 1차 포럼은 방향성을 세우는 총론을 다뤘고, 2차 포럼은 각론으로서 수업 방법, 3차는 안전과 가치는 AI 윤리를 논의했습니다.

1차 총론의 주제는 디지털 대전환 시대, 서울교육의 비전과 전략입니다. 핵심 내용은 교육의 패러다임이 '표준화된 교육'에서 '개별 맞춤형 교육'으로 전환되어야 함을 선언했습니다. 그에 따라 교육청은 인프라 기기 보급 역할을 넘어 데이터 기반의 학습 분석 시스템 구축 필요성 강조되었습니다. 서울교육청이 보급하는 1인 스마트기기 디벗(디지털과 벗의 합성어)이 맞춤형 학습의 핵심 매개체가 되어야 한다는 논의가 이루어졌고, 모든 학생이 디지털 리터러시를 갖추고, 교사는 에듀테크를 활용해 학생 한 명 한 명의 성장을 돕는 생태계 조성을 정책방향으로 논의했습니다.

2차 각론으로 AI와 에듀테크를 활용한 교실 혁명을 논의했습니다. 실제 교실 현장에서 AI가 어떻게 적용될 수 있는지 구체적인 방법론(How-to)을 다루었습니다. 지식 전달과 맞춤형 문제 풀이는 AI(High-Tech)가 담당하고, 교사는 학생의 정서 케어, 상담, 동기 부여 등 인간적인 연결(High-Touch)에 집중하는 모델이 제시됐습니다. 그에 따라 교사의 역할은 '가르치는 사람(Lecturer)'에서 '학습 디자이너' 및 '코치'로 변화하는 것이 필수적입니다. AI 코스웨어를 활용한 수학·영어 수업, 생성형 AI를 활용한 창작 수업 등 현장 교사들의 실제 사례도 공유했습니다.

3차 포럼 주제는 안전하고 신뢰할 수 있는 AI 교육 환경과 디지털 시민성입니다. 기술 도입에 따른 부작용을 예방하고, AI를 올바르게 사용하기 위한 윤리적 기준과 인간성을 논의했습니다. AI 윤리로는 데이터 편향성, 허위 정보, 표절 등 생성형 AI가 가져올 문제점에 대한 대응 방안을 논의했고, 학생들이 디지털 공간에서 타인을 존중하고 책임감 있게 행동하는 능력, 즉 디지털 시민성을 기르는 교육의 중요성을 논의했습니다. 아울러 AI가 교육에 깊숙이 들어올수록 역설적으로 '인간 존엄성'과 '관계'의 가치가 더 중요해짐을 강조하며, 기술은 인간을 돕는 도구여야 함을 재확인했습니다.

AI 기반 서·논술형 평가지원시스템을 개발 중입니다. 2027년도 일반 학교 도입이 목표입니다. AI를 활용해 과제나 글쓰기를 대체하면 사고력이 저하될 것이란 우려가 나옵니다. 틀린 말이 아닙니다. AI 시대일수록 읽기와 쓰기가 중요합니다. 읽기와 쓰기 교육을 강화해야 하며, 서·논술형 시험을 확대해야 합니다. 그동안 문제는 채점에 많은 시간이 소요된다는 것과 평가의 일관성에 대한 의문이었습니다. AI 기반 서·논술형 평가지원시스템은 교사의 채점을 보조하고, 채점의 일관성을 확보하며, 학생 개개인에게 즉각적인 피드백을 제공하는 것을 목표로 합니다. 개발이 완료되면 서울교육청이 구축 중인 'AI 기반 교수학습플랫폼'과 연계해 수업과 평과가 유기적으로 이루어지도록 할 계획입니다.

2024년 11월에는 건국대학교와 함께 에듀테크소프랩을 개소했습니다. 에듀테크소프트랩은 학교와 에듀테크 기업을 연결하여 공교육에 적합한 에듀테크가 효과적으로 개발되고 활용될 수 있도록 돕는 기관입니다. 공교육 중심의 에듀테크 생태계를 구축하는 것을 목표로 합니다. 에듀테크가 공교육에 알맞은 기능과 안전성을 갖추고 있는지 검증하고, 교사들이 에듀테크의 교육적 효과를 체계적으로 분석할 수 있도록 지원하는 일도 하고 있습니다.

2025년에 전국 최초로 일명 SEN스쿨 구축을 완료해 운영하고 있습니다. SEN은 서울교육네트워크(Seoul Educational Network)의 줄인말로, SEN스쿨은 서울교수학습플랫폼을 의미합니다. 교수·학습에서 발생하는 다양한 데이터를 수집·분석하여 학생의 역량 강화와 교사의 수업 활동을 지원하는 플랫폼입니다.

2027년을 목표로 AI 교육센터 설립을 추진 중입니다. 센터는 학교 현장의 AI 교육 개발 및 컨설팅 지원, AI 기반 교육 프로그램 공동 개발, 교원 역량 향상 지원, AI와 에듀테크 활용 융합교육 업무 등을 총괄하는 허브 역할을 담당하게 됩니다. 이를 위하여 서울대학교 AI연구원, 연세대학교, 서울시립대학교 등과 업무협약을 맺었습니다.

서울교육 AI 종합계획을 발표하며

교실에서 아이들이 태블릿을 켜는 장면은 이제 낯설지 않습니다. 어떤 아이는 문제를 풀다가 막히면 AI에게 힌트를 청하고, 어떤 아이는 글의 초안을 만들기 위해 AI를 먼저 떠올립니다. 기술은 이미 아이들의 일상 속으로 들어와 있고, 학교가 외면한다고 해서 흐름이 멈추지 않는다는 사실도 분명해졌습니다. 그래서 저는 한 가지 질문을 자주 되뇌게 됩니다.

"우리는 지금, 아이들에게 무엇을 가르쳐야 합니까"
"그리고 무엇을 지켜야 합니까"

AI는 교육의 가능성을 넓히는 도구입니다. 학습 속도가 다른 학생들에게 맞춤형 학습을 제공하고, 교사가 한 번에 살피기 어려운 배움의 경로를 더 정교하게 보여주기도 합니다. 그러나 그 반대의 가능성도 동시에 품고 있습니다. AI에 대한 과도한 의존이 학생의 주체성과 비판적 사고를 약화시키는 '학습의 외주화'로 이어질 수 있고, 디지털 과잉과 도구 중심 사고가 관계 단절과 정서적 고립을 키울 수도 있습니다. 무엇보다, AI를 '잘 쓰는 아이'와 '쓰지 못하는 아이' 사이의 격차가 다시 사회·경제적 격차로 굳어질 위험도 큽니다.

서울교육청 AI 교육 종합계획 발표 기자회견

그래서 저는 AI 교육을 단순한 유행이나 선택 과목의 문제가 아니라, 모든 학생의 기본 역량이자 공교육이 책임져야 할 과제로 받아들이고자 했습니다. 서울교육은 그동안 '미래를 여는 협력교육'이라는 비전 아래, 학생의 성장을 중심에 두고 학교의 변화를 만들어 왔습니다. AI 교육 역시 그 연장선 위에 있어야 합니다. 기술이 앞에 서고 사람이 뒤따르는 교육이 아니라, 사람의 성장을 중심에 두고 기술을 올바르게 쓰는 교육이어야 합니다.

저는 2025년 한 해 동안 포럼과 심포지엄, 현장 교원과 전문가 논의를 이어가며 'AI 시대에 학교 교육의 역할이 무엇인가'를 교육공동체와 함께 묻고 답을 모아 왔습니다. 그 결과를 바탕으로 서울교육청은 '누구나, 안전하고 이롭게, 더 깊고 조화롭게'라는 비전 아래 초·중·고 AI 교육 종합계획을 마련했습니다. 그리고 2025년 12월 23일, 기자회견을 통해 이를 발표했습니다.

이 발표에는 세 가지 약속이 담겨 있습니다. 첫째, AI를 모든 학생의 '기본 문해력'으로 만들되, 누구도 배움에서 배제되지 않게 하겠습니다. 둘째, AI를 '정답을 대신 내주는 도구'가 아니라 '사고를 확장하는 도구'로 쓰게 하겠습니다. 셋째, 기술의 빛과 그림자를 함께 가르치며, 책임 있는 디지털 시민으로 성장하도록 돕겠습니다.

종합계획은 다섯 개의 축으로 구성됩니다. 모든 학생의 AI 책임교육, AI 기반 수업·평가 혁신, AI 시대 핵심인재 양성, 교사의 전문성 강화, 지원 체제 및 환경 구축입니다. 이 다섯 축은 서로 따로 움직이지 않습니다. AI 역량은 교실 수업에서 길러지고, 교실 변화는 교사의 전문성과 지원 체계가 있어야 가능하며, 격차를 줄이려면 책임교육과 맞춤 지원이 함께 가야 합니다. 결국 이 계획은 'AI 교육 확대'가 아니라, '서울교육이 사람의 성장과 민주적 역량을 지키기 위해 선택한 새로운 학습 질서'라고 저는 생각합니다.

먼저, 저는 AI 시대의 출발점이 '기초 소양'이라고 봅니다. AI를 잘 다루는 기술만으로는 충분하지 않습니다. AI가 제공하는 정보를 이해하고 판단하며, 필요하면 의심하고 검증할 수 있어야 합니다. 그래서 서울은 학교에서 AI·디지털 리터러시 내용체계에 기반한 기초소양 교육을 강화하고, 특정 학년을 중심으로 진단 체계를 마련했습니다. 진단은 아이들을 서열화하기 위한 장치가 아니라, 학생과 교사, 학부모가 같은 정보를 공유하며 맞춤형 교육으로 연결하기 위한 출발점입니다. 어느 부분에서 어려움을 겪는지를 정확히 알아야, 학교는 적절한 도움을 줄 수 있습니다.

기초 소양만큼 중요한 것이 'AI 윤리와 디지털 시민성'입니다. 기술은 중립적이지 않습니다. 알고리즘은 편향될 수 있고, 생성형 AI는 그럴듯한 오류를 만들어낼 수 있습니다. 따라서 '팩트체크'는 앞으로

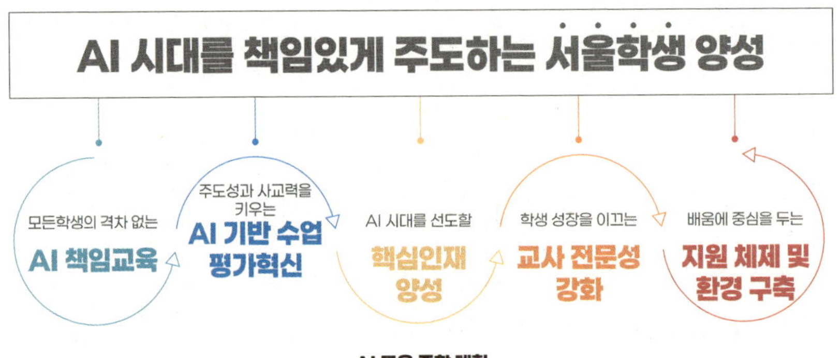

AI 교육 종합 계획

교실에서 더 본격적으로 다뤄야 할 학습이 됩니다.

저는 학생들이 허위 정보와 혐오, 조작된 이미지와 영상, 딥페이크의 위험을 스스로 판별하고 거리를 둘 줄 아는 힘을 길러야 한다고 생각합니다. 디지털 성폭력, 사이버폭력 예방 교육을 강화하는 이유도 여기에 있습니다. AI 시대의 시민성은 온라인에서의 말과 행동이 누군가에게 어떤 상처가 되는지 헤아리는 감수성을 포함합니다. 자유는 책임과 함께 배우는 것이어야 합니다.

또 하나 제가 강조하고 싶은 것은 '누구나'라는 단어의 무게입니다. 학습지원대상학생, 특수교육대상학생, 이주 배경학생에게 AI 교육이 또 다른 장벽이 되지 않도록 해야 합니다. AI는 교육을 돕는 도구이지만, 접근성의 차이가 곧바로 학습 기회의 차이가 되기도 합니다. 그래서 서울은 학생의 눈높이에 맞춘 맞춤형 자료와 지원을 함께 설계하고, 취약계층일수록 더 촘촘히 보호받을 수 있도록 지원 체계를 강화하고자 합니다. 공교육의 AI 교육은 '빠른 학생'을 위한 앞지르기가 아니라, 모든 학생이 함께 갈 수 있도록 길을 넓히는 공적 인프라여야 합니다.

둘째 축은 수업·평가 혁신입니다. 저는 AI 교육이 성공하려면 먼저 '교실의 풍경'이 달라져야 한다고 생각합니다. 아이들이 AI로 답을 먼저 찾는 교실이 아니라, 스스로 질문하고 토론하며 탐구하는 교실이 되어야 합니다. 교사는 AI·에듀테크를 활용하되, 수업의 중심을 학생의 사고 과정에 두고, AI는 그 사고를 돕는 보조자로 자리매김해야 합니다. 이를 위해 서울은 교사가 다양한 자료와 도구를 수업에 유연하게 연결할 수 있는 플랫폼을 정비하고, 데이터 기반으로 학생의 학습 특성을 파악해 맞춤 지도를 가능하게 하는 체계를 강화하려고 합니다.

평가도 함께 바뀌어야 합니다. AI가 보편화될수록 '정답을 고르는 힘'만으로는 학생의 성장을 제대로 볼 수 없습니다. 저는 서·논술형 평가의 확대가 결국 아이들의 사고를 지키는 길이라고 생각합니다. 아이가 어떤 근거로 판단했는지, 어떤 논리로 설명했는지, 어떤 관점에서 문제를 바라봤는지 평가하는 것이 중요해집니다. 물론 서·논술형 평가는 교사의 부담이 큽니다. 그래서 기술을 '채점의 대체'가 아니라 '피드백을 돕는 도구'로 활용하는 시도도 병행합니다. 교사가 평가의 본질과 학생의 성장에 더 집중할 수 있도록 지원하는 방식이어야 합니다. AI가 돕되 평가의 마지막은 교사가 결정할 것입니다.

셋째 축은 핵심인재 양성입니다. AI 시대는 모든 학생에게 기초역량이 필요하지만, 동시에 더 깊이 탐구하고 싶은 학생에게는 도약의 사다리가 필요합니다. 저는 이것이 '특권'이 아니라 학생을 위한 맞춤형"이 되어야 한다고 생각합니다. 서울교육은 AI교육센터를 기반으로 대학 및 기관과 연계한 심화 프로그램을 개발하고, 학생들이 자신의 진로 분야에서 AI를 융합적으로 활용하게 하려 합니다. 더 나아가 AI 기술을 개발하고 사회 문제 해결에 적용할 수 있도록 지원하려고도 합니다. 이는 특정 학교만을 위한 길이 아니라, 학생의 재능과 의지가 교육의 조건에 가로막히지 않도록 설계된 공공의 경로가 되어야 합니다.

넷째 축은 교사의 전문성 강화입니다. 저는 학교 변화의 출발점이 '선생님'이라는 사실을 누구보다 잘 알고 있습니다. 그래서 AI·에듀테크 선도교사를 확대하고, 교사들이 자신의 수준과 필요에 맞게 선택할 수 있는 다층적 연수를 촘촘히 제공하려고 합니다. 중요한 것은 '모두에게 똑같은 연수'가 아니라, 교사 스스로 학습 경로를 설계하며 성장할 수 있는 구조입니다. 또한 현장의 문제를 발견하고, AI · 데이터를 활용해 업무 효율화나 교육활동 개선 프로그램을 만들어 내는 '교사 개발자'의 성장을 지원하려고 합니다. 교사는 기술의 소비자가 아니라, 교육의 전문가로서 기술을 재구성할 수 있어야 합니다.

마지막 축은 지원 체제와 환경 구축입니다. AI 교육은 교실 한 칸에서만 완성되지 않습니다. 콘텐츠의 질, 개인정보 보호와 보안, 기기의 안정적 운영, 학교 간 인프라 격차 해소, 그리고 무엇보다 가정과 지역사회와의 협력이 함께 움직여야 합니다. 저는 학부모 교육이 중요한 이유도 여기에 있다고 봅니다. 아이들이 가정에서 AI를 어떤 방식으로 접하는지에 따라, 학교에서 배우는 윤리와 시민성이 힘을 얻기도 하고 무너뜨려지기도 합니다. 그래서 학교와 가정이 같은 언어로 AI를 이야기할 수 있도록 돕는 것이 필요합니다.

저는 이러한 종합계획을 발표하면서 서울교육이 한 가지를 분명히 하기를 바랐습니다. AI 시대의 교육은 '기술을 가르치는 일'이 아니라 '사람을 지키는 일'이라는 점입니다. 기술이 아무리 발달해도, 배움의 주체는 학생이어야 합니다. 질문하는 힘, 생각하는 힘, 타인과 협력하는 힘, 그리고 책임 있게 선택하는 힘이 교육의 핵심입니다. 서울교육은 AI를 통해 그 힘을 키우고자 합니다.

앞으로도 우리는 여러 논쟁을 만나게 될 것입니다. AI를 어디까지 허용할 것인지, 어떤 과제에서 어떻게 활용할 것인지, 공정성과 윤리는 어떻게 담보할 것인지, 교사의 부담과 학생의 권리는 어떻게 균형을 이룰 것인지 끊임없이 토론해야 합니다.

그러나 저는 흔들리지 않는 기준 하나를 갖고 있습니다. 누구나 안전하고 이롭게 AI를 배우되, 더 깊고 조화롭게 성장하도록 돕는 것, 그 길에서 공교육이 책임을 회피하지 않는 것입니다.

저는 서울학생이 AI 시대의 '사용자'에 머물지 않고, AI 시대의 '주인'으로 성장하기를 바랍니다. 기술을 소비하는 사람이 아니라, 기술을 이해하고 통제하며, 공동체를 더 나은 방향으로 이끄는 시민이 되기를 바랍니다. 서울교육은 그 성장을 돕는 가장 든든한 울타리가 되겠습니다. 그리고 그 울타리가 단단해질수록, 아이들은 더 멀리, 더 자유롭게, 더 인간답게 성장할 수 있을 것이라고 믿습니다.

서울교육청 나름대로 AI 시대의 미래교육에 대비하기 위해 노력하고 있지만 혼자 힘으로는 불가능합니다. 교육부와 과학기술정보통신부, 대학, 광역 교육청 등이 함께 AI 시대 미래교육의 밑그림을 그려야 합니다. 궁극적으로는 현 교과 과정 전체를 재검토하고 AI 시대에 적합한 교과 과정으로 전면 개편해야 합니다. 교과목에 생성형 AI를 활용한 교수 방법을 개발해야 합니다. 지난 정부 교육부가 전체 교과 과정에 대한 숙고없이 불쑥 AI 디지털 교과서를 내놓은 것은 전형적인 졸속 행정입니다. 기존 교원들을 훈련시키는 것과 함께, 전문 교사를 대거 확충해야 합니다. 중앙정부가 나서야 합니다. 지속적으로 의논하고, 문제제기하고, 요청하겠습니다.

제3부

행복한 학교로 가는 길을 걸으며

2025년 7월, 서울교육청의 교육정책국장 등 간부 6명과 함께 핀란드와 에스토니아를 방문했습니다. 핀란드의 초·중등교육은 교육의 질과 형평성의 조화가 돋보인다는 평가로 유명합니다. 에스토니아는 전자정부도 잘 구축되어 있고 디지털 교육에서 앞서가는 나라로 알려져 있습니다. 이번 방문도 두 나라의 AI 및 디지털 교육에 대해서 주로 살펴보기 위한 것이었습니다. 핀란드 교육문화부와 국가교육위원회, 교육기관, 각급 학교와 교육시설 등을 방문했고, 교사 및 학부모와 대화 시간도 가졌습니다. 디지털 교육 전환 정책, AI 인재양성, 초·중등 교육에서 AI 적용방안, 교실에서의 디지털 교육 사례, 학부모의 반응 등에 대해 보고, 듣고, 또 묻는 시간을 가졌습니다.

핀란드의 교육 관계자와 대화하면서 핀란드 교육의 핵심 목표에 대해 물어봤습니다. 학생의 전인적 성장과 웰빙(well-being)이라는 답변이 돌아왔습니다. 단순한 학업 성취도 향상을 넘어 학생 개개인이 건강하고 행복하게 성장하는 데 중점을 둔다는 것입니다.

핀란드 교육당국의 웰빙 개념은 매우 포괄적입니다. 신체적, 정신적, 사회적, 경제적 측면을 모두 포함합니다. 신체적 건강이라는 목표 달성을 위해 학생이 충분히 잘 자는지, 건강한 식사를 하는지, 충분한 신체적 활동을 하는지 등을 모두 살핀다고 합니다. 학생의 웰빙이 권리(right)로 규정되어 있고, 교육제도에서 필수적 요소로 간주하고 있습니다. 교육제도 설계 원칙 중 하나로 '웰빙이 학습의 전제조건(Well-bing supports learning)이라고 봅니다. 다시 말해서 핀란드에서는 학생이 육체적·정신적으로 안정되어야 제대로 학습할 수 있다는 인식이 확립되어 있다는 것이죠.

핀란드 학생들은 이런 교육목표 아래 건강하고 행복한 학교생활을 누리면서도 2000년대 초·중반까지 국제학업성취도평가(PISA)에서 세계 최고 수준을 보여주었습니다. 두 마리의 토끼를 잡는 데 성공한 것입니다. 최근 들어 국제 순위가 약간 하락했고, 핀란드 내에서 역량 저하를 우려하는 보고서가 나왔지만 여전히 수리, 읽기, 과학 등의 영역에서 핀란드의 점수는 OECD 평균을 상회하고 있습니다. 그리고 순위가 내려간 원인도 핀란드 교육의 질이 떨어져서라기보다 다른 국가들이 빠르게 개선되면서 순위가 조정된 측면이 큽니다.

우리는 왕왕 학생들에게 미래를 위해 현재의 행복을 유보하고 고통을 감내해야 한다고 말합니다. 우리 기성 세대가 그런 환경에서 교육을 받았고, 미래 세대에게도 같은 요구를 하고 있습니다. 그러나 학생이 미래를 위해 현재의 모든 행복을 유보하는 것은 더 이상 바람직하지도 또 가능하지도 않습니다. 그렇다고 힘들고 인내심을 요구하는 학습을 도외시할 수도 없습니다. 학습은 인지적 성장에 반드시 필요하며, 어느 정도의 고통이 따릅니다. 자연주의 교육론을 전개한 루소(Jean-Jacques Rousseau)는 『에밀』에서 고통을 경험하고 인내하는 것이 교육의 첫 번째이자 가장 유용한 교훈이라고 했습니다. 언제나 필요한 것은 균형입니다. 미래역량을 키우는 것과 현재의 행복추구가 학생 안에서 균형을 이루는 것이 바람직합니다. 마치 사람들이 젊은 시절 즐거움만 추구하지 않고 노후대비를 위해 저축도 하고 운동도 하는 것과 같습니다.

핀란드와 비교해 보면 우리의 교육 현장은 심각합니다. 학교와 가정 모두에서 우리 학생들이 듣는 말이란 "열심히 공부하라"는 것뿐입

니다. 지나친 경쟁으로 대부분의 학생이 격심한 학업 스트레스를 받습
니다. 초등생 시절부터 선행학습을 시작하고, 중·고등학생은 시험과
과제에 질식당하기 일쑤입니다.

이제 서울교육도 학생의 웰빙을 교육의 중요한 목표로 삼아야 합
니다. 웰빙은 우리말로 '좋은 삶' 정도로 옮길 수 있겠습니다. 좋은 삶
은 행복의 조건입니다. 학생들의 행복 경험 확장을 위해 무엇을 어떻
게 할지 고민하고 있습니다. 좀 더 교육학적 맥락을 강조한다면 웰 비
커밍(well becoming)은 어떨까 생각도 해봅니다.

그런데 현실은 어떤가요? 마음의 병을 호소하는 학생들이 늘어나
고 있습니다. 극단적 선택을 한 학생이 2025년에 더욱 늘었습니다. 더
불어 선생님들도 일상적 업무를 처리하면서 마음의 상처를 받고 고통
을 호소하고 있습니다. 교장 선생님이나 교감 선생님들도 마찬가지입
니다. 학교구성원의 마음의 병을 치유하고 마음이 건강한 학교를 만드
는 것이 교육감이 해야 할 최우선 과제로 떠오르고 있습니다.

제1장 마음이 건강한 학교

교육공동체와 함께 살아가기 시작하면서 모두의 마음이 상처받고 지쳐있는 모습이 일상적으로 다가왔습니다. 저의 이런 고민에 대해 불교계의 큰 스님들이 명상교육의 중요성을 일깨워주었습니다. 하루 잠깐 호흡에 집중하며 자신을 들여다보는 순간이, 나를 사랑하고 타인을 배려하는 마음을 길러주고 실천하게 한다는 것입니다. 매일매일의 짧고 단순한 명상이 우리의 마음을 단단하게 해줄 수 있다는 것입니다.

교육감으로 일하면서 가장 힘들고 괴로운 순간은 학생들의 극단적 선택에 관한 보고서를 받을 때입니다. 2025년 9월에 서른 일곱 번째 보고서를 받았습니다. 2024년의 수치에 근접했습니다. 더 절망적인 것은 교육감이 직접 할 수 있는 게 없었다는 것입니다. 극단적 선택을 한 학생을 추모하기 위한 문상도 갈 수 없습니다. 마흔네 번째 죽음으로 내몰린 학생의 부모가 허락하여 처음으로 문상을 갔습니다. 그러나 아무 말도 하지 못하고 부모님의 손을 잠시 잡고만 있다 나왔습니다. 우리 사회의 현실입니다. 우리 교육의 현실입니다.

코로나19 팬데믹 이후 우리 학생들의 마음 건강 지표는 계속 나빠지고 있습니다. 코로나19 팬데믹으로 사회적 관계가 줄어들었던 것이

한 가지 원인입니다. 2024년 서울 지역 자살 시도·자해 학생 수가 전
년 대비 113%, 2020년 대비 1,066% 증가할 정도로 상황이 좋지 않습
니다. 전국적으로는 자살 학생 수만 따져도 2020년 148명에서 2024
년 221명으로, 인구 10만 명 당으로는 2.77명에서 4.31명으로 늘었습
니다.

교육감 취임 직후부터 학생들의 생명과 직접 관련된 모든 사건을
저에게 보고하도록 했습니다. 그 원인을 포함한 경위 보고서를 받아
한 글자도 빠뜨리지 않고 꼼꼼히 읽습니다. 그때마다 서울교육을 책임
지고 있는 교육감으로서, 또 기성세대의 일원으로서 이 아이를 지켜주
지 못한 것에 대해 자괴감을 금할 수 없습니다. 긴급한 도움이 필요한
학생이 크게 늘어나고 있는데 기존의 선별적이고 개별 위기 중심의 대
응책만으로는 한계가 있다는 것을 절감했습니다. 기존 지원 방식에 더
해 조기 발견과 예방 중심의 맞춤형 통합지원 체계를 만들어야겠다고
결심했습니다.

저는 매일 아이들의 마음 건강을 어떻게 지켜야 할지 생각하고 또
생각했습니다. 모든 아이들의 마음 건강을 위한 교육 및 활동에서부
터, 극단적인 시도를 할 수 있는 위험군에 있는 아이들을 사전에 파악
하고 돌보는 활동, 긴급한 상황이 발생했을 때 즉각 대처할 수 있는 방
안, 그리고 이미 떠나버린 아이들 뒤로 남겨진 친구, 가족들의 상처를
나누고 보듬어 함께 살아갈 수 있는 환경을 만드는 것까지...제가 할
수 있는 최선을 다해보자고 다짐했습니다.

그러던 차에 서울의 교육단체들이 광주에서 오랫동안 이런 위기

학생들을 보호하고 긴급 구원행동 지원에 많은 경험이 있는 박주정 선생님을 초청하여 강의를 듣는 기회가 있었습니다. 그의 주장에 일리가 있었습니다. 서울교육청은 수차례 논의를 거쳐 2025년 9월 10일 '서울 학생 마음 건강 증진 종합계획'을 만들 수 있었습니다. 위기 발생 전에 예방하고, 위기에 빠진 학생들의 신호를 놓치지 않고, 위기가 발생하면 긴급 대응하고 치유하는 말 그대로 종합 정책입니다. 학교·교육청·지역이 하나의 네트워크로 유기적으로 협력하여 학생들의 마음의 울타리 역할을 하겠다는 계획입니다.

서울학생 마음건강증진 종합계획

'서울 학생 마음 건강 증진 종합계획'은 네 단계로 구성되어 있습니다.

첫째, 학교 공동체 차원의 기반 조성으로서 학교 상담 환경 조성입니다. 모든 학교에서 전문 상담실인 위(Wee) 클래스를 운영합니다. 학생의 고민을 들어주고, 학교생활을 돕는 1차 상담실이자 학생들의 쉼터입니다. 상담을 진행하다가 더 정밀한 검사가 필요하거나 학교 안에서 해결하기 어렵다고 판단되면 지역 단위의 전문 치유 기관인 위(Wee) 센터나 병원으로 보낼지 결정합니다.

이를 위해 모든 학교에 전문 상담교사를 배치할 계획을 세웠습니다. 그동안 학교폭력이 잦은 중·고등학교 중심으로 상담교사를 배치하다 보니 초등학교 가운데는 마음 건강 안전망인 상담교사가 없는 학교가 있습니다. 매년 50명 이상을 충원해서, 2029년까지는 모든 학교에 빠짐없이 전문상담교사가 활동하도록 했습니다.

둘째, 모든 학생을 대상으로 하는 보편적 예방입니다. 모든 학생을 대상으로 사회정서교육을 실시합니다. 사회정서학습은 학생의 사회적·정서적 역량을 튼튼하게 만들기 위해 설계된 프로그램입니다. 감정 인식과 조절, 스트레스 대처 등 정서적 자기관리 능력을 키우고, 경청·공감·갈등해결을 연습해 친구 관계와 상호작용이 좋아지도록 합니다. 정서교육을 통해 아이들이 더 큰 위기에 빠지기 전에 스스로 관리할 수 있습니다. 자기관리와 협업 능력이 올라가면 수업집중과 출석률이 좋아지고, 학급 분위기도 안정됩니다. 보편적 마음 건강 교육은 학생 마음 건강의 안전벨트입니다. 2025년에는 중점 학년만 대상으로 했는데 2026년부터는 전 학년으로 확대해 연간 15시간 이상 실시할 예정입니다.

사회정서교육은 단순한 '추가 수업'이 아니라 교과와 연계해 운영됩니다. 교사들의 역량강화를 위해 교원 연수와 현장지원단을 운영합니다. 2025년 하반기에 전 학년별 맞춤 수업 자료를 개발하였습니다. 교사의 수업 준비 부담을 줄이면서도 내실 있는 수업이 될 수 있도록 지원합니다. 강동송파지원청은 2025년 2학기에 전학년 대상의 사회정서교육을 시범 실시했습니다. 6개 학교를 지정해 마음 건강 학교를 시범 운영 중입니다. 마음 챙김 동아리 활동도 지원·육성하고 있습니다.

사회정서교육은 마음 건강에 관한 다양한 접근과 관점을 기반으로 풍부하게 이루어질 수 있도록 하는 것이 의미있다고 생각합니다. 행복에 관한 교육적 접근, 긍정심리학적 접근, 생명존중사상을 기반으로 하는 교육 등을 포함해 지금까지 연구·발전해 온 내용을 풍부하게 담아낼 수 있을 것입니다. 이제는 지식과 정보 중심으로 이루어진 교육을 넘어서, 이 시대 아이들은 물론 우리 모두에게 보다 절실한 교육이 무엇인지 생각하지 않을 수 없습니다. 삶을 건강하게 지탱해주는 마음 건강 교육과 삶을 조화롭고 의미있게 성장시켜주는 민주시민교육이 두 축이라고 생각합니다.

셋째, 위기 학생을 선별 지원하는 선택적 예방입니다. 위기에 놓인 학생들을 단 한 명도 놓치지 않기 위해 상시 스크리닝 체계와 고위험 학생군에 대한 긴급 대응 체계를 촘촘하게 구축했습니다. 그동안 정서 행동특성검사를 초1, 4학년, 중1, 고1학년 등 일부 학년만을 대상으로 운영했는데, 이제는 모든 학생들이 상시적으로 마음EASY검사나 마음 건강검사 도구를 활용할 수 있습니다. 교사가 수시상담을 통해 마음이 어려운 학생을 지원하고, 교원과 또래 학생 생명지킴이 교육으로 학생의 위기 징후 감지 역량을 키우고 있습니다.

서울교육청의 서울학생통합콜센터(생명비상벨 117)와 응급구조단, 26개의 위(Wee) 센터, 교육지원청의 위기지원단이 유기적으로 협력합니다. 통합콜센터는 24시간 운영해 언제라도 학생이 도움을 요청하면 최소 '48시간 내 개입'하고, 사안에 따라 응급구조단을 1시간 이내 현장에 출동시키거나, 관할 교육지원청 위기지원단과 신속 연계하는 체계를 구축하려고 합니다. 위기지원단은 11개 교육지원청별로 꾸려졌고, 학생 상담, 교사 컨설팅, 학급 지원, 학부모 교육까지 현장 밀착형 지원을 제공하고 있습니다.

또한 학교정신건강 전문의 제도를 시범 운영하고 있습니다. 서울교육청이 위촉한 전문의가 학교 현장에서 고위험군에 속한 학생과 학부모의 심층 상담, 교원들에 대한 자문 등을 제공하는 사업입니다. 학생 마음 건강 전문가 학교방문 사업도 2024년 5개 권역에서 2025년 7개 권역으로 확대했습니다. 7개의 거점 병원과 협력하고 있습니다. 상담교사만으로는 감당하기 어려운 위기 학생을 위해 거점 병원 소속 임상심리사나 전문 상담사가 학교로 직접 찾아가서 지원하는 사업입니다.

넷째, 고위기 학생에 대한 집중 지원입니다. 심한 우울증을 보이거나 자해를 시도하는 등 정신건강 위기 학생들이 응급으로 입원해 치료받으면서 계속 교육받는 시스템이 필요합니다. 지금은 응급 입원이 필요한 학생이 입원할 수 있는 병원 자체가 부족합니다. 치유 및 교육을 동시 지원하는 기관 또한 부족합니다. 병원 내 학습공간인 병원학교를 표준화하고, 지역에는 치유·상담·맞춤학습을 한 공간에서 제공하는 통합기관을 마련해야 합니다. 성평등가족부가 운영하는 국립청소년디딤센터가 좋은 모델입니다. 교육부, 보건복지부, 성평등가족부와 협의해 통합시스템 구축을 촉구할 계획입니다. 서울교육청 자체적으로 치료·학습·복귀를 끊김없이 이어주는 지역형 통합기관인 '마음 치유 학교' 설립을 추진해왔고, 2027년 하반기에 완공될 예정입니다.

요즘은 초등학생도 일상적으로 디지털 미디어에 노출되어 있습니다. 위험한 정보와 자극적인 콘텐츠에 노출될 가능성도 커졌습니다. 기술의 발달에 맞는 마음 건강 교육과 보호 체계가 더 정교해져야 하는 이유입니다. 저는 이번 계획의 핵심을 '교실 속 작은 위험 신호도 놓치지 않는 섬세함'이라고 생각합니다.

교사와 학부모, 또래 학생, 지역사회, 그리고 국가가 함께 생명 존중의 감수성을 공유하고 아이 한 명 한 명에게 더 깊은 관심이 필요합니다. 자살 예방에 대한 사회적 인식을 바꾸는 전국적 캠페인 역시 필요합니다. 생명을 지키는 메시지가 확산될 때, 사회 전체의 태도도 달라질 수 있습니다.

저는 우리 아이들이 극단적 선택을 하는 경위 보고서가 더 이상 제 책상 위에 올라오지 않는 날이 오기를 간절히 바랍니다. 학교가 아이들의 마음을 지키는 가장 가까운 울타리가 되도록 매일 노력할 것입니다. 아이들이 보내는 작은 신호도 놓치지 않는 것, 그것이 생명을 지키는 첫걸음이라고 생각하면서 일하겠습니다.

관계와 회복이 중심이 되는 학교 생활

교육부와 시도교육청은 매년 공동으로 학교폭력 실태조사를 실시합니다. 학교폭력은 아이들의 마음 건강과 밀접한 관련이 있습니다. 2024년 서울교육청이 서울 지역만 따로 추출하여 발표한 바에 따르면 서울 전체의 피해응답률은 2.1%입니다. 전국 평균과 같습니다. 학교폭력 문제 해결을 위해 노력하는 민간단체인 '푸른나무재단'의 조사 결과는 훨씬 더 높아 3~4%에 달합니다. "학교폭력입니까?"라고 직접 묻는 정부 조사와 달리 "괴로움을 느꼈습니까?"에 초점을 맞췄기 때문입니다.

학교급별로 살펴보면 나이가 어릴수록 피해 호소가 압도적으로 많습니다. 초등학교가 4.2%, 중학교가 1.6%, 고등학교가 0.5%입니다. 초등학생 비율이 높은 이유는 학교폭력에 대한 민감도가 높고, 사소한 갈등도 신고하는 경향 때문인 것으로 보입니다. 반면에 중·고등학생은 신고를 포기하거나 은밀하게 괴롭히는 경우가 많아 수치상으로는 적게 나타나는 것일 수 있습니다.

피해 유형은 언어폭력이 39.3%로 압도적입니다. 그 다음은 신체폭력으로 15.6%, 집단따돌림이 15.3%, 사이버폭력이 7.2%입니다.

서울 지역 학교폭력의 새로운 트렌드는 세 가지입니다. 첫째, 저연령화입니다. 중학생의 전유물로 여겨지던 학교폭력이 초등학교 중·저학년으로 내려왔습니다. 둘째, 사이버폭력의 지능화입니다. 통계 수치상으로는 낮아 보이지만 실제로는 모든 폭력이 사이버와 연동되어 있습니다. 왕따를 시키면서, 카톡방에 초대해서 욕하고, SNS에 저격 글을 올리는 방식입니다. 딥페이크 범죄도 급증했습니다. 셋째, 티 안나게 괴롭히는 정서적 폭력입니다. 은근히 무시하기, 비웃기, 정보 공유에서 배제하기 등 교사가 적발하기 어렵지만 피해 학생의 고통은 큽니다.

학교폭력은 관계의 문제입니다. 서울교육청은 예방과 회복을 중심으로 하는 관계 중심 학교 문화 조성에 주목했습니다. 관계회복 숙려 기간 시범사업도 진행 중입니다. 경미한 사안이 많은 초등학교 1~3학년 학생들을 대상으로 학교폭력이 발생했을 때 심의 이전에 관계회복 프로그램을 실시합니다. 2025년에는 6개 교육지원청에서 시범 운영했고, 2026년에는 모든 초등학교로 확대할 예정입니다.

학교폭력에 대한 대응체계도 새롭게 갖추었습니다. 교육지원청별로 학교폭력 제로센터를 만들어 피해 학생 법률 지원, 심리 상담 등을 원스톱으로 지원합니다. 과거 교사들이 담당하던 조사를 퇴직 경찰 등으로 구성된 학교폭력 전담팀이 진행합니다.

이런 변화 앞에서 저는 한 가지 결론에 이르렀습니다. 학교폭력은 결국 관계의 문제이며, 관계를 회복하고 관계를 배우는 학교 문화 없이는 해결될 수 없다는 점입니다. 오늘날 학교폭력은 학생 간의 갈등에서 끝나는 경우가 드뭅니다. 신고와 조사, 처벌을 둘러싼 법적 분쟁으로 곧장 이어지고, 때로는 학생보다 어른들의 싸움이 더 길어지는 일이 반복되고 있습니다. 정작 당사자인 학생들은 이미 화해했는데도, 학부모와 법률 대리인이 막대한 비용과 시간을 들여 다투는 장면을 마주할 때도 있습니다. 이른바 '교육의 사법화'가 낳은 안타까운 모습입니다.

물론 폭력은 결코 가볍게 넘어갈 수 없습니다. 다만 과도하게 사법적 해결에만 의존할 때, 학생들이 공동체 안에서 갈등을 풀고 관계를 회복하는 경험을 잃게 됩니다. 특히 초등학교 저학년의 갈등은 미성숙함에서 비롯되는 경우가 많고, 교육적 개입을 통해 충분히 회복될 수 있습니다. 저학년일수록 처벌보다 교육적 해결이 절실한 이유입니다.

그래서 서울교육청은 학교폭력 대응의 중심을 '처벌'에서 '회복'으로 옮기고자 했습니다. 저는 이를 관계 중심 학교 문화 조성으로 정리합니다. 핵심은 응보에서 회복으로의 전환입니다. 가해자 처벌만으로는 피해 학생의 일상과 마음이 온전히 돌아오지 못합니다. 관계 회복 중심의 접근은 피해의 치유와 안전을 우선하고, 동시에 가해 학생이 책임을 배우고 재발을 막는 교육적 과정까지 포함합니다.

서울교육청은 '관계가 꿈이다' 프로젝트를 추진하고 있습니다. 우선 관계회복 및 갈등조정 프로그램을 운영합니다. 갈등조정 전문가가 학교를 찾아가 관련 학생들을 만나고, 대화를 통해 갈등을 중재합니다. 비폭력 대화, 감정코칭과 같은 방법을 통해 갈등이 폭력으로 번지기 전에 감정과 언어를 다루는 법을 배우도록 돕습니다. 또한 갈등이 있는 학생 집단이나 관계 증진이 필요한 학급이 캠프에 참여해 공동체 경험을 나누는 프로그램도 마련했습니다. 학급에서 문제가 발생했을 때 '토킹 스틱'을 활용해 말할 사람의 차례를 보장하고, 서로의 속마음을 안전하게 꺼내며 오해를 푸는 '서클 대화 프로그램'도 운영합니다. 현장에서는 이러한 개입을 통해 법적 분쟁이 줄고, 보복 폭력이나 2차 가해가 감소하는 등의 성과가 나타나고 있습니다.

특히 저는 초등 저학년에서의 관계 회복이 결정적이라고 봅니다. '관계회복 숙려기간(관계회복 숙려제)' 사업은 초등학교 1~3학년의 경미한 학교폭력 사안에서, 심의 이전에 관계회복 프로그램을 우선 실시하는 방식입니다. 관계조정 전문가가 전 과정을 주도하며, 학생들이 진정한 사과와 화해를 통해 관계를 다시 세우도록 돕습니다. 이 제도의 중요한 특징은 학교에만 책임을 떠넘기지 않는다는 점입니다. 과거에는 학교가 요청해야 지원이 시작되는 경우가 많았지만, 이제는 교육지원청이 사안을 직접 검토하고 학부모에게 프로그램을 안내하며 전문가를 연결하는 방식으로 바꾸어 가고 있습니다. 갈등 초기 단계부터 전문가가 개입해 맞춤형 방식으로 해결하려는 적극적 교육 행정의 전환입니다.

현장의 반응은 분명합니다. 한 지역에서는 초등학교 학교폭력 접수 건수가 전년 동기 대비 감소했고, 관계조정 프로그램의 성공률과 학생·학부모 만족도가 매우 높게 나타났습니다. 피해 관련 학부모는 공식적인 대화의 장에서 상대 학생의 이야기를 직접 듣고 보호자로서의 요청을 전할 수 있었던 점이 큰 도움이 되었다고 말했습니다. 가해 관련 학생은 사과하는 방법을 배울 수 있었던 경험이 가장 의미 있었다고 이야기했습니다. 저는 이 말들이 관계 회복 중심 접근이 단지 이상이 아니라, 현실에서 작동하는 교육적 해법임을 보여준다고 생각합니다.

한편, 관계 회복 접근이 학교폭력 대응 전체를 대체할 수는 없습니다. 사안에 따라 엄정한 조치가 필요하고, 피해 학생의 안전이 최우선이어야 합니다. 교육지원청별 학교폭력 제로센터는 피해 학생의 법률 지원과 심리 상담 등을 원스톱으로 지원하고 있습니다. 퇴직 경찰을 중심으로 구성된 전담조사팀 운영은 교사가 조사와 분쟁의 한가운데에 서서 소진되지 않도록 하는 장치이기도 합니다.

이제 과제는 '지속가능성'입니다. 관계 회복 프로그램이 일회성 사업에 머물지 않기 위해서는 제도적 기반이 필요합니다. 현재는 당사자 동의가 있어야 프로그램 운영이 가능한 경우가 많습니다. 그러나 교육적 개입이 반드시 필요한 사안에서는 학교장이 관계회복 프로그램을 의무적으로 운영할 수 있도록 하는 법적 장치도 검토되어야 합니다. 아울러 현장에서 프로그램을 운영할 관계조정 전문가의 양성과 교사들의 갈등 중재 역량 강화도 필수입니다. 서울교육청은 이를 위한 전문 연수를 지속적으로 운영하고, 학교가 관계를 다루는 언어와 절차를 갖추도록 돕고 있습니다.

학교폭력에 대한 교육적 해결은 처벌을 회피하자는 뜻이 아닙니다. 손쉬운 처벌 대신 대화와 인정, 사과와 화해라는 어렵지만 소중한 과정을 통해 아이들이 관계를 배우고 성장하도록 하겠다는 교육적 선택입니다. 관계의 기술을 배우는 학교, 갈등을 폭력으로 번지지 않게 다루는 교실, 상처가 남더라도 공동체가 회복을 돕는 문화가 자리 잡을 때, 학교는 더 안전해집니다.

서울교육청은 앞으로도 모든 학교가 서로를 존중하며 함께 성장하는 공동체가 되도록 관계회복 중심의 학교 문화를 확산해 나가겠습니다. 처벌의 논리를 넘어, 교육의 언어로 갈등을 풀어가는 학교를 만드는 것이 서울교육이 가야 할 방향입니다.

스마트폰 사용을 둘러싼 논쟁

2022년 기준, 초등학생의 96.5%, 중고생의 99%가 스마트폰을 가지고 있습니다. 스마트폰은 정보 접근성을 극대화하고, 학습방식이 다양화되고 개인화되는 긍정적 효과도 있습니다만 학습 집중을 방해하거나 오락과 SNS에 과몰입해 학업성취를 저해하는 부정적 효과가 공존합니다.

더 큰 문제는 스마트폰이 학생들의 마음 건강을 해치고 있다는 것입니다. 미국의 사회심리학자 조너선 하이트(Jonathan Haidt)는 2010~2015년 사이 전 세계 청소년의 우울증, 불안, 자해, 자살률이 급격히 치솟았는데 스마트폰과 SNS의 보급 시기와 완벽하게 겹친다는 점을 지적합니다. 그는 아이들이 현실 세계의 '놀이 기반 아동기'를 잃어버리고 스마트폰 속의 '화면 기반 아동기'로 옮겨가면서 사회성 발달이 저해되고 수면 부족과 비교 강박에 시달리게 되었다고 분석합니다.

2021년 페이스북 전 연구원은 인스타그램이 10대 소녀들의 신체 이미지 왜곡과 섭식 장애를 유발한다는 사실을 회사가 알고 있으면서도 이익을 위해 이를 방치하거나 알고리즘을 강화했다는 충격적인 내용을 폭로했습니다.

스마트폰과 SNS의 악영향이 작동하는 메커니즘은 타인의 편집된 인생과 자신의 현실을 비교하며 자존감이 하락하는 무한 비교와 박탈감, 학교폭력이 24시간 온라인으로 이어지는 사이버 불링, 숏폼 콘텐츠의 무한 스크롤이 아직 전두엽이 발달하지 않은 청소년의 뇌를 도박 중독과 유사한 상태로 만든다는 도파민 중독 루프 등입니다.

유럽 국가들은 '빅테크 기업의 자정 노력에 맡길 단계는 지났다'고 판단하고, 학교 내 사용을 법으로 금지하는 등 강경책을 내놓고 있습니다. 프랑스는 13세 미만 스마트폰 이용 금지, 15세 미만 SNS 사용 전면 금지의 법제화를 추진중이며, 영국은 SNS 가입에 엄격한 연령 확인 의무를 부과하는 '온라인 안전법'을 통과시켰습니다. 학부모들 사이에서도 '스마트폰 없는 어린시절' 캠페인이 벌어지고 있습니다. 그 밖에도 네덜란드, 이탈리아, 스페인 등이 학교 내 스마트폰 사용 금지 조치를 강화했고, 호주도 16세 미만 청소년의 SNS 사용을 원천 금지하는 법안을 추진하겠다고 발표했습니다. 미국의 일부 주도 비슷한 법안을 이미 도입했거나 추진 중입니다.

우리나라는 '학생은 교내에서 스마트기기를 사용해선 안된다'는 조항을 담은 '초·중등교육법 개정안'이 국회에서 통과되어 2026년 3월부터 적용됩니다. 그 전인 2023년 9월, 교육부가 발표한 '교원의 학생생활지도에 관한 고시'로 수업 중 스마트폰 압수가 합법화되었습니다. 2025년까지 약 60% 정도의 학교가 아침에 일괄 수거하고 있습니다. 사실상 학교는 자율적으로 수업 중 스마트폰을 사용하지 않도록 관리해왔다고 볼 수 있습니다. 이미 각종 스마트 디지털 기기를 수업 중에 활용하고 있는 AI 시대에 중장기적으로 바람직한 방향은 긍정적으로 활용할 수 있도록 교육 환경을 자율적으로 조성하는 것입니다. 아이들에 대한 규제와 강압을 높이는 방식보다는 자율과 책임을 높여주어야 진정한 의미의 성장이 이루어질 수 있습니다.

2025년 12월 18일, 서울로봇고등학교에서 스마트폰 학내 이용에 관한 학교 공동체 주체들인 학생, 선생님, 학부모님들이 함께 모여 의견을 나누고 학칙을 정한다는 소식을 듣고 바로 학교를 찾아갔습니다. 교육 주체 모두가 함께 학칙을 만든다는 것은 기본으로 쉬워 보이지만, 현실은 쉽지 않습니다. 학생회장단들은 전체 학생들을 대상으로

난리법석 대토론회 서울로봇고등학교 (2025.12.18)

수업 중 스마트폰 이용 및 수거에 관한 설문조사를 실시한 뒤, 대의원들과 함께 그 결과를 토론하는 과정을 거쳤습니다. 학부모님들은 부모가 느끼는 우려점과 동시에 학생들의 입장에서 생각해보는 시간을 가졌습니다. 교사들도 모두 강당에 모여 머리를 맞대고 근본적인 질문을 던지면서 실질적인 방안을 모색했습니다. 매우 인상적이었습니다. 학생들 한 명 한 명의 의견을 소중히 들어본 뒤 숙의 과정을 거치고, 학부모님들과 교사들이 각자의 입장과 함께 학생들의 의견을 존중하는 모습. 이 모든 과정이 교육공동체 주체들의 자율과 책임을 무엇보다 소중히 여기는 학교 자치를 보여주는 좋은 사례라고 생각되었습니다. 서울로봇고등학교의 노력을 응원합니다.

제2장 안전하고 행복한 학교

흔들리는 학생 안전과 협력적 대응

최근 조사 통계는 학생과 학부모들이 느끼는 '신체 안전에 대한 불안'과 '디지털 불안'이 최고조에 달했음을 보여줍니다. 학교안전공제중앙회에서 발표한 '2024 학교안전사고 발생 현황'에 따르면 2024년 학교 안전사고 발생 건수는 총 211,650건으로 전년 대비 약 10% 증가했습니다. 스쿨존 내 어린이 교통사고 역시 1,461건으로 꾸준히 증가하는 추세이며, 부상당한 어린이가 무려 556명에 달합니다.

2024년 한 중학교에서 남학생이 같은 학교 여학생 14명과 교사 2명의 얼굴을 나체 사진에 합성해 유포한 사건이 발생했습니다. 텔레그램이라는 보안 메신저를 악용한 딥페이크 성범죄입니다. 2024년에만 학교 딥페이크 피해 신고가 전국적으로 500건이 넘습니다. 경찰청 통계에 따르면 가해자, 즉 성범죄 피의자의 75~80%가 10대 청소년입니다. 피해자의 95.3%가 학생이고 교사가 약 4%를 차지합니다. 교육부가 2024년 말에 발표한 '학교 딥페이크 불법영상물 관련 청소년 인식 조사'에 따르면 전체 학생의 75%가 딥페이크 사건 발생 후 불안감을 느꼈다고 응답했습니다. 특히 여학생의 85.9%가 불안을 호소해 거의 대부분의 여학생이 잠재적 피해 공포를 느끼고 있는 셈입니다.

탄핵선고기일 안전을 위한 헌법재판소 인근 11개 학교 휴교 조치 및 방문(2025.4.1)

교육감과 함께하는 교통안전 합동 캠페인 수암초등학교(2025.9.8)

서울교육청 개포도서관 건립사업 안전서약(2025.9.9)

통학로 안전점검 삼릉초등학교 방문(2025.9.17)

2025 함께 실천 안전체험 한마당 마곡안전체험관(2025.11.8)

서울특별시교육청–서울경찰청 학교안전 강화를 위한 업무협약식(2025.12.29)

대낮에 초등학생을 대상으로 한 납치·유괴 미수 사건이 꾸준히 증가하고 있습니다. 경찰청에 따르면 2021년 324건에서 시작해 2024년 414건으로 늘었고, 2025년에는 1월부터 8월까지 8개월 만에 총 319건이 발생했습니다. 하루 1.3건 꼴입니다. 학부모들은 하교 도우미를 고용하거나 서로 돕는 하교 품앗이를 하는 등 직접 대책을 마련하고 있습니다. 초등학생뿐 아니라 등굣길 여고생을 대상으로 한 범죄 시도도 있었습니다.

약물오남용, 심지어는 마약 문제가 일부 일탈 청소년의 문제가 아니라 학생들의 일상적 위협이 되고 있습니다. 2023년에 강남 학원가에서 마약 음료 협박 사건이 발생했습니다. 범죄집단이 학생들에게 집중력 강화 음료라고 속여 필로폰이 섞인 음료를 마시게 한 뒤, 이를 빌미로 부모에게 전화해 신고하겠다고 위협하면서 금품을 요구한 사건입니다. 마약을 매개로 한 일종의 테러입니다. 살 빼는 약으로 처방받을 수 있는 마약류인 디에타민, 일명 나비약을 여학생들이 SNS를 통해 웃돈을 주고 사고팔거나, 학교에서 집단으로 투약하다가 적발되는 사례가 잇따르고 있습니다. 중학생이 텔레그램 마약방에서 활동하며 마약 유통에 가담한 사건도 있었습니다.

최근 서울에서는 시설 안전과 관련한 사고가 없었지만 2024년 충남의 한 중학교에서 강풍에 철제 그물망이 쓰러져 학생이 전치 16주의 골절상을 입는 중대 사고가 발생했습니다. 전남에서는 학교 현관문 결함으로 학생의 아킬레스 건이 손상되는 사고도 일어났습니다.

안전한 학교를 위해 서울교육청은 포괄적 안전망 구축을 목표로 세 가지 차원의 안전 정책을 추진하고 있습니다. 통학로 안전을 비롯해 모든 안전사고로부터 보호하는 생활 안전, 노후된 교실 등을 점검하고 개선하는 시설 안전, 유괴·테러·마약·딥페이크 등의 범죄로부터 보호하는 치안 안전 등 크게 세 가지입니다.

교통안전 실태조사를 거쳐 안전한 등하교길을 조성했습니다. 운전자의 시인성을 높이는 엘로 카펫과 노란 횡단보도 설치를 확대하고, 방호 울타리 등을 추가로 설치하고 있습니다. 지자체와 협력해 비좁은 통학로 보도를 넓히는 사업도 추진 중입니다. 녹색어머니회뿐만 아니라 교통안전지도사 등 전담 인력을 등하교 시간에 배치했습니다. 등하교시 혼잡을 피하기 위해 안심 승하차 구역, 일명 드롭존(Drop-zone)을 지정해 운영합니다. 통학로 안전을 위협하는 것은 교통사고 만이 아닙니다. 학교 주변에서 발생하는 예기치 않은 집회나 시위도 통학로 안전을 위협할 수 있습니다. 합니다. 이에 대비하는 통학안전대책반을 꾸려서 운영하고 있습니다.

2025년 6월, 노후 교사동 안전관리 종합계획을 수립했습니다. 정기·수시 안전점검을 통해 위험요소를 사전에 차단하고, 안전점검 등급을 세분화하여 관리를 강화했습니다. 가장 불량한 등급을 받은 시설은 보수보강 주기를 4년에서 3년으로 단축했습니다. 특히 지진에 취약한 노후 학교 건물의 기둥과 벽을 보강하고 있습니다. 2027년까지 석면이 포함된 천장재를 완전히 제거하기 위해 매 방학마다 공사가 진행 중입니다.

주지하다시피 서울은 1970년대 후반부터 대대적인 강남 개발이 시작되었습니다. 이 시기에 많은 학교들이 강남 지역으로 이주하였습니다. 강북 지역에 남아있던 학교는 물론이고 강남 이전과 함께 건축된 학교 시설들이 이제 는 노후화되었습니다. 여기에 더하여 종로나 중구 등 구 도심지역의 학교들은 갈수록 소규모화되고, 새로 개발되거나 재개발이 진행된 강동 송파 지역 등은 과대, 과밀 학교가 되어 몸살을 앓고 있습니다. 학교 이전 및 재배치는 많은 사회적 갈등을 수반합니다. 구 도심의 소규모화되고 있는 학교들은 오랜 전통을 지닌 학교들입니다. 이런 전통을 잘 보존하면서 주민간 갈등을 조정하고 새로운 교육공간을 마련하는 것은 결코 쉬운일이 아닙니다. 이런 맥락에서 노후 학교 공간 재구조화 전략을 세웠습니다. 건축된지 오래된 학교 대부분은 식민지 시절부터 이어져 내려온 규율과 통제에 최적화된 구조를 갖고 있습니다. 교사동의 구조와 운동장 배치가 병영과 별로 다르게 없습니다. 21세기 새로운 교육방향에 맞게 학교 공간을 다시 짜야 합니다. 고교학점제와 늘봄교실 등을 감안하면 공간 재구조화의 필요성은 더 커집니다. 안전을 넘어 미래를 지향해야 합니다. 재구조화 전략은 지역특화, 그린, 스마트, 공간개선, 복합화, 안전 등 6대 특화전략입니다. 둔촌초등학교와 위례초등학교 개축, 종암중학교 리모델링,

임대형 민자사업(BTL)으로 건설된 유현초등학교와 청량중학교는 이러한 전략에 입각해 추진되었습니다.

학교의 이전 재배치, 적정 규모 학교의 육성 전략에는 갈등조정을 위한 제도적 장치가 필요합니다. 이를 위하여 주민 공청회나 공론화위원회를 설치하여 문제를 해결하지 않을 수 없습니다.

범죄로부터 학생을 보호하기 위한 촘촘한 대책도 마련했습니다. 학교 안에서는 학교 보안관을 전면 배치해 외부인 출입 통제와 등하교 시간대 교문 지도를 전담하게 하고 있습니다. 저학년 학생들의 등하굣길을 인솔하는 교통안전지도사는 나홀로 하교할 때 발생할 수 있는 유괴 범죄를 예방하는 역할도 합니다. 테러 협박 관련 긴급 대응체계도 운영중입니다. CCTV의 화질을 개선하고, 사각지대에 CCTV를 추가 설치했습니다. 20개교에 지능형 CCTV 설치를 설치하고, 이를 지자체 통합관제센터와 연결해 침입에 즉각 대응하는 시스템을 구축했습니다. 학생들의 대처능력을 키워주기 위한 안전체험교육도 실시하고 있습니다. 학교 주변 문구점, 편의점, 약국 등을 '아동 안전 지킴이 집'으로 지정하여 위급 상황시 아이들이 도움을 청할 수 있도록 교육하고 경찰과 핫라인을 구축했습니다.

딥페이크 범죄에 대해서는 서울시-경찰청-교육청 간에 핫라인을 구축해 딥페이크에 대응하는 시스템을 만들었습니다. 교육청은 긴급 대응팀을 만들어 사안 발생 시 신고와 피해학생 치유에 전념하고, 서울시의 서울디지털성범죄 안심지원센터는 딥페이크 영상 추적과 삭제를 담당하고, 경찰은 수사에 착수하는 체계입니다. 딥페이크 이슈가 터지면 디지털 성범죄 예방 특별 주간을 설정해 기술 윤리와 법적 책임에 대한 교육을 집중 실시합니다.

강남 학원가 마약 음료 사건 이후 마약 안전 대책을 수립해 추진 중입니다. 세 가지 방안입니다. 첫째, 실질적 예방교육입니다. 모든 초·중·고등학교에서 연간 2차시 이상의 마약류 예방 교육을 의무적으로 실시하고 있습니다. 한국마약퇴치운동본부 등과 협력해 전문 강사가 학교로 찾아가 현장감 있는 교육을 제공합니다. 나비약 등 마약류의 위험성을 알리는 맞춤형 콘텐츠를 제작해 배포했습니다. 서울교육청 산하 학교보건진흥원 내에 '마약 예방관리지원센터'를 운영하고 있습니다. 익명 상담 및 검사비를 지원하고, 치료가 필요한 학생에게는 전문 병원을 연계하고 치료비를 지원하는 체계를 갖추었습니다. 서울시, 서울경찰철과 손을 잡고 공동으로 대응하는 체계를 만들었습니다. 서울경찰청과 협력해 학교전담경찰관이 학교 주변과 학원가, SNS 상의 마약 유통을 집중 모니터링하고 있습니다.

통계청의 『아동·청소년 삶의 질 2025』 보고서에 따르면 우리 아이들의 삶에 대한 만족도는 10점 만점에 6~7점대 초반에 그쳤습니다. 학교생활 만족도는 2014년 4점 만점에 3.1점에서 2023년 2.8점으로 꾸준히 감소했습니다.

초록우산 어린이재단의 '2024 아동행복지수' 조사 결과는 더 심각합니다. 100점 만점에 45.3점입니다. 40점대는 낙제점에 가까운 점수입니다. 조사 대상 아동의 13.1%가 불면증에 시달리고 있으며, 수면 시간은 줄고 공부 시간은 늘어나는 '과잉 학습, 수면 부족' 상태가 심화되었습니다. 아이들의 일상이 심각한 불균형 상태에 이른 것입니다.

유니세프 등 여러 기관의 국가 간 비교 조사에 따르면 한국 아동·청소년의 삶의 만족도는 OECD 회원국 가운데 최하위권입니다. 물질적 풍요 지수나 학업 성취도는 최상위권인 반면 주관적 행복감은 바닥권인 '행복의 역설' 현상이 뚜렷합니다. 조사 결과들이 공통적으로 지적하는 원인은 절대적인 수면 부족, 과도한 학업 스트레스, 관계의 결핍입니다. 아마도 짐작하신 대로일 겁니다.

교육 현장에서 학생의 행복감을 높이기 위한 더 직접적인 노력이 필요합니다. 서울교육청이 학생의 행복경험 확장을 위해 추진 중인 사업방향은 네 가지입니다. 독서와 가족활동 연계, 협력적 예술교육 활성화, 신체활동 강화, 생태교육과 어우러지는 농촌 유학 프로그램입니다.

예술교육과 신체활동

서울교육청은 2025년에 '2026~2030 학교예술교육 중장기 발전계획'을 발표했습니다. 핵심목표는 세 가지입니다. 첫째, 보편성입니다. 특기자만 하는 게 아니라 모든 학생이 재학 중 최소 1개 이상의 예술 활동을 경험하게 하는 것입니다. 둘째, 협력성입니다. 혼자만 잘하는 것보다 같이 만드는 게 중요합니다. 예술 활동을 통해 소통하고 배려하는 인성을 키웁니다. 셋째, 미래지향성입니다. AI 시대의 감성 교육으로서 기술과 예술을 융합하여 미래 사회에 필요한 창의적 감수성을 키웁니다.

첫 번째 핵심 추진 사업은 협력 종합 예술활동입니다. 이른바 '교복 입은 예술가' 활동입니다. 중학교 3년 중 최소 한 학기 이상, 학급 모든 학생이 참여하여 뮤지컬, 연극, 영화 중 하나의 장르를 정해 작품

응봉초등학교 학생 오케스트라 공연(2025.12.4)

2025 서울학생필하모닉오케스트라 정기 연주회(2025.12.18)

을 만들고 발표하는 수업입니다. 중학교의 약 90% 이상이 참여하고 있으며, 초등학교와 고등학교로 확대되고 있습니다. 고등학교에는 예술동아리 활동도 활발하게 이루어지고 있습니다.

두 번째 사업은 '1학생 1예술'입니다. 재학 기간 중 학생 한 명이 최소한 하나의 악기를 다루거나 예술 취미를 갖도록 지원합니다. 이를 위해 악기 공유 마당 사이트와 악기 코디네이터 시스템을 운영합니다. 미술을 선택하는 학생들을 위해 화방공유 시스템도 구축했습니다. 이에 힘입어 서울 시내 약 400여 개 학교에서 오케스트라를 운영 중이며, 교육청 차원에서는 '서울학생 필하모닉 오케스트라'를 운영합니다.

거점형 예술 체험 기관인 '창의예술 교육센터'를 운영합니다. 학교 안에서 하기 힘든 전문적인 예술 체험을 위해 권역별로 운영하는 대형 센터입니다. 현재 은평, 성동, 구로의 3개 권역과 메타버스 1개 등 4개의 센터를 운영 중입니다. 학교 단위로 센터를 방문해 미디어 아트, 공연 창작, 시각 디자인 등 높은 수준의 예술 수업을 하루 동안 집중적으로 받습니다.

교육청은 학교와 마을을 연결한다는 취지로 연극 배우, 영화 감독, 음악가, 작가 등 지역사회의 예술가가 예술 강사로 학교에 파견되어 전문적인 수업을 돕는 협력 티칭을 추진해 왔습니다. 해당 사업은 문화체육부와 시도교육청이 절반씩 비용을 분담하는 협력사업이었습니다. 그러나 지난 윤석열 정부는 2023년 602억 원에 이르던 예산을 2024년 287억으로, 그리고 2025년에는 약 80억으로 삭감했습니다. 2023년 대비 1/9 수준입니다. '우린 손뗀다, 교육청이 알아서 하라'는 말이나 다름 없습니다. 전국적으로 수업 시수가 급감했고, 많은 강사가 학교를 떠났습니다.

서울교육청은 자체 예산으로 메꾸려 노력했지만 혼자 힘으로는 역부족이었습니다. 700명에 이르던 문화예술 강사들 대부분이 일자리를 잃었습니다. 비전공자인 담임 교사만으로 질 높은 예술 수업을 진행하는 것은 쉽지 않습니다. 2026년 필요한 예산의 일부를 살리는데 성공했습니다. 그러나 과거와 같은 수준으로 회복하지는 못했습니다.

협력적 예술활동은 참여하는 학생 개개인의 내적 만족감을 높여줄 뿐 아니라 전체 학생의 공동체적 행복감과 유대감이 상승하는 효과가 있습니다. 이를 통해 학교폭력의 예방책 역할도 합니다.

코로나19 팬데믹이 가라앉아가던 2022년 10월, 서울교육청은 '서울학생 건강 더하기 프로젝트'을 발표했습니다. 이 캠페인의 배경은 세가지입니다. 첫째, 코로나 팬데믹 기간 동안 원격 수업으로 학생들의 과체중과 비만 비율이 30%를 넘어서고, 친구 관계 단절로 인한 우울감이 위험수위에 도달했습니다. 둘째, 뇌과학 연구를 바탕으로 운동 부족 상태에서는 공부도 인성 교육도 불가능하다고 판단했기 때문입니다. 셋째, AI 시대에 인간만이 가질 수 있는 협력과 건강한 신체가 더 중요한 경쟁력이 된다는 교육 철학의 전환입니다.

우선 아침 운동을 활성화했습니다. 1교시 전에 20~30분 동안 운동장이나 체육관에서 걷기, 줄넘기, 달리기 등을 하는 프로그램입니다. '운동을 해야 뇌가 공부할 준비가 된다'는 원리에 따른 것입니다.

서울 시내 501개교가 실시하고 있습니다.

틈틈체육 프로젝트를 시행하고 있습니다. 학생들은 점심 시간, 쉬는 시간, 방과 후 등 틈새 시간을 활용해 배드민턴, 피구, 걷기 등 소규모 스포츠 클럽 활동을 합니다.

중학교 별로 학교 스포츠 클럽을 운영하고, 축구, 농구, 배구 등 종목별로 리그를 만들어 대회를 합니다. 엘리트 선수가 아닌 일반 학생들이 참가하는 대항전입니다. 매년 교육감배 학교스포츠클럽 대회를 개최합니다. 2025년 대회에는 803개 학교에서 52,600명이 참가했습니다. 초등 3·4학년생은 정규과정으로 생존수영을 배웁니다. 초등학교에 전문 체육강사를 파견합니다.

여학생들의 신체 활동 강화를 위해서는 특별한 사업을 합니다. 티볼과 연식야구 종목의 '공치소서' 활동과 풋살 및 축구 종목의 '공차소서' 활동이 있습니다. '공을 치자 또는 차자 소녀들아! 서울에서!'라는 의미입니다. 해당 종목 운동을 하고 싶은 여학생들이 권역별로 동아리를 만들어 활동합니다. 여학생들의 폭발적인 반응을 얻어 참가 학생 수가 매년 증가하고 있으며, 교육감배 학교스포츠클럽 대회에 티볼 종목과 풋살 여자부가 신설되었습니다. 특히 풋살은 2024년 기준 200개가 넘는 팀이 참가할 정도로 성장했습니다. 아마 〈골 때리는 그녀들〉이라는 방송 프로그램의 영향도 있었던 듯합니다. 교육지원청별로 축구, 피구, 배구, 농구, 배드민턴 등 여학생들이 선호하는 종목을 묶어 별도의 여학생 전용 스포츠 축제도 개최합니다.

서울체육중고등학교 방문(2025.4.22)

제54회 전국소년체육대회 출전 서울특별시교육청 선수단(2025.5.7)

2025 학교스포츠클럽 줄넘기 본선대회(2025.9.14)

2025 장애학생 체육 페스티벌 서울림운동회(2025.10.25)

제106회 전국체전 부산 참가 선수 격려(2025.10.25)

전국학교스포츠클럽 축전 치어리딩대회(2025.11.1)

학교스포츠클럽 대회에서 가장 흥미로운 것은 줄넘기대회였습니다. 친구들이 모두 호흡과 속도를 맞추어 함께 뛰고 즐기는 모습이 너무 행복하게 보였습니다. 몇몇 학교의 줄넘기팀은 아마추어 수준을 뛰어 넘는 기량을 보여 주어 놀랐습니다.

장애학생과 비장애학생들이 서로를 배려하면서 함께 놀고 즐기는 스포츠 행사도 언급하지 않을 수 없습니다. 제가 교육감으로 취임한지 얼마되지 않은 시점에서 스포츠조선이 주최하는 서울림 행사에 참여하여 축하를 했습니다. 이 행사는 서울대학교 체육관에서 진행되었는데, 과거에는 볼 수 없었던 여러 종목들이 개발되어 있었습니다. 작년 가을에도 두 번째로 참여하여 함께 즐겼습니다. 가장 인상적이었던 것은 행사가 끝난 뒤입니다. 주최측 인사들이 체육관 밖에 도열하여 행사를 마치고 돌아가는 학생들 모두에게 박수를 치면서 내년에 다시 만나자고 격려하는 모습이 감동적이었습니다. 학생들 모두 자신들이 얼마나 존중받고 있는가를 실감하면서 이들은 보다 건강한 내일을 향해 성장할 것이 틀림없습니다.

서울의 학교체육은 일반 학생들의 생활체육과 학생 선수들의 엘리트체육으로 구분됩니다. 제가 교육감으로 취임한 후 소년체전이나 고등학생들이 참여하는 전국 체전에 참가한 학생 선수들을 격려현장에서 수년전 폐지된 교육감배 쟁탈 종목별 대회를 부활해달라는 서울시 체육회장님의 간곡한 요청이 있었습니다. 저는 종목별 협회와 교육청이 예산을 분담하는 조건으로 점차 이를 부활하기로 합의하였습니다. 학교 체육계는 이를 매우 환영하였습니다. 저는 부활한 배드민턴 대회에서 선수들을 격려하면서 어린 선수들이 잘 성장하기를 응원하였습니다.

서울교육청의 체육 활동 지원은 웰빙 교육의 핵심 축 가운데 하나
입니다. 아울러 운동이 최고의 뇌 교육이자 인성 교육이라는 확신을
갖고 진행되고 있습니다. 그러나 최근 우리의 학교 체육은 많이 어려
운 상황입니다. 학생들이 스포츠 선수를 지망하지 않기 때문에 각 학
교는 학생선수를 확보하기가 어렵습니다. 학교 스포츠의 발전을 위해
서는 체계적인 지원이 필요한데 어려워지는 재정 상황 때문에 마음이
무겁습니다.

농촌 유학, 생태교육과 도농상생

"엄마, 언제 개학하지?"
"아이가 운동장에서 친구들과 뛰어노는데…눈물이 났어요"
"체육시간에는 운동장, 과학시간에는 과학실, 미술시간에는 미술실
로 가는 게 너무 좋아요"
"아이가 정말 좋아하고 건강하게 학교를 다니고 있어서, 직장 근무지
를 옮기려고 신청했습니다"
"서울에서 유학 온 학생들이 늘어나 우리 학교에 27년 만에 교감 선
생님이 생겼어요"

농촌 유학하는 학교의 아이들과 부모님, 그리고 선생님들의 현장
이야기입니다. 저는 다른 지역에서 회의나 행사에 참여할 때마다 그
지역 농촌 유학하는 우리 서울 학생들이 있는지 미리 알아보고 늘 학
교를 방문했습니다.

남애초등학교(2025.5.23)

진안초등학교(2025.9.22)

제주 성읍초등학교(2025.11.28)

저는 농촌 유학의 의미를 현장에서 가장 분명히 확인했습니다. 2025년 5월 23일 강원도 양양군 남애초등학교를 방문했습니다. 농촌 유학을 하고 있는 서울 학생들과 학부모님들을 직접 만나기 위해서였습니다. 정책은 문서로 설계되지만, 정책이 제대로 작동하는지는 결국 사람들의 일상에서 확인됩니다. 저는 늘 현장에서 답을 찾고 싶었습니다.

"일곱 바퀴나 뛰었어요"

한 학생이 환하게 웃으며 말했습니다. 그 표정이 지금도 생생합니다. 학교 앞에는 바다가 펼쳐져 있었고, 멀리 서핑장도 보였습니다. 천연 잔디 운동장을 힘차게 달리는 아이들의 모습을 보며, 도시 학생들이 새로운 환경에서 혹시 불편하거나 외로워하지 않을까 했던 걱정이 순식간에 사라졌습니다. 아이들은 그곳에서 '다른 삶의 리듬'을 자연스럽게 배우고 있었습니다.

양양의 남애초등학교는 전체 학생이 43명인데, 그 가운데 23명이 서울에서 농촌 유학을 온 학생이라고 합니다. 학생 수가 늘면서 27년 동안 공석이었던 교감 선생님이 새로 부임했고, 학년별로 한 학급씩 운영할 수 있게 되었습니다. 저는 이 변화가 상징적이라고 느꼈습니다. 농촌 유학은 몇몇 학생에게 특별한 체험을 제공하는 정책이 아니라, 학교의 존속과 지역의 활력에 직접적인 영향을 미치는 실질적 정책이기 때문입니다.

저는 양양 남애초등학교에 이어 7월에는 구례 중동초등학교를 방문하여 학생들과 학부모님들을 만났습니다. 중동초등학교 교장 선생님은 학생들이 만든 영화를 보여주었습니다. 농촌학교들은 학생들을 보다 많이 유치하기 위하여 주거를 개선하고 학교의 특성화 프로그램을 개발하기 위하여 노력하게 됩니다. 이것이 농촌학교 교육의 질을 향상시키는 효과로 나타납니다. 마을 이장님도 젊은 학부모들이 마을 행사에 참여하여 활력이 생겼다고 말했습니다.

9월에는 진안의 조림초등학교를 찾았습니다. 이 학교는 청정한 자연환경을 활용하여 아토피 치유프로그램을 교육과정에 포함시킨 학교입니다. 학생들의 건강한 모습이 너무 좋았습니다. 제가 농촌학교를 방문하여 학생과 학부모님을 만날 때마다 고맙게도 농협에서 이들을 격려하는 이벤트를 만들어 주었습니다.

서울교육청은 2021년 전라남도와 협약을 맺으며 농촌 유학을 시작했습니다. 이후 전라북도와 강원도로 확대했습니다. 농촌 유학은 조희연 교육감의 대표적인 정책 중의 하나입니다. 처음에는 시의회에서 이를 반대했다고 합니다. 그러나 저는 이 정책의 교육적 의미에 적극 찬동하고 유학생 규모를 확장시켰습니다. 2025년 1학기에는 376명의 학생이 참여했고, 2학기에는 443명으로 늘었습니다. 한번 경험한 뒤 70%가량의 학생들이 연장 신청을 할 만큼 만족도가 높다는 점은, 이 정책이 '한 번의 이벤트'가 아니라 '진지하게 선택하는 일상'이 되고 있다는 증거입니다.

2025년 2학기부터는 제주도까지 참여하게 되었습니다. 제주지사와 교육감님도 서울 유학생 유치에 열성이었고, 학교들의 교육여건도 좋았습니다. 제주도로 처음 유학 간 학생들과 가족을 격려하기 위하여

11월에 기자들과 함께 제주의 두 학교를 찾았습니다. 서울교육청을 취재하는 기자들도 함께 하여 직접 취재했습니다. 학생 전체가 참여하는 오케스트라, 그리고 학생주도형 생태참여교육이 매우 인상적이었습니다. 서울 학생이 처음 천연잔디 운동장에서 메뚜기를 보았을때 깜짝 놀라 도망쳤는데, 어느새 메뚜기를 잡으러 뛰어다니는 모습은 생태교육의 극적 효과를 단적으로 표현합니다. 학생들이 함께 해변가에 살고 있는 작은 게나 물고기를 관찰하고 이의 성과를 책으로 만들어 학부모님께 선물하는 교육 프로그램이 매우 인상적이었습니다. 동행했던 기자들도 감탄하여 농촌 유학 프로젝트를 높게 평가하는 기사를 써주었습니다.

이런 성과에 힘입어 제주도에 이어 강화도와 옹진군을 품고 있는 인천 교육청과도 업무협약을 체결해 유학 지역을 더 다변화했습니다. 인천시 교육감께서도 많은 관심을 보여주었습니다.

서울 학생들에게 농촌의 소규모학교들은 '쉬어가는 곳'이 아니라 '더욱 풍요로운 배움이 있는 터전'입니다. 아이들은 농촌에서 사계절의 변화를 몸으로 느끼며 자연의 리듬에 자신을 맞춥니다. 스마트폰과 학원 일정으로 꽉 찬 하루에서 벗어나, 걷고 뛰고 관찰하고 질문하는 시간을 되찾습니다. 이 경험은 성적 올리기나 스펙 쌓기와는 다른 차원의 변화입니다. 자연 속에서 마음이 안정되고, 관계 속에서 자신을 회복하며, 가족들과 소통, 마을공동체 안에서 책임과 배려를 배우는 전인적 성장이 가능해집니다. 실제로 농촌 유학에 참여한 학생들에게서 자존감과 회복탄력성이 높아지는 등 교육적 치유 효과가 확인되고 있습니다.

　　농촌 유학의 효용은 학생 개인의 성장에만 머물지 않습니다. 학생 수 감소로 폐교 위기에 놓인 작은 학교에 서울 학생들이 유입되면, 학교가 살아납니다. 학교가 살아나면 마을이 살아납니다. 운동회가 다시 열리고, 방과후 프로그램이 되살아나고, 학교가 지역공동체의 중심으로 회복됩니다. 실제로 농촌 유학을 계기로 귀농·귀촌으로 이어져 지역에 정착하는 가족의 사례도 생겨나고 있습니다. 교육을 매개로 지역이 다시 숨을 쉬는 장면입니다. 저는 이것이야말로 '교육이 지역을 살리고, 지역이 교육을 살리는' 선순환의 출발점이라고 생각합니다.

　　농촌 유학의 장점은 분명합니다. 첫째, 학생에게는 정서적 안정과 회복의 시간이 생깁니다. 둘째, 작은 학교의 특성상 교사들이 학생 한 명 한 명에게 더 세심한 관심을 기울일 수 있어 맞춤형 교육이 가능합니다. 셋째, 공동체 안에서 또래 관계를 다시 배우며 협력의 경험을 축적합니다. 서울교육청의 만족도 조사에서도 응답자의 89.6%가 유학 생활에 만족했고, 89.5%가 주변에 추천하고 싶다고 답했습니다. 숫자보다 중요한 것은 그 뒤에 있는 변화입니다. 아이가 웃는 시간, 가족이 함께 숨을 고르는 시간, 학교가 다시 살아나는 시간입니다.

　　프로그램의 지속가능성도 중요합니다. 농촌 유학은 서울교육청과 해당 지역 교육청이 체류 비용을 분담해 지원하고 있습니다. 교육 기회가 가정의 소득 수준에 따라 갈리지 않도록 공적 지원을 설계한 것입니다. 저는 이 부분이 농촌 유학의 성패를 좌우한다고 봅니다. 누구나 참여할 수 있어야 '상생'이 정책의 이름이 아니라 현실이 됩니다.

　　저는 농촌 유학을 교육 정책을 넘어 도농 '상생의 실험'이라고 생각합니다. 수도권의 과밀과 경쟁, 농촌의 소멸 위기를 동시에 완화할 수 있는 정책은 흔치 않습니다. 농촌 유학은 학생의 성장, 학교의 존속, 지역의 활력이라는 세 목표를 하나의 흐름으로 묶어냅니다. 교육이 도시와 농촌을 잇는 다리가 될 수 있다는 사실을 실제로 보여주고 있습니다.

함께하는 독서: '독서 서울' 만들기

책을 많이 읽되, 가족이 함께하는 독서 프로그램은 학생의 정서적 유대를 강화하고 자율적 사고력을 향상시키는데 매우 효과적입니다. 서울시교육청은 몇해 전부터 온 가족 북웨이브 캠페인을 전개하고 있습니다. '책 읽는 나, 함께 읽는 가족, 독서공동체 서울'이라는 슬로건 아래 학생 혼자 책을 읽는 것을 넘어 온 가족이 함께 책을 읽고 소통하는 문화를 만드는 것이 목표입니다.

이 목표를 달성하기 위하여 '하루 20분, 100일 챌린지'라는 프로그램을 만들었습니다. 이는 가족이 함께 매일 20분씩 100일 동안 책을 읽는 도전입니다. 습관 형성을 돕기 위한 프로그램으로, 완주한 가족에게는 인증서를 수여합니다. '북웨이브 크루'는 학생·학부모·교사·시민 등이 독서 서포터즈가 되어 학교와 도서관, 지역사회에 독서 문화를 전파하는 활동입니다. '가족 책 만들기'는 자녀와 부모가 함께 고민을 나누고 글을 쓴 후 공동 저자가 되어 책을 출판하는 사업입니다. 2024년 기준 140여 가족의 책이 출판되었습니다. 1년 동안의 독서 활동 성과를 공유하는 '온 가족 책 잔치', '독서 항해일지' 등의 행사를 개최합니다. 가족 독서 체험 부스, 저자 초청 북콘서트, 독서 기록 전시회 등이 열립니다.

찾아가는 학부모 북콘서트(2025.6.4)

북웨이브 한마당 정독도서관(2025.6.14)

북웨이브 한마당 정독도서관(2025.6.14)

정독도서관 노벨라운지 오픈기념식 정독도서관(2025.10.18)

온 가족 책 잔치 정독 도서관(2025.10.18)

2025 북웨이브, 1년간의 독서 항해 일지, 우수 참여 가족 인증서 수여식(2025.11.21)

'독서 · 토론 · 인문학 교육 2030' 추진 계획 선포식 (2025.12.18)

서울시교육청은 온 가족이 함께 책을 읽는 독서 웨이브 캠페인을 하면서 정독도서관에서 이를 결산하는 행사를 개최합니다. 2025년 가을, 정독도서관에서 제가 이 행사의 인사말을 하고 있는데 우연히 김민석 국무총리께서 정독도서관을 방문했다가 행사장에 들렀습니다. 익숙한 목소리를 듣고 행사 장소를 찾았다고 했습니다.

서울교육청은 학생의 독서 역량과 인문학적 소양을 기르기 위한 별도의 사업을 추진 중입니다. '저자와 함께하는 심층 쟁점 독서토론'은 학생들이 책 한 권을 깊이 있게 읽고 저자를 초청해 직접 질문하고 토론하는 수업입니다. 매년 수백 개의 학교가 참여하고 있습니다. '저자 되기 프로젝트'는 읽는 사람에서 쓰는 사람으로 아이들의 글쓰기 활동을 확장하는 사업입니다. 학생들이 원고를 모아 정식 도서나 비도서 형태로 출판하도록 예산을 지원하고 출판기념회나 전시회를 엽니다.

공공도서관과 연계해 학생들이 문학, 역사, 철학 분야의 전문가 강

의를 듣고 깊이 있는 독서 체험을 하는 고전 인문학 아카데미를 운영합
니다. '고전 인문학 돌아오다'를 줄여 '고인돌'이란 이름으로 불립니다.

　　남산도서관, 정독도서관, 양천도서관 등 22개의 도서관이 서울교
육청 소속입니다. 이 도서관들이 북웨이브 독서 캠페인과 학생의 독서
역량 증진을 뒷받침하는 인프라로 기능할 수 있도록 운영을 활성화하
고 있습니다. '순회문고' 등 학교와 도서관을 연계하고, 각 도서관마다
창작공간인 '메이커 스페이스' 생태 전환 교육, 다문화 등 주제를 정해
전문적인 프로그램을 제공합니다.

　　제가 교육감으로 일하면서 가장 뿌듯한 성과의 하나로 생각하는
것이 정독도서관에 노벨문학라운지를 설치한 것입니다. 제가 한참 서
울시교육감 보궐선거에 매진하던 2024년 10월 10일, 한강 작가가 노
벨문학상을 받게 되었다는 소식을 듣고, 너무 기뻤습니다. 제가 연구
했던 5·18, 4·3과 관련된 주제로 소설을 써온 작가였기 때문입니다.
이는 한국 문학사의 최대 경사였을 뿐만 아니라, 저에게도 큰 힘이 되
었습니다. 저는 정독도서관에 한강의 노벨문학상 수상 기념으로 역대
노벨문학상 수상 작품들을 모두 비치하고 학생들과 시민들이 이를 읽
고 토론하면 좋겠다고 생각했습니다. 정독도서관 관장님과 사서 선생
님들이 저의 기대대로 멋진 라운지를 만들어 주었습니 다. 이곳에서
열린 작가와의 대화에는 많은 학부모님들과 시민들이 오셔서 문학의
향기에 취할 수 있었습니다.

　　2025년 12월 18일, 광성중·고등학교에서 '독서·토론·인문학 교
육 2030' 추진 계획 선포식을 가졌습니다. 일종의 '독서서울' 선포식

이었습니다. 이 선포식을 준비하는 동안 강당에 편하게 모인 학생들과 잠깐 인사를 나누었는데, 그 많은 학생들 중 한 명이 책을 읽고 있었습니다. 친구들과 이야기 나누거나 휴대전화로 뭔가를 하고 있는 아이들 중, 정말 눈에 띄었습니다. 집중하며 책장을 넘기는 모습이 멀리서도 인상적이었습니다.

독서는 단순한 활동을 넘어 생각의 깊이를 키우고 질문하는 힘을 기르는 교육입니다. 광성중·고등학교 도서관에서 학생들의 독서·토론 수업을 참관하면서 느낄 수 있었습니다. 특히 독서와 명상을 결합한 프로그램은 큰 깨달음을 주었습니다. 광성중 교장 선생님의 축하 말씀은, 제가 지금까지 들어본 교장 선생님들의 말씀 중 최고의 감동을 주었습니다. 교장 선생님께서 살아온 어린시절부터 지금까지 매우 진솔하게 말씀하시면서 한 권의 책이 인생을 바꾼다는 소중한 경험을 나누어주셨습니다. 저는 온 마음이 감동으로 벅차서 제 인사말을 제대로 할 수 없었습니다.

AI와 디지털 기술이 일상이 된 시대 속에서 사람을 사람답게 만드는 힘은 '읽고, 생각하고, 대화하는 능력'에 있다고 믿습니다. 우리가 AI와 함께 잘 살아가기 위해서 책과 사고의 힘은 더더욱 중요합니다. 그래서 서울교육은 다시, 그리고 꾸준히 '책'으로 돌아가고자 합니다. 국회 교육위원회 김영호 위원장님은 저에게 독서중점학교를 만들면 어떻겠는가라는 제안을 해주었습 니다. 서울교육청이 추진해온 독서웨이브 운동을 한단계 더 발전시켜 '독서서울'을 만들자는 제안이었습니다. 김영호 교육위원장님께서도 '독서의 힘'과 '생각의 힘'의 중요성을 역설하면서 '책읽는 학교, 책읽는 마을, 책읽는 서울'을 함께 만들자고 하였습니다. 더 나아가 2026년 1월 우리는 '대한민국, 독서국가 만들기'를 선언할 수 있게 되었습니다. 이 선언을 시작으로 교육공동체 모든 주체가 책을 읽고 생각하는 실질적인 실천 방안을 끊임없이 모색할 것입니다. 도서관을 바꾸고 학교를 바꾸는 길을 닦아보겠습니다.

제3장 다양성이 살아 숨쉬는 학교

특성화 고등학교

특성화 고등학교를 옛날에는 실업계 고등학교로 불렀습니다. 대학 진학률이 10%대에 머물던 70년대, 20~30% 수준이던 80년대 중반까지만 해도 실업계 고등학교는 한국 경제의 측면에서는 한강의 기적을 만든 실질적인 손과 발이었고, 가난하지만 꿈이 있는 청소년들에게는 희망의 사다리였습니다.

1960~80년대 고도성장기, 정부의 중화학 공업 육성 정책에 발맞추어 공업고등학교는 양질의 기능 인력을 대거 배출했습니다. 이들이 없었다면 울산, 포항, 구로공단의 기계는 돌아갈 수 없었을 것입니다. 가정 형편이 어렵지만 명석한 학생들이 상업고등학교에 진학해 은행과 공기업, 민간 대기업 등으로 진출했습니다. 엘리트의 등용문이었습니다. 이들은 사회 진출 후 성실함을 바탕으로 기업의 임원, 금융계 리더, 심지어 김대중, 노무현 등 대통령까지 배출하며 사회 지도층을 형성했습니다. 당시 고졸 취업은 '부끄러운 일'이 아니었습니다. 일찍 취업하여 가계를 돕고, 동생들을 대학에 보내고, 저축을 해서 자산을 형성하며 중산층을 두텁게 만드는 역할을 수행했습니다. 농업고등학교 선생님도 마찬가지입니다.

용산철도고등학교

제1회 서울직업계고 학생 로봇대회

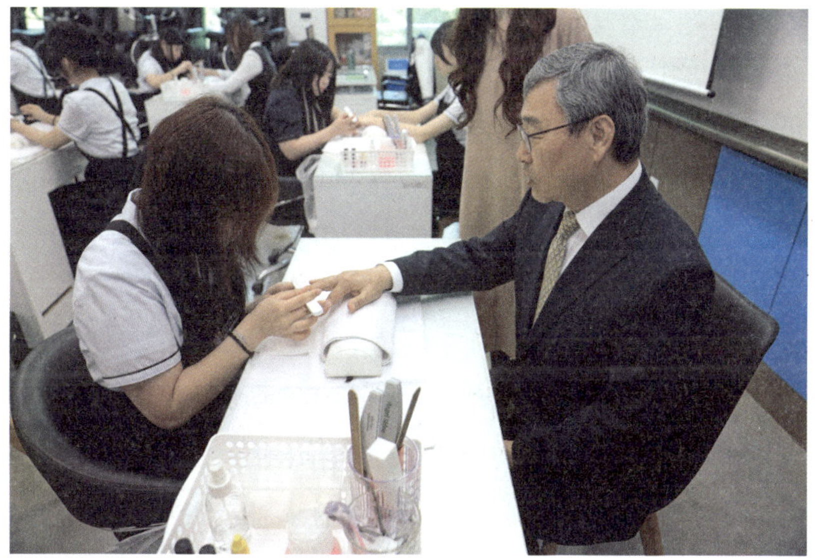

경기상업고등학교

전국기능경기대회(2025.9.23)

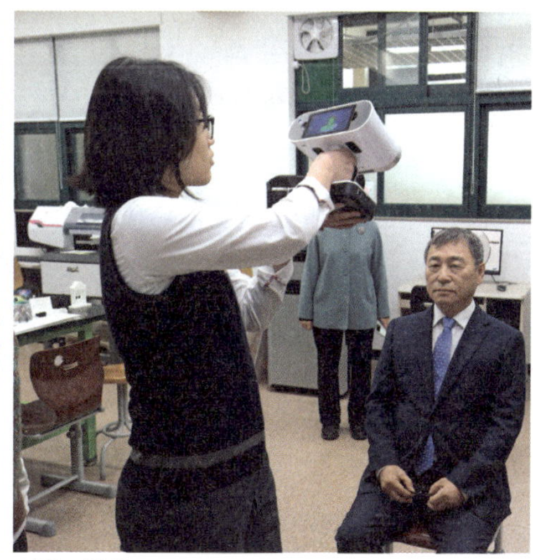

서울고등학교

그러나 산업 구조가 제조업에서 지식 정보화 사회로 넘어가면서, 특성화고는 복합적인 위기에 직면했습니다. 특성화고를 위기에 빠뜨린 첫째 원인은 '대졸 신화'와 학력 인플레이션입니다. 대학 진학률이 70~80%를 넘어서면서, '공부 못해서 가는 학교'라는 사회적 낙인이 찍혔습니다. 우수 학생이 유입되지 않고, 특성화고에 입학해서도 취업보다는 '쉬운 대학 진학 루트'로 여기는 경우가 많아졌습니다. 직업교육의 본질이 퇴색한 것입니다.

두 번째 원인은 고졸 일자리의 '질적 저하'와 임금 격차입니다. 과거처럼 고졸 사원을 공채로 뽑는 은행이나 대기업이 거의 사라졌습니다. 대졸자와의 임금 격차가 갈수록 벌어지고, 승진 한계가 뚜렷하여, '일찍 취업해봤자 손해'라는 인식이 팽배해졌습니다. 2016년 지하철 2호선 구의역 스크린도어 정비업체 직원 사망 사고, 2017년 제주 실습생 사망 사고 등으로 '현장 실습'이 위축되고, 이는 곧 취업처 감소로 이어지는 악순환을 낳았습니다.

특성화고의 교육 과정이 기술 변화와 산업 변화를 따라가지 못하는 것도 문제입니다. 세상은 AI, 반도체, 코딩으로 변하는데, 학교의 기자재와 커리큘럼, 교사의 역량은 여전히 과거에 머물러 있는 경우가 많습니다. 환경 변화와 학교 현실의 불일치가 발생한 것입니다.

2025년 12월 현재 서울교육청 산하에는 78개의 특성화 고등학교가 있습니다. 일반 특성화고 68개, 마이스터고 4개, 고3 학생만 대상으로 하는 문화예술정보학교 6개 등입니다. 설립 목적과 교육과정에 따라 크게 공업계열, 상업·정보계열, 가사·실업계열, 문화·예술·디자인계열, 농생명산업계열로 분류됩니다. 서울의 산업 구조 특성상 공업과 상업이 양대 축을 이루고 있으며, 최근 서비스와 문화 콘테츠 수요가 커지면서 조리, 대자인 계열이 늘어나는 추세입니다.

공업계열 학교는 전체의 38%로 대표 학과는 기계, 전기·전자, 자동차, 반도체, 로봇, 건축, 토목 등입니다. 기계·전기 등 전통적인 국가 기간산업에 기술 인력을 배출하던 학교입니다. 제조업 현장의 열악한 처우와 안전사고 위험 등으로 인해 학생과 학부모의 선호도가 급락했습니다. 서울 내에 제조 공장이 거의 없어져, 취업을 하려면 수도권이나 지방으로 가야 하는 지리적 불일치가 발생했습니다. 산업구조 변화에 맞춰 전통 기계과는 줄이고, AI·반도체·로봇 등 하이테크 분야로의 체질 개선이 생존의 관건입니다. 이미 용산철도고등학교, 한양공업고등학교 등 전통 명문들이 AI나 반도체 학과로 개편 중입니다. 서울교육청도 이 분야 기자재 예산을 집중 투입하고 있습니다.

상업·정보계열 학교는 35%로 대표 학과는 경영도제, 회계, 세무, 금융, 유통, 소프트웨어, 쇼핑몰 등입니다. 과거 '여상'으로 대표되던 금융·경리 인력 양성소였고, 은행원, 대기업 사무직 배출이 주력이었으나 은행 점포 축소, AI 도입 등으로 경리나 총무 등을 담당하는 사무직 수요가 급감하면서 현재는 코딩, 앱 개발 등 IT 분야와 서비스직으로 변화하고 있습니다. 한 예로 경기상업고등학교는 경찰행정과, 부사관행정과, 스포츠경영과 등 다양한 상업 및 서비스 관련 학과를 운영하고 있습니다. 그러나 단순 사무직이나 IT 분야는 대졸자들도 선호하는 영역이라, 설 자리가 점점 좁아지고 있습니다. 단순 사무보다는 세무·회계 자격증을 무기로 한 전문직 보조나, '실무형 코더(Coder)' 양성으로 방향을 잡고 있습니다. 특히 공공기관 지역인재 채용이 중요한 돌파구입니다.

가사·실업계열 학교는 20%로 대표 학과는 조리, 제과제빵, 미용, 관광, 보건간호 등입니다. 최근 10년간 가장 인기 있었던 분야입니다. TV 쿡방, K-뷰티 열풍의 수혜를 입었습니다. 요리나 미용은 '기술만 있으면 먹고 산다'는 인식이 강해 입학 경쟁률이 치열합니다. 학교 실습만으로는 부족해 별도 학원을 다니는 경우가 많고, 실습 재료비 부담이 큽니다. 화려한 겉모습과 달리, 막상 취업하면 미용실 스태프나 식당 보조의 초임이 최저임금 수준에 머물러 이직률이 높습니다. K-컬처의 확장과 함께 해외 취업 가능성이 가장 높은 분야입니다. 다만, 단순 기능인을 넘어 '창업 역량'을 기르는 것이 중요해지고 있습니다.

문화·예술·디자인계열 학교는 6%로 대표 학과는 시각디자인, 웹툰, 만화창작, 영상제작, 실용음악 등입니다. 웹툰, 게임, 유튜브 등 콘텐츠 시장이 커지면서 급부상한 분야입니다. 좋아하는 것을 직업으로 삼는 덕업일치를 꿈꾸는 학생들이 모입니다. 정규직 취업보다는 프리랜서나 작가 데뷔를 목표로 하는 경우가 많습니다. 가장 미래지향적입니다. 서울의 풍부한 문화인프라와 결합하여 웹툰 작가, 영상 편집자, 게임 그래픽 디자이너 등 고부가가치 인력을 배출할 잠재력이 큽니다.

특성화고의 재도약을 위한 중장기적 과제는 '단순 기능인' 양성이 아닌 '실무형 창의 기술 인재' 양성으로 패러다임을 바꾸는 데서 출발해야 합니다.

먼저, 서울의 미래 먹거리와 연결해 학과를 재구조화해야 합니다. 서울에는 제조업 공장이 많지 않으므로, 서울 특성화고의 살길은 도시형 서비스와 IT·바이오·디자인 등의 지식 기반 기술입니다. 서울교육청은 전통적인 기계·토목과를 과감히 줄이고, 반도체, AI 소프트웨어, 로봇, 바이오 등 하이테크(High-Tech) 중심의 미래 유망 학과로 전면 개편하는 정책을 추진하고 있습니다. 학과 이름만 'AI', '메타버스'로 바꾸는 간판 갈이가 아니라, 실제로 그 기술을 가르칠 수 있는 교사를 확보하고 산학협력 업체를 발굴하기 위해 노력하고 있습니다. 서울의 강점인 문화 인프라를 활용해 웹툰, 게임, K-뷰티, 실용음악, 조리 등 '소프트 파워' 중심의 학과도 늘려가고 있습니다.

'선취업 후학습' 경로가 실질적으로 보장되어야 합니다. 고졸 취업자가 직장을 다니면서 대학 학위를 딸 수 있는 '일학습병행제'나 '사내 대학' 제도를 획기적으로 늘려야 합니다. 고졸 후 일정 기간의 근무 경력을 대졸 학력과 동등하게 인정해 주거나 또는 공식적인 학위 과정의 일부로 인정해 언제라도 학위를 취득할 수 있는 제도를 도입해야 합니다. 영국은 이미 직장 경험을 학점으로 인정해주는 선행학습 인정제(Reconition of Prior Learning, RPL)를 실시하고 있습니다.

글로벌화와 개방정책을 추진해야 합니다. '세계로 나가거나, 세계를 받거나'입니다. 하나는 해외 취업 트랙입니다. 국내 일자리가 부족하다면, 용접, 조리, IT 등 기술 수요가 높은 해외(호주, 독일 등)로 진출하는 글로벌 현장 학습을 확대하고 지원해야 합니다. 다른 하나는 외국인 유학생 유치입니다. 학령 인구 감소로 비는 교실에 동남아 등의 우수한 유학생을 받아 기술을 가르치고, 국내 뿌리 산업 인력으로 활용하는 방안도 전향적으로 검토해야 합니다. 경북교육청이 이미 실시 중인 정책입니다.

현재 우리나라의 특성화 고등학교 비중은 16%입니다. 핀란드는 42%에 달한다고 합니다. 이토록 큰 차이가 나는 데에는 몇 가지 원인이 있습니다.

첫째, 핀란드에서는 직장에 다니다가 언제든 기술이 필요하면 직업학교에 등록해 필요한 모듈만 이수할 수 있습니다. 재직자나 구직자가 학생의 상당수를 차지하며, 그들은 수업 일수를 채우지 않아도 배운 것을 할 줄 아다는 것만 입증하면 자격을 부여받습니다. 우리나라의 특성화고는 학령기 학생만 대상으로 하고, 성인들은 별도의 직업훈련학교를 이용합니다. 국가적으로 큰 낭비입니다. 교육부와 고용노동부의 협력이 필요한 부분입니다.

둘째, 핀란드에서는 직업학교를 졸업한 후 일반 대학이나 응용과학대학에 진학하는 데 아무런 법적, 제도적 불이익이 없습니다. 직업학교에 다니면서 인문계 고교의 대입 시험을 동시에 준비하는 학생도 많습니다. 우리나라는 특성화고를 가면 취업이 원칙이고, 수능 경쟁에서 불리해집니다. 진로 변경의 유연성이 떨어집니다.

셋째, 임금 격차와 사회적 시선입니다. 핀란드에서는 배관공, 전기기술자 등이 대기업 사무직 못지않은 소득을 올리며, 사회적으로 숙련된 전문가로 존중을 받습니다. 한국의 경우는 굳이 언급할 필요가 없는 실정입니다.

저는 한국에서도 일자리와 산업구조, 교육 인플레이션 등을 감안할 때 특성화 고등학교의 비중이 30% 정도로 늘어나는 것이 바람직하다고 생각합니다. 이러한 변화는 교육청에서만 할 수 있는 일이 아닙니다. 교육청은 특성화고 활성화를 위해 학과 개편과 특성화 지원 등 할 일을 하겠습니다. 그러나 여러 제도를 손질하고, 교육과 고용, 교육과 산업을 연계하는 일은 교육부, 고용노동부, 산업자원부 등이 함께 머리를 맞대야 합니다. 고졸 출신도 실력만 있으면 대우받는 사회적 분위기를 만들고 학력간 임금 격차를 줄이는 것은 전사회적 협력이 있어야 합니다.

저는 2025년 말에 최교진 교육부 장관님과 함께, 그리고 서울의 특성화고 학생들과 교장 선생님과 함께 〈3학년 2학기〉라는 영화를 보았습니다. 특성화고 학생이 산업현장에서 실습하는 모습을 그린 영화입니다. 제가 신도리코 공장을 방문하여 실습하고 있는 학생들을 격려한 적이 있는데, 이와는 사뭇 다른 광경이었습니다. 영화를 보는 동안 조마조마한 마음이 계속되었고, 영화가 끝나면서 비로소 안도하게 되는, 실습현장의 안전이나 학생들에 대한 지도에서 겪고 있는 어려움을 잘 보여주었습니다. 영화 관람 후에 학생들의 놀라운 질문이 영화감독이나 주연 배우에게 그리고 저에게 쏟아졌습니다. 저는 우리 학생들이 두려움 없이 '사회에 진출'해야 하고 그 문턱이 낮아야 한다고 생각하고 있습니다. 특성화고 학생들은 더 따뜻하게 격려할 필요가 있습니다.

특수교육과 특수학교

서울교육청의 특수교육은 장애 학생도 배움에서 소외되지 않는 책임교육을 목표로 양적·질적 확대를 추진하고 있습니다.

전체 학령 인구는 줄어들고 있는데도 서울의 특수교육 대상 학생 수는 매년 늘어나고 있습니다. 여러 가지 요인이 있습니다. 의학적으로는 고위험 출산이 늘었고, 의료기술이 발달해 초미숙아 등의 생존 가능성이 높아졌습니다. 더 큰 이유는 진단 범위가 확대되어 과거에는 장애로 분류하지 않았던 영역들이 특수교육의 범주로 들어온 것입니다. 자폐 스펙트럼 장애나 과잉행동장애 등에 대한 정밀 진단이 가능해졌습니다. 경계선 지능의 경우도 마찬가지입니다. 부모님들의 인식 변화가 있었습니다. 이제는 숨기기보다 적극적으로 진단을 받고 지원을 받으려는 경향이 강해졌습니다. 특수교육이 의무교육으로 강화되고, 영유아 검진 등을 통해 장애 위험군을 조기에 발견하여 교육 시스템으로 연계하는 법적·제도적 개선도 영향이 미쳤습니다.

실제로 학생 수 증가의 구성을 보면 시각·청각·지체 장애 등 신체적 장애는 줄거나 정체 상태인 반면, 자폐성 장애, 지적 장애, 정서·행동 장애 등 발달 및 정신적 영역의 장애 학생 수가 급증하고 있습니다.

특수교육을 담당하는 기관은 세 가지 형태입니다. 특수학교는 장애 학생들만 다니는 별도의 학교입니다. 서울에는 국립 3개, 공립 11개, 사립 18개 등 총 32개 교가 있습니다. 현재 4,000여 명의 학생이 재학 중입니다. 그렇지만 아직도 특수학교가 1개도 없는 자치구가 전체 25개 자치구 가운데 8개나 됩니다. 다른 자치구로 1시간 이상 버스를 타고 통학하는 '통학 난민'이 여전히 많습니다.

지난 몇 년간 강서구 서진학교와 서초구 나래학교가 설립되었고, 2025년에 중랑구 동진학교가 착공했으며, 성동구 성진학교 설립안이

중랑구 공립특수 학교 동진학교 신축공사 기공식(2025.10.22)

서울시의회를 통과했습니다. 그 과정에서 지역 주민의 반대 등 많은 논란이 있었지만 이제는 특수교육과 특수학교 설립에 대한 사회적 합의가 이루어지고 있어 다행이라고 생각합니다.

서울교육청의 최종 목표는 '모든 자치구에 최소 1개 이상의 특수학교'를 세우는 것입니다. 성진학교의 조기착공을 비롯해 특수학교가 없는 자치구에 공립특수학교 설립을 추진할 필요가 있습니다. 공립 학교로 추진하는 이유는 토지가격이나 주민 민원 등 감당할 일이 너무 많기 때문이고, 특수학교의 구성상 공립학교의 비율을 높여 특수교육의 공공성을 강화하기 위해서입니다.

일반 학교 내 특수학급은 일반 학교에 다니면서 일부 시간만 특수학급에서 배우는 형태입니다. 학교마다 1개 학년에 1개 학습씩 만들어가고 있습니다. 2025년 12월 유초중고를 통틀어 전체 2,050개 학교 중 968개 학교에 특수학급이 개설되어 있습니다. 전체 특수교육 대상 학생의 약 65%가 특수학교가 아닌 일반 학교에 다닙니다. 이는 통합교육의 흐름을 반영한 것입니다. 그러나 일반학교의 특수학급에는 장애학생들이 활용할 수 있는 교육환경이나 시설들이 부족한 실정입니다.

마지막으로 특수교육 지원센터입니다. 서울교육청과 11개 교육지원청에 모두 설치되어 진단·평가, 순회 교육, 치료 지원 등을 총괄하는 허브 역할을 담당합니다. 교육 내용은 단순한 보호를 넘어, 자립 생활과 사회 통합을 위한 실질적 역량 강화에 초점을 맞춥니다. 더 나아가, 중복장애학생들을 위한 프로그램들을 좀 더 개발하여 제공할 필요가 있습니다.

먼저 개별화 교육 계획입니다. 모든 특수교육 대상 학생은 학기 초에 교사, 학부모, 전문가가 모여 학생 개개인에게 맞는 교육목표와 방법을 짭니다. 법적 의무 사항입니다. 또한 이들은 진로·직업 교육을 받습니다. 직업 훈련은 고등학교 졸업 후 1~2년간 더 배우는 '전공과' 과정을 통해 제과제빵, 바리스타, 포장 조립, 사무 보조, 최근에는 스마트팜 관리 등 직업 기술을 익힙니다. 지역사회 카페나 기업, 도서관 등과 연계하여 현장 실습을 하고 실무 경험을 쌓습니다.

또한 행동 중재 및 사회성 교육이 제공됩니다. 자해나 타해 등 행동을 보이는 학생을 위해 긍정적 행동 지원(PBS) 프로그램을 운영하며, 통합교육 시간에는 일반 학생들과 어울리면서 사회성 기술을 집중적으로 익힙니다.

저는 교육감에 취임한 후 서초의 나래학교와 강서의 서진학교를 방문하고 시설과 교육시스템이 선진국에 못지않은 수준으로 발전했다는 것을 느꼈습니다. 그러나 이와 달리 오래된 특수학교들은 시설이 노후하여 어려움을 겪고 있습니다. 서울 특수교육은 많은 발전에도 불구하고, 학부모와 교사 모두가 호소하는 굵직한 과제들이 남아 있습니다.

첫째는 과밀 학급과 교사 부족 문제입니다. 특수학교와 특수학급 모두 법정 정원을 꽉 채우거나 초과하는 과밀 상태인 곳이 많습니다. 특수교육을 담당하는 교사가 꾸준히 늘었지만 학생 수 증가를 따라가지 못했습니다. 결국 교사 1명이 감당해야 할 학생 수가 많아지고, 이는 교육의 질 저하와 안전사고 위험으로 이어집니다. 특수교육 담당 교사를 획기적으로 늘릴 방안을 찾고 있습니다.

다음으로 장애 학생의 도전적 행동에 대한 대응과 교권 보호 문제가 있습니다. 장애 학생의 돌발 행동을 교사가 제지하는 과정에서 아동학대 신고를 당하거나, 반대로 교사가 학생에게 폭행당하는 일이 빈번해졌습니다. 서울교육청은 교사 혼자 힘으로 감당하기 어려운 상황이 벌어졌을 때 교사를 보호하면서도 학생의 행동을 전문적으로 교정할 수 있도록 '행동중재전문관' 제도를 도입했습니다. 모든 교육지원청 산하 특수교육지원센터에 일정한 자격을 갖춘 행동중재전문관을 배치하고 학교의 요청을 받아 파견합니다.

특수학교의 낙후된 시설도 문제입니다. 특히 설립된 지 오래된 학교들은 시설이 매우 낙후되어 있습니다. 상황이 더 어려운 학교들이 대부분 사립이라 전반적인 개선에 어려움이 있습니다.

　마지막으로 통합교육의 내실화입니다. 장애 학생들 가운데 일반 학교에 다니지만, 비장애 학생들과 섞이지 못하고 '섬'처럼 지내는 경우가 많습니다. 일반 교사들의 특수교육 이해도를 높이고, 비장애 학생들의 인식 개선을 통해 정서적·화학적 통합을 이루어내는 것이 숙제입니다.

　특수교육과 특수학교 정책을 추진하는 과정에서 장애인부모연대와 많은 대화를 나눴습니다. 우리 특수교육의 수준이 향상되는 데에는 학부모들의 지원과 노력이 크게 작용했습니다. 2025년 성진학교 설립 계획을 확정하기까지 수많은 우여곡절이 있었습니다. 학부모들은 서진학교 설립 과정에서 겪었던 어려움을 다시 반복할까봐 노심초사했습니다. 다행스럽게도 시의회의 협조로 원만하게 타결되었습니다. 또한 원래 서진학교와 동시에 계획되었지만, 수많은 진통이 있어서 설립이 6년이나 늦춰진 동진학교 기공식에서 저는 학무모님들의 노고에 감사의 말씀을 전했습니다.

장애인교원노동조합 간담회(2025.10.16)

서울교육청은 장애인 교사의 비율이 낮습니다. 장애인 고용률을 충족하지 못하고 있는데 가장 중요한 요인은 교원 자격증을 가진 장애인들이 적기 때문입니다. 저는 교육대학과 사범대학에 장애인 학생을 더 많이 선발하여 교원으로 양성해주도록 요청하지 않을 수 없었습니다.

특수학교가 아니라 일반 학교에서 가르치는 장애인 교사들도 훌륭합니다. 저는 서울교육청에 속한 장애인 교사들로 이루어진 장애인교원노조와도 대화를 시작했고, 후속 모임을 이어가고 있습니다. 서울교육청에는 함께하는 장애인교원노동조합(장교조) 서울지부가 활동하고 있습니다. 일반 교육을 담당하는 교사지만 장애인으로서 특수교육에 남다른 관심을 가진 분들이고, 만날 때마다 서울 특수교육에 많은 아이디어를 제안해줍니다.

저는 2025년 4월 이 분들과 처음으로 만났는데, 교육감과의 만남이 처음이라고 감격해 했습니다. 10월에는 두 번째 간담회를 가졌습니다. 제가 4월 간담회에서 연간 2회 정기간담회를 갖겠다고 약속을 하였는데 이를 지킨 것입니다. 마침 그 날은 '흰지팡이의 날'이었습니다. 흰지팡이는 원래 시각장애인의 자립과 성취, 권리 보장을 상징하지만, 저는 그 의미가 단지 시각장애인에게만 머물지 않는다는 점, 그리고 서울교육청은 누구든 학교라는 공간에서만큼은 차별 없이 역량을 발휘하고, 존중받는 교육 환경을 만들겠다는 말씀을 드렸습니다.

상반기에 제안받은 18가지 정책요구에 대한 검토 결과와 향후 계획을 설명하고, 여건상 당장 해결이 어려운 과제는 함께 제도적 해법을 찾아가자는 말씀도 나누었습니다. 간담회에 참석한 선생님들께서는 때로는 따끔한 제안을, 또 때로는 교육청에 대한 따뜻한 격려를 보내주셨습니다. 특히 전국 최초로 운영 중인 'AI·에듀테크 장애인교원 지원단'에 대해 "장애인 교원의 역량 강화에 실질적인 도움이 되고 있다"는 말씀을 들으며 서울교육청이 '잘하고 있구나'하는 뿌듯함도 느꼈습니다. 소통이 협력의 출발점입니다. 원하는 모든 것을 단숨에 이루지 못해도 소통을 통해 서로 이해하고 상호존중하며 함께 만들어가는 것, 바로 협력교육입니다.

교육감으로 일하면서 가장 보람있었던 일 중의 하나는 정은혜 작가와 부모님을 모시고 교육청에서 큰 행사를 가진 것입니다. 지금 교육감실 입구에는 그의 작품들이 전시되어 있는데 이 작품들을 보면서 늘 매우 독특한 그림을 그린 작가적 상상력과 독창성에 감탄하고 있습니다.

이주 배경 학생들과 다문화교육

지난 5년 동안 서울지역의 학생 수는 꾸준히 감소한 반면, 장애학생들과 마찬가지로 이주 배경학생들은 크게 증가했습니다. 이 기간 서울 전체 학생 수는 9.9%(828,546명에서 746,506명) 감소했는데, 이주 배경 학생들은 13.6%가 증가했습니다. 현재 이주 배경학생 들은 전체 학생 수 대비 2.34%에서 2.59% 증가하여 약 22,000명으로 그 규모는 전국에서 두 번째입니다. 또한 중도입국 학생들의 증가로 인해 중·고등학생들의 비중이 28.4%에서 42.9%로 크게 증가하고 있습니다.

이주 배경학생들이 서울의 어느 지역에 집중되어 있는지, 학생들의 특징과 어려움은 무엇인지를 2025년에 TF를 운영하고 포럼을 개최하여 의견을 모으는 활동을 꾸준히 했습니다. 저는 이주 배경 학생들이 집중되어 있는 남부와 중부의 학교 현장을 방문하고, 그 지역에서 협력 교육을 고민·실천하고 있는 교육장, 교장, 장학관들과 함께 여러 차례 논의하는 시간도 가졌습니다.

이주 배경학생들이 서울 전역에 분포하고 있지만, 특별히 집중되어 있는 지역은 크게 구로동과 대림동(중국 학생 중심), 이태원과 창신동(다양한 국적의 학생들 중심), 성동(몽골과 베트남 출신 학생 중심)으로 크게 3구역으로 나눠져 있습니다. 중부지역은 출신 국가가 매우 다양하게 구성되어 있는 학교들이 있어 단일 국적 학생들이 집중되어 있는 학교와 다른 교육 정책이 필요하다는 생각이 들었습니다. 앞서 언급한 혐중시위가 이루어진 지역의 학교들은 중국 국적 학생의 비율이 높습니다. 서울교육청의 지원 사업은 초기 적응을 위해 한국어부터 확실히 가르치고, 부모 나라의 언어를 잊지 않고 강점으로 키울 수 있게 하며, 일반 학생들과 친구가 되도록 하는 통합교육으로 요약할 수 있습니다.

초기 적응을 위해 한국어가 서툰 학생이 원적 학급에서 친구들과 같이 공부하다가 국어·사회 등 언어가 중요한 과목 시간엔 별도 교실로 이동해 한국어를 배웁니다. 한국어 학급이 없는 학교에 이주 배경 학생이 전학 올 경우, 한국어 전문 강사가 찾아가서 지도합니다.

2025년에 중도 입국 학생들의 적응을 위한 징검다리 과정으로 서울형 한국어 예비학교를 두 곳 개설했습니다. 숙명여자대학교와 동양미래대학교와 협력하고 있습니다. 연 2회, 1회당 3개월 과정으로 운영됩니다. 중도 입국 자녀, 외국인 가정 자녀, 난민 가정 자녀 가운데 아직 정규 학교에 입학하지 않았거나 학교에 배정받았지만 한국어 구사

능력이 현저히 부족한 학생들을 대상으로 합니다.

이들의 이중언어를 장점으로 살려나갈 수 있도록 지원합니다. 방과 후 수업을 통해 부모님 나라의 언어를 계속 배울 수 있게 하고, 매년 이중언어 말하기 대회를 개최하여 자존감을 높일 수 있는 기회를 제공합니다.

다문화 교육 중점학교를 지정해 교육과정에 다문화 이해 교육을 포함시키고, 다른 문화를 존중하고 편견을 없애는 활동을 정규 수업이나 창의적 체험 활동 시간에 진행합니다. 다문화교육 중점학교로 50개교를 지정했고, 3개 학교를 다문화 정책 연구학교로 지정했습니다.

서울다문화교육지원센터(다+온센터)가 이러한 모든 교육을 총괄하는 곳입니다. 입학 상담부터 통·번역 지원, 심리 상담까지 원스톱 서비스를 제공합니다. 현재의 센터 외에 강북권에 1개소를 신설하기로 하고, 창신초등학교를 방문하여 협의를 하였습니다. 장기적으로 보면, 이런 유형의 지원센터들이 권역별로 확산되어 이주 배경학생들이 쉽게 적응할 수 있어야 하며, 이중언어를 사용하는 학교도 만들어질 필요가 있습니다.

현재까지는 이주 배경 학생들이 학교생활과 사회활동을 잘해나갈 수 있도록 한국어 및 한국제도·문화를 습득하고 이해하는 기반을 탄탄하게 하는데 집중해왔지만 여전히 어려움이 많습니다. 저는 현장의 교사들과 장학사들의 고충을 눈물로 들었습니다. 포럼과 토론회를 열었고, TF를 운영했습니다. 특히 이주 배경 학생들이 밀집해 있는 남부와 중부 지원청을 중심으로 머리를 맞대고 의논했습니다.

다양한 국적을 가진 학생들이 늘어나고 있다는 것은 그만큼 서울이 다양해지고 국제화되고 있다는 의미이기도 합니다. 따라서 이주 배경 학생들에 대한 지원을 넘어 서울의 일반 학생들도 국제적인 맥락을 이해하고 삶의 방향을 설계할 수 있도록 도울 필요가 있습니다.

이를 위해서는 시각의 전환이 필요합니다. 이주 배경학생 교육이 특정 아이들에 대한 지원이 아니라 국제도시 서울의 지속가능성을 위해 필요한 교육 인프라 투자라고 보는 것입니다. 조기 개입과 체계적인 지원은 예방적 공공투자에 해당한다는 것이지요. 따라서 다문화교육은 한국 학생들의 학습권도 보장하고 학교 교육력 회복을 위한 보편적인 정책으로 세워져야 합니다. 이주 배경 학생들과 한국학생들의 교류와 소통교육 경험을 튼튼하게 해서 '세계시민교육도시 서울'이 되도록 나아가는 방향입니다.

지금까지 진행해 온 정책에 더해, 이주 배경학생들이 밀집된 학교의 학급당 학생 수를 감축하고, 교사들을 위해서 '다문화 전문교사제'를 운영할 필요가 있습니다. 중도입국학생들을 위해 예비학교를 운영하고, 지역사회와 함께 심리적·정서적 위기 학생들도 지원할 것입니다.

그리고 학생들뿐만 아니라 학부모들을 위한 정착 연수도 실시합니다. 이는 앞서 언급한 중부교육지원청 학부모공론장에서 이주배경 학부모님들로부터 제안 받은 학부모 교육 프로그램 확대 요청을 기반으로 시작하려 합니다.

　이주 배경 학생과 학부모들이 참여하는 '세계시민교육도시 서울'을 만들기 위해서는 더 많은 노력과 통합된 교육체계가 필요할 것입니다. 우리가 하고 있는 글로벌공동수업, 평화·인권·생태 교육이 바탕이 되는 민주시민교육 및 세계시민교육에 이주 배경 학생·부모님들의 삶과 역사가 공존할 수 있도록 한 번 더 머리를 맞댈 생각입니다.

사립학교의 자율성과 공공성

한국의 학교급별 사립학교 비중은 학교급이 올라갈수록 사립의 비율이 급격하게 높아지는 '역피라미드' 구조입니다. 교육부와 한국교육개발원의 통계에 따르면 학교 수 기준으로 사립학교의 비중은 초등학교 1.2%로 전체 약 6,170여 개 학교 중 70여 개에 불과합니다. 중학교는 약 19.5%로 약 3,260여 개 학교 중 약 630여 개입니다. 고등학교는 약 39.8%로 전체 약 2,370여 개 학교 중 약 940여 개입니다. 10개 중 4개가 사립학교일 정도로 비중이 높습니다.

　초등교육은 비교적 이른 시기에 의무교육으로 규정되어 국가가 책임진다는 원칙 하에 국·공립 위주로 설립되었습니다. 중학교도 의무교육입니다. 사립중학교가 20%를 차지하지만, 국제중학교 등 극소수의 특성화중학교를 제외하면 '중학교 무시험 배정' 정책에 따라 학생 선발권이 없고, 교과 과정이나 학비 면에서 사실상 국·공립과 큰 차이 없이 운영되는 '재정결함보조금 지원 학교'가 대부분입니다. 사립고등학교는 일반고, 자율형사립고, 특수목적고 등 학교 유형이 다양하며, 중학교에 비해 학교의 운영 자율성이 상대적으로 높은 편입니다. 그렇지만 고등학교도 평준화 지역에서는 수업료를 자율적으로 책정해서 받을 수 없고, 무상교육 시행 이후에는 수업료마저 국가와 지자체,

전체 학생 대비 특수교육 대상자 추이 변화, 2025~2030

교육청이 부담하면서 학교 재정의 거의 100%를 세금에 의존하게 되었습니다. 중학교와 고등학교, 실질적 운영은 국가의존도가 큰 상황입니다.

우리나라 고등학교 사립 비중이 매우 큰 역피라미드 구조가 된 것을 이해하기 위해서는 역사적 기원을 살펴볼 필요가 있습니다. 최초로 학교 설립운동을 주도한 그룹은 셋입니다. 구한말 교육으로 교육을 통한 부국강병을 기대한 왕실, 애국계몽운동에 앞장섰던 민족운동 진영, 교육 및 의료선교에 나선 선교사 등입니다. 오랜 전통을 유지하고 있는 서울의 사립 고등학교는 휘문고등학교, 보성고등학교, 양정고등학교, 오산고등학교, 배재고등학교, 이화여자고등학교, 숭실고등학교, 중앙고등학교, 숙명여자고등학교, 동덕여자고등학교, 정신여자고등학교 등이 당시에 설립된 학교들이며, 지금까지 오랜 전통을 유지하고 있습니다. 이들은 일제 강점기에 한국인의 실력양성과 독립운동에 큰 기여를 하였습니다.

해방 직후 교육열이 폭발했지만 정부는 학교를 지을 여력이 거의 없었습니다. 정부는 민간의 학교 설립을 장려했고, 이때 지방의 대지주들이 농지개혁을 앞두고 한편으로는 토지 강제 수용을 피하고, 다른 한편으로는 사회 환원 차원에서 토지를 기부하는 방식으로 학교를 설립했습니다. 육영 사업의 성격이 강했으며, 지역 유지들이 주도한 독지가형 사학이라 할 수 있습니다. 이들 중에는 새로운 사학 명문학교로 성장한 사례가 있습니다.

본격적인 산업화 시기인 1960~70년대 이르러 기업과 자본가들이 기업 이윤의 사회 환원과 산업인력 확보를 명분으로 새 학교를 설립하거나 재정난에 처한 학교를 인수했습니다. 1980년 이후 강남과 신도시로 인구가 몰리면서 학교가 부족해지자 다시 종교 재단이나 건설 자본 등이 주도하는 사립학교가 늘어났습니다. 다시 말해서 국가가 감당하지 못하는 중등교육의 일부를 민간 부분인 사학 재단이 대신하면서 사립학교의 비중이 크게 늘어난 것입니다.

1970년대 이후 중학교 과정이 의무교육에 포함되고, 평준화가 이루어지면서 사립 중고등학교의 정부 재정 의존도가 단계적으로 높아지고, 오늘날과 같은 준공립화의 길을 걷게 되었습니다. 고등학교를 포함한 전체 중등교육을 이제는 국가가 책임져야 한다는 인식도 확립되었습니다. 또 사학재단들이 재정난에 처하면서 국가가 사립학교에 의존하던 것으로부터 국가가 지원하는 사립학교 제도로 바꾸어달라는 것이 일반적인 흐름입니다. 그러나 사학의 정체성과 중등교육의 경로 의존성 때문에 지금처럼 애매한 형태가 유지될 수밖에 없는 것이 현실입니다. 이러한 역사적 특수성과 한국 교육에 대한 사학의 기여를 감안할 때 사립학교 전체를 백안시할 일은 아니라고 생각합니다.

사학비리 등으로 인한 일부 사립학교에 대한 대한 부정적 인식은 교육의 질 문제보다는 주로 운영의 투명성과 공공성 부족에서 기인합니다. 재정의 대부분을 국민 세금에 의존하고 있으면서 운영 방식은 여전히 폐쇄적으로 이루어지는 구조적 모순이 가장 큰 문제입니다. 더 자세히 살펴보면 교직원 채용 비리가 끊이지 않았습니다. 세습에 의한 경영과 견제 장치 없는 사유화 논란도 문제입니다. 재정은 의존하면서 사학의 자율성을 내세워 외부 감사나 공공성을 높이기 위한 개입을 거부하는 일도 잦았습니다.

이러한 문제를 해결하기 위한 몇 가지 견제 장치가 마련되었습니다. 학교법인 이사 1/4 이상을 외부 인사로 선임하도록 한 개방이사제가 도입되었습니다. 교원 채용시 1차 필기시업을 교육청에 위탁하도록 했습니다. 사립학교의 경우 과거 자문 기구에 불과하던 학교운영위원회의 심의기구로 격상시켰습니다. 예산안, 결산안, 학교 헌장 제정 등 중요한 사항을 결정할 때 반드시 운영위 심의를 거치도록 했습니다. 족벌경영 방지를 위해 친인척 교직원 공개, 이사장의 교장 겸직 금지, 비리 임원의 복귀 제한 등의 법적 장치를 도입했습니다. 또한 이러한 제도적 개선 노력과 더불어 사립학교 경영진 자체도 학교를 좀 더 민주적이고 투명하게 운영하기 위하여 노력하고 있습니다. 참 다행스럽고 고마운 일입니다. 이러한 제도적 개선 노력과 자체 개혁이 보다 성과를 내면 사립학교의 운영이 투명해지고 공공성이 강화될 것으로 기대합니다.

최근 공영형 사립학교라는 범주가 생겨났습니다. 주로 대학의 문제로 등장했지만 중고등학교에도 나타납니다. 문제가 있는 학교에 교육청이 개입하여 학교를 정상화하는 것도 숙제이지만, 정상화한 이후 이를 어떻게 운영하는 것이 좋은지, 어떻게 공영형이라는 제도를 구체적으로 실현할 것인지 새로운 과제들이 나타나고 있습니다.

우리의 사립학교 정책은 설립과 운영이라는 두가지 측면에서 새롭게 평가될 필요가 있습니다. 또한 자율성과 공공성이라는 두가지 기준이 이들에 대한 평가에 적용되어야 합니다. 우리나라의 사립학교 정책은 운영상의 국가 재정의존과 관리상의 자율성이 서로 일치하지 않는 구조입니다. 학생 정원이나 교사 임용권 또는 교장 임명, 그리고 법인의 공공성 유지라는 네가지 정책수단들이 제대로 작동하지 않는 구조가 오랫동안 유지되고 있어서 많은 문제를 야기해온 것이 사실입니다. 국가에 대한 재정의존도가 매우 큰 만큼 이에 상응하는 자율성 관리 정책이 필요하며 공공성 제고를 위한 노력을 해야할 것입니다.

제4장 교원정책과 교육재정

교권보호와 존중

2023년 서초구의 한 초등학교에서 발생한 불행한 사건을 계기로 교권 침해에 대한 사회적 토론과 논의가 폭발적으로 늘어났습니다. 교권 문제는 더 이상 교사 집단만의 문제가 아니라, 공교육 시스템의 붕괴를 막기 위한 사회적 비상사태로 인식되고 있습니다. 교권 문제는 교사들의 헌신에 대한 신뢰, 학부모의 인식, 학생 인권과의 관계, 법률적 보호제도 등 여러 변수들이 얽혀있는 사회문제입니다.

교권 침해는 단순히 '학생이 버릇이 없어서' 생기는 문제가 아닙니다. 오히려 구조적이고 문화적이며, 법적인 문제입니다. 학교를 교육공동체가 아닌 '서비스 기관'으로, 교사를 '감정 노동자'로 여기는 일부 학부모의 소비자 중심주의 교육관이 널리 퍼져 있습니다. "세금으로 월급 받으면서 내 아이 기분을 상하게 해?"라는 자기중심적 민원이 일상화되었습니다. 신고 즉시 직위해제가 되거나 수사를 받아야 하는 관행적 구조가 교사들을 위축시켰습니다. 아동학대처벌법상 소위 '정서적 학대' 조항이 오남용되고 있습니다. '정서적 학대' 조항이 모호하여, 훈육·꾸중·지시와 같은 정당한 생활지도조차 학부모 기분에 따라 아동학대로 신고당할 수 있습니다.

교장·교감 등 관리자가 민원이 발생했을 때 방파제가 되어주기보다, 교사에게 모든 책임을 떠넘기는 책임 회피도 문제입니다. 교사의 개인 휴대폰과 SNS를 통해 24시간 민원에 노출되는 디지털 연결 과잉도 문제입니다. 업무와 사생활의 경계가 무너졌습니다.

정치권과 언론 일부에서 "학생인권조례 때문에 교권이 추락했다"며 이 둘을 제로섬 게임(Zero-sum game)으로 몰고 가는 경향이 있습니다. 충청남도 의회가 폐지안을 통과시켰고, 대전, 충북 등에서도 움직임이 있습니다. 얼마 전에는 서울시의회가 학생인권조례를 두 번째 폐지했습니다. 이는 위험한 시각입니다.

교권 추락의 주원인은 '아동학대법의 악용'과 '악성 민원'이지, 학생의 인권을 존중하자는 조례 자체가 아닙니다. 학생 인권을 낮춘다고 해서 교권이 자동으로 올라가지 않습니다. 이 대립 구도는 교사와 학생·학부모를 적으로 돌려놓습니다. 학교는 교사와 학생이 협력하는 곳이지 권력 투쟁을 하는 곳이 아닙니다. 교권의 일부인 교사의 가르칠 권리(수업권)는 교사 자신을 위한 것이 아니라 다수 학생의 배울 권리(학습권)를 보호하기 위한 것입니다. 즉, 교권 보호는 곧 학생들의 학습권 보호와 직결됩니다.

2023년 이후 일부 제도적 보완이 이루어지고 있습니다. '교권 보호 4법'이 개정되었습니다. 정당한 생활지도는 아동학대 처벌 대상에서 제외한다는 면책 조항이 신설되었습니다. 아동학대 조사 시 교육감의 의견 청취를 의무화하여 무분별한 직위해제를 방지하게 되었습니다. 민원 창구를 단일화하여 교사 개인이 아닌 학교의 민원대응팀이

선생님동행100인의변호인단 발대식(2025.5.12)

교원의 교육활동 보호를 위한 현장교원 간담회(2025.9.24)

2025학년도 교육활동보호 학교관리자 연수(2025.9.10)

민원을 접수하고, 악성 민원은 고발 조치하는 시스템을 도입했습니다. 수업을 방해하는 학생을 교실 밖으로 내보내거나 분리할 수 있는 법적 근거와 공간 마련되었습니다.

그러나 더 근본적인 해결책은 교권에 대한 관점을 전환하는 것입니다. 교권을 '보호'받아야 할 권리에서 '존중'해야 할 권한으로 재정의해야 합니다. 최근 교육계와 학계에서 나오고 있는 주장이기도 합니다. '교권 보호'라는 말은 교사를 '약자'나 '피해자'로 규정하고 외부 공격으로부터 막아주는 방어적 개념에 머뭅니다. 이는 결코 근본적인 해결책이 될 수 없습니다. 1980년대 말 참교육운동에서 출발한 교사 운동이 전교조로 발전하면서, 교사의 권리중심 운동이 자리잡았습니다. 교사들의 기본권 의식은 높아졌지만 오히려 교사들의 권위와 전문직으로서의 위상은 떨어지는 역설적 상황이 벌어졌습니다.

교권의 의미를 권리를 넘어 교육적 권위이자 권한으로 재정의해야 합니다. 교권은 교육전문가로서 교육과정과 평가, 지도를 주도적으로 결정할 수 있는 권한입니다. 의사의 진단을 환자가 존중하듯이 교사의 교육적 판단, 즉 전문성을 학부모와 사회가 존중하는 문화를 만들어야 합니다. 교사 역시 높은 전문성과 윤리 의식을 갖추어, 학부모가 신뢰할 수 있는 '교육적 권위'를 스스로 세워야 합니다. 뿐만 아니라 이것이 사회에서 널리 인정되어야 합니다. 교권 회복의 최종 목표는 '선생님의 편안함'이 아니라, '학생들이 안전하고 질 높은 교육을 받을 수 있는 교실 환경'을 만드는 데 있다는 인식을 우리 사회가 공유해야 합니다.

저의 이런 생각은 낸시 프레이저(Nancy Fraser)와 악셀 호네트(Axel Honneth)의 유명한 논쟁을 상기하도록 합니다. 오늘날 사회적 정의를 규정하는데 있어서 분배의 문제가 중요한가, 사회적 인정이 더 중요한가라는 물음으로부터 현대사회가 직면한 문제들을 풀어가기 위한 노력의 일환이었습니다. 호네트는 현대 사회에서의 사회적 갈등은 개인의 자아실현의 좌절에서 비롯되며 자아실현은 사회적 인정 여부에 달려있다고 보았습니다. 그는 사람, 권리, 사회적 가치 부여라는 세가지 상호인정을 통해 자아정체성이 형성된다고 보았습니다.

유럽 국가들 가운데 핀란드, 프랑스, 독일 등은 교사가 되기 위해 석사 학위를 필수 조건으로 요구하고 있습니다. 교사를 단순한 지식 전달자가 아닌 연구하는 전문가로 대우하고 양성하겠다는 철학에 입각한 것입니다. 그래서 학석사 통합학제가 발전했습니다. 우리도 법학전문대학원(로스쿨)처럼 교육전문대학원을 도입하자는 논의가 있었지만 현장의 반대에 부딪쳐 유보된 것으로 알고 있습니다.

교사정원 확보의 중요성

그동안 교육부는 학생 수 감소를 근거로 중장기 교원 수급 계획을 세우고, 대규모 교사 정원 감축을 단행해 왔습니다. 그 결과, 학교 현장에서는 매년 인사와 교육과정 운영을 둘러싼 혼란이 반복되었고, 교사들은 미래에 대한 불안 속에서 교육에 전념하기 어려운 상황에 놓여 왔습니다. 교육은 안정과 신뢰 위에서 이루어져야 하지만, 현실은 그렇지 못했습니다.

서울은 그 피해가 더욱 컸습니다. 지난 5년간 전국 교사 총정원이 평균 1.1% 줄어든 데 비해, 서울의 교사 정원은 평균 2.6% 감소했습니다. 특히 중등학교에서는 학생 수 감소율보다 더 빠른 속도로 교원 정원이 줄어들면서, 학급당 학생 수가 오히려 늘어났고, 학생 한 명 한 명을 세심하게 살피는 교육은 크게 위축되었습니다.

　　학령인구가 줄어들면서, 학생 수에 연동해 교사 정원이 감축되고 있습니다. 문제는 최근 3년간 교원 수가 학생 수보다 더 빠르게 줄어들었고, 서울의 감축속도가 전국 평균보다 더 빠르다는 것입니다. 2025년에 전국적으로 약 3천 명이 감축되었는데, 서울만 약 1천 명이었습니다.

　　2025년 8월, 2026년도 교사 정원 가배정안이 발표되었을 때 서울교육청은 입장문 발표, 언론 인터뷰, 국회 방문, 국정기획위원회 및 시의회 정책협의회와 협의 등의 활동을 하면서 재조정을 촉구했습니다. 교육의 질을 향상시키기 위한 증원 요인을 7개로 설정하고 각 요인별 증원 규모를 산출하여 원래의 안을 수정해야 한다고 주장하였는데, 이런 요구가 설득력이 있었기 때문에, 원래의 감축안보다 더 적은 규모로 감축되었습니다. 다행이었지만, 저는 서울교육청의 요구사항이 일

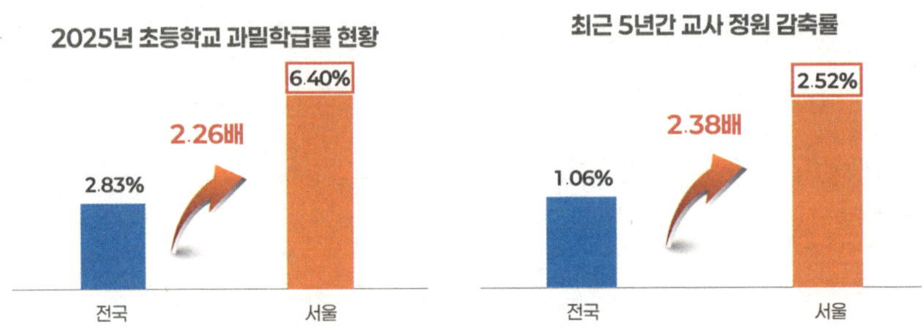

부 밖에 반영되지 않은 것에 유감을 표하면서 교사 정원 산정 기준을
근본적으로 재검토할 것을 촉구했습니다.

　교육환경이 변하고, 기술발전의 속도가 빨라지면서 더 많은 교사
가 필요해지고 있습니다. 대표적으로 AI 교육의 필요, 다문화 교육 대
상의 증가, 기초학력 보장, 특수학급 증가, 고교학점제 도입, 정신건강
의 악화 등이 증원 요인입니다. 이를 감안하여 1교실 2교사제로 전환
하는 것을 검토할 필요가 있습니다. 유럽의 교육 선진국들은 정규 교
사 또는 특수 전문 교사를 지원 교사로 배치해 다양한 형태의 협력 수
업과 팀 티칭을 실시하고 있습니다. 서울교육청도 기초학력 협력강사
를 배치하지만, 극히 일부 학년에 국한되고, 주로 시간제 강사를 활용
하는 수준입니다. 교육계만이 아니라 전 정부적으로 숙고하여 학령인
구 감소를 초·중등 교육의 질적 도약의 계기로 삼게 되었으면 합니다.

　작년 교육부로부터 2026학년도 초중등학교 교사 정원 1차 가배정
결과를 통보받았을 때, 그 내용을 확인하며 교육을 책임지는 사람으로
서 깊은 유감과 우려를 느꼈습니다. 학생 수 감소라는 이유만으로 교
사 정원을 계속 줄여 온 기존 정책 기조가 또다시 반복되고 있었기 때
문입니다.

　저는 여러 차례 교육부에 서울의 특수성과 현장의 목소리를 전달
하며, 교사 정원 산정기준의 재조정을 요구해 왔습니다. 그러나 이러
한 요구는 충분히 반영되지 않았고, 그 결과 서울교육의 질적 수준이
위협받는 상황에 이르렀습니다.

학생 맞춤형 교육을 강화하겠다고 말하면서, 교권 보호를 이야기하면서, 정작 학교 교육의 근간인 교사 정원을 줄이는 정책은 그 자체로 모순입니다. 미래의 학생 수 감소를 이유로 현재의 교사를 미리 줄이는 방식은, 지금 학교에 다니고 있는 학생들이 질 높은 교육을 받을 권리를 침해하는 결과를 낳고 있습니다. 이는 학생과 학부모, 그리고 교육 현장을 지키는 교사 모두에게 직접적인 피해입니다.

이러한 기조가 2026학년도에도 그대로 이어진다면, 학교 교육활동은 사실상 황폐화될 수밖에 없습니다. 수도 서울은 AI 교육, 고교학점제 등 미래 교육을 선도하고 있으며, 다문화 학생 지원, 기초학력 지도, 학생 생활교육, 학생 맞춤형 통합지원 등 교사의 역할이 더욱 중요해지는 정책들을 추진하고 있습니다. 이 모든 정책은 교사 정원의 증가 없이는 실현될 수 없습니다.

"지금이 교사 정원 산정기준을 단순한 학생 수 중심이 아닌, 미래교육수요 반영, 교육복지와 교육격차 해소, 지역의 특수성과 다양성 고려 등 정책 수요를 반영하는 방향으로 개선할 수 있는 절호의 기회이다. 서울교육청은 교육부가 이번 조치를 출발점으로 삼아 교사 정원 산정 방식을 재설계하기를 강력히 촉구하는 바이다" (교사 정원 재조정 관련 서울특별시교육감 입장문, 2025.9.29.)

저는 교육감으로서 분명히 요청했습니다. 2026학년도 서울교육청의 초등교사 정원 감축률은 1.7% 수준으로 낮추고, 중등교사 정원은 최소한 동결되어야 한다고. 이는 특혜가 아니라, 서울교육이 감당하고 있는 현실적 교육 수요를 고려한 최소한의 요구였습니다.

교육은 국가의 책임이며, 시대적 사명입니다. 교사 정원 산정기준은 더 이상 단순한 학생 수 중심의 계산에 머물러서는 안 됩니다. 미래교육 수요, 교육복지와 교육격차 해소, 지역의 특수성과 다양성 등 질적 요소를 함께 반영하는 방향으로 반드시 개선되어야 합니다.

저는 새 정부가 미래교육정책의 기조를 담은 새로운 교원 정책을 수립함으로써, 공교육의 질적 도약을 기대합니다. 그리고 '공교육 국가 책임제'가 말이 아니라 현실이 될 수 있도록, 교육 현장에 책임 있는 메시지를 강력히 바랍니다.

학생 한 명 한 명이 교육의 주인공으로 존중받아야 합니다. 이를 위해서는 충분한 교사가 반드시 필요합니다. 저는 앞으로도 모든 학생이 차별 없이 질 높은 공교육을 받을 수 있도록, 교사 정원 확보를 위한 노력을 멈추지 않겠습니다. 이것이 교육감으로서 제가 져야 할 가장 기본적인 책임이라 생각합니다.

교권보호와 학생 학습권

2025년 12월, 선생님들이 일 년 동안의 학교생활을 마무리할 무렵, 저는 스무 명의 선생님을 모셨습니다. 저는 교권이 침해되는 상황을 직면하고 힘든 시간을 보내야 했던 선생님들과 치유의 시간을 가져야겠다고 마음먹고 있었습니다. 그래서 교장, 교감 선생님들과 서울교육활동 아카데미를 파주의 지지향에서 진행하고, 나아가 선생님들과는 은평한옥마을에서 진관사 스님들의 명상과 치유프로그램을 진행했습니다. 열일곱 명의 선생님이 왔습니다. 선생님들은 그동안 교육청에서 하는 프로그램을 신뢰하지도, 기대하지도 않았습니다. 그러나 이날은 달랐습니다. 쌓여있는 울분이 풀렸고, 극진한 환대에 존중받은 느낌이 들었습니다. 그래도 교육청이 잘하는 게 있구나, 마음이 움직였습니다. 선생님들이 사회로부터 존중받고 인정받는 것, 힘든 일에 직면했을 때 의지하고 지원받을 수 있는 것, 힘든 시간을 겪고 나서 회복하도록 함께 노력해주는 누군가가 있는 것. 저는 그것이 교육감이고 교육청이 해야 할 가장 기본적인 역할이라고 생각합니다. 2026년에는 60명의 이상의 선생님들을 모실 계획입니다. 생명과 치유의 활동을 오랫동안 해온 여러 종교계 어른들의 지원과 지지 속에서 해보려고 생각하고 있습니다.

지금 우리 교육이 마주한 가장 시급한 과제 가운데 하나는 교권 보호입니다. 반복적인 민원과 갈등 속에서 마음에 깊은 상처를 입은 선생님들이 적지 않습니다. 그 상처는 개인의 고통으로 끝나지 않습니다. 마음이 다친 선생님이 아이들 앞에 온전히 설 수 없고, 그 결과 학생들의 배움 역시 위태로워지기 때문입니다.

선생님의 교육활동을 보호하는 일은 곧 학생의 수업권을 지키는 일입니다. 교사와 학생, 학부모가 서로를 존중하는 학교가 되어야 교육은 바로 설 수 있습니다. 어느 한쪽의 희생 위에 유지되는 교육은 결코 지속될 수 없습니다.

이러한 문제의식 속에서 서울교육청은 교권 보호를 선언에 그치지 않고, 제도적으로 뒷받침하고자 노력해 왔습니다. 최근 출범한 '선생님 동행 100인의 변호인단'은 그 하나입니다. 선생님이 민감한 사안으로 분쟁에 휘말릴 경우, 조사와 조정, 법적 대응의 전 과정에 변호사가 함께 동행하도록 했습니다. 교사가 홀로 모든 부담을 떠안지 않도록,

교육청이 책임의 주체로 나서겠다는 분명한 의지입니다.

아울러 11개 교육지원청에는 '교육활동보호 긴급지원팀 SEM119'를 운영하고 있습니다. 교육활동 침해 사안이 발생하면, 법률 지원과 심리 상담, 중재 지원을 신속하게 제공해 교사 개인이 아니라 교육청이 전면에 나서 대응하고 있습니다. 이는 교권 보호를 개인의 문제로 남겨두지 않겠다는 최소한의 안전망입니다. 2025년에는 긴급교실에 선생님들을 지원하는 보조선생님들을 120명 배치하였는데, 2026년에는 증원하여 지원할 계획입니다.

현장의 혼란을 줄이기 위해 서울형 교권 보호 매뉴얼도 개정하고 있습니다. 생활지도의 정당성과 범위를 보다 명확히 하고, 학교 현장에서 실제로 적용가능한 지침을 마련하는 데 중점을 두고 있습니다. 교권 침해가 발생했을 때 초기 대응이 무엇보다 중요한 만큼, 학교 관리자와 교사를 대상으로 한 연수도 강화하고 있습니다.

선생님이 수업에만 집중할 수 있는 환경을 만드는 일 역시 중요합니다. 이를 위해 수업 외 행정 업무를 줄이고, 심리 상담 지원을 확대하며, 법률 자문 체계를 보다 촘촘하게 정비하고 있습니다. 교권 보호는 사건이 발생한 뒤의 대응만이 아니라, 교사가 지치지 않고 버틸 수 있는 조건을 만드는 일입니다.

교육감은 교장선생님이나 교감선생님, 그리고 교사들 중에서 학생지도 중 마음의 상처를 입은 분들, 업무에 시달리다가 소진된 분들을 찾아 위로하고 격려할 책무를 지니고 있습니다. 적절한 힐링을 통해 다시 일어설 수 있는 프로그램을 개발해서 제공하려고 노력하고 있습니다. 교장선생님들과의 대화에서는 농담으로 '상처받은 교육감'은 누가 치유해주나라는 이야기도 나눈 기억이 납니다. 합리적 대화가 아닌 막무가내식 요구에 시달리는 경우도 있기 때문입니다.

그러나 솔직히 말씀드리면, 정책만으로 이 문제를 모두 해결할 수는 없습니다. 선생님을 교육 전문가로 존중하고, 교육활동을 사회 전체가 함께 지켜내려는 사회적 인식의 전환이 반드시 필요합니다. 정부와 정치권, 학계와 시민사회가 함께 머리를 맞대야 할 이유입니다.

교육에 대한 열정이 깊을수록 먼저 상처 입는 현실은 이제 끝나야 합니다. 저는 선생님들의 마음 건강을 지키는 일이 곧 우리 교육의 미래를 지키는 일이라고 믿습니다. 서울교육공동체는 앞으로도 선생님이 존중받는 학교, 학생이 안전하게 배우는 교실을 만들기 위해 모든 노력을 다하겠습니다.

교육 재정의 위기

서울교육청을 비롯한 시·도교육청은 기획재정부와 지방교육재정을 두고 한창 씨름 중입니다. 거의 전쟁이라고 부를 정도입니다. 기획재정부 주장의 핵심은 "학생이 줄어드니 예산을 줄여 고등교육이나 돌봄 등 다른 곳에 쓰자"는 것입니다. 시도교육청은 "미래 교육을 위한 질적 투자는 이제 시작이므로 줄일 수 없다"고 맞서고 있습니다.

외형만 살피면 한국의 초·중등 공교육비는 세계 최고 수준입니다. 한국교육개발원이 OECD의 '교육지표 2024'를 분석한 결과에 따르면 한국의 GDP 대비 초·중등 공교육비 비중은 3.5%로 OECD 평균 3.0%를 상회합니다. 학생 1인당 공교육비 지출액은 구매력 기준 17,045달러로 OECD 평균 12,647달러보다 약 4,500달러 정도 많습니다.

기획재정부의 지방교육재정 삭감 논거는 여기서 나옵니다. 한마디로 과잉투자라는 주장입니다. 하지만 지출구조를 살피지 않은 단순 비교에는 함정이 숨어 있습니다. 2025년 본예산 기준 지출의 78%가 경직성 경비인 교직원 인건비(60%)와 학교 운영비(18%)입니다. 탄력적인 재정 운영이 어렵습니다. 학교 신·증설 및 교육환경 개선 등 시설비(13%) 비중도 높은데 신도시 개발에 따른 학교 신설, 노후 학교 리모델링, 디지털 기기 보급 등 대규모 시설·장비 투자가 지속적으로 필요한 우리 교육 현장의 특성 때문입니다.

학생 수가 줄어들어도 1개 학급당 학생 수가 줄어들기 때문에 학급수는 그대로이거나 감소 속도가 완만합니다. 학급 운영에 필요한 기본 경비는 거의 줄지 않습니다. 오히려 AI 시대에 필요한 맞춤형 미래 교육을 하려면 학급당 더 많은 예산이 소요됩니다.

지방교육재정의 수입 부분은 교부금 등 중앙정부와 지방정부의 이전 수입이 대부분을 차지합니다. 25년도 본예산 기준 93%에 달합니다. 이러한 세입 구조가 지방 교육 재정의 취약성으로 드러나고 있습니다. 경기변동에 따라 회계연도 간 재원 변동성이 큽니다. 코로라 19 팬데믹 이후 기저효과로 호황을 누리던 2022년에는 결산기준 109조 8,632억 원으로 전년 대비 무려 21조 7,872억 원이 늘었습니다. 그러나 2023년 국세가 줄어들자 시·도교육청 세입 결산은 98조 9,773

억 원으로 줄었습니다. 단숨에 10조 8,859억 원이 줄어든 수치입니다. 시·도교육청은 비상 긴축 재정 상태에 돌입했습니다.

서울교육재정 상황도 매우 어렵습니다. 세입이 매년 줄어들고 있고, 불안정성은 커지고 있습니다. 교부금이 감소했습니다. 2022년을 정점으로 최고치에 올랐다가 2023년 이후 지속적으로 감소했습니다. 최종예산액 추이를 살펴보면 2022년도 14조3천730억, 2023년도 13조5천537억, 2024년도 12조4천486억, 2025년도 11조7천992억 원입니다. 절대액수로 따지면 적게는 약6천억 원에서 많게는 1조1천억 원까지이고 감소율로 보면 5.5%~8.9%입니다.

국세 수입이 감소하면서 회계연도 중간에 세입 결손이 발생한 일도 있습니다. 2023년에는 1조 849억 원, 2024년에는 4,042억 원의 세입 결손이 발생했습니다. 2025년에도 보통교부금이 1,727억 원 감액되었습니다.

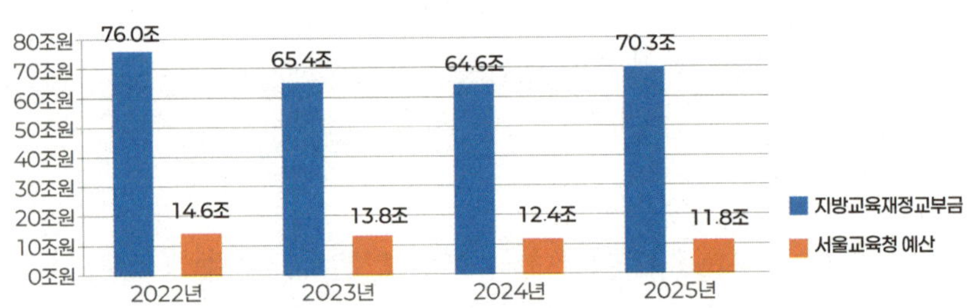

최근 4년간 지방교육재정교부금 및 서울교육청 예산 변화

고교 무상교육 정책은 시·도 교육청이 주도해 2019년 2학기부터 고등학교 3학년을 대상으로 시작되었습니다. 2020년 고등학교 2, 3학년으로 대상을 확대하면서, 중앙정부와 지방정부, 시·도교육청이 무상교육 경비를 분담한다는 내용의 특례조항을 '지방교육재정교부금'에 신설했습니다. 그때 2020년부터 2024년까지 5년간 한시적으로 적용키로 했던 것입니다. 일몰을 하루 앞둔 2024년 12월 31일 국회가 특례조항을 2027년 말까지 3년 더 연장했습니다. 천만다행입니다.

안정화기금도 고갈 일보직전입니다. 2022년부터 적립한 재정안정화기금 가운데 3,300억 원을 2024년 세입 보전을 위해 사용했고, 현재 잔액은 3,674억에 불과합니다. 지금 추세라면 2년 안에 고갈될 가능성이 큽니다.

세출수요는 계속 증가하고 있습니다. 인건비와 학교운영비 등 경상경비가 늘어나고 있습니다. 2022년을 정점으로 전체 예산은 계속 줄었지만 인건비는 반대방향으로 움직였습니다. 2023년 3.3%, 2024년 4.7%, 2025년 3.0% 증가했습니다.

새로운 교육수요가 생겼습니다. 유보통합 추진, 늘봄학교 확산 등 지출생 위기 극복을 위한 국가정책사업이 증가하면서 교육청이 담당해야 하는 몫도 커지고 있습니다. 고교학점제 전면 도입 등에 따라 학생 개별 맞춤형 교육을 실현하기 위한 예산도 지속적으로 증가합니다.

미래세대의 AI 교육을 위해 인프라 구축, 교원 연수, 콘텐츠 개발 등 관련 예산이 매해 증가할 것으로 보입니다. 2020년 43억 원에 불과

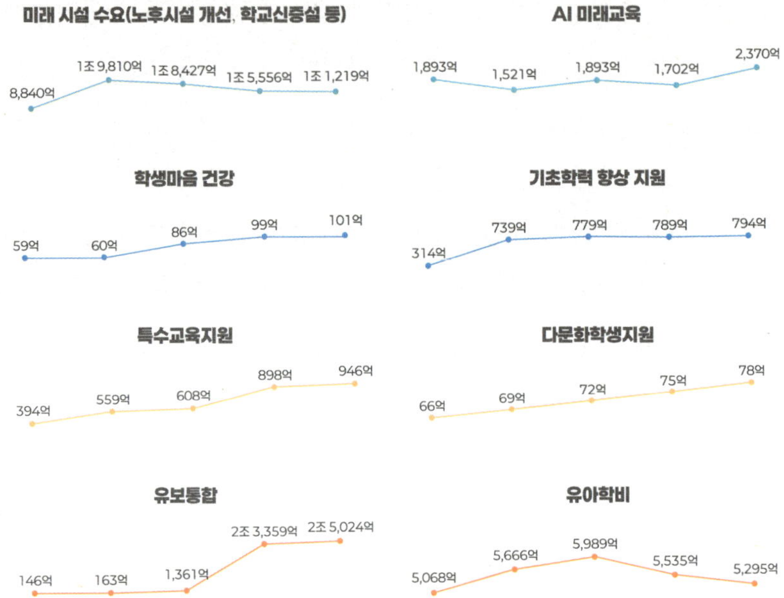

서울교육청 주요 사업 수요 예측, 2025~2029

하던 AI 교육 관련 예산이 2025년 2,879억 원으로 증가했습니다.

특수교육 대상 학생, 다문화 학생 등 학생 개별 특성에 따른 맞춤형 교육을 위해 시설과 교육사업비 지원도 확대해야 합니다. 전체 학령인구는 감소해도 특수교육 대상 학생은 증가합니다. 특수교육 지원을 강화하고, 자치구별 특수학교를 더 설립해야 합니다. 2020년 253억 원 수준이던 특수교육 예산이 2025년 396억 원으로 57% 증가했습니다. '1자치구 1특수학교'를 목표로 특수학교가 없는 자치구에 8~9개의 특수학교를 추가 설립해야 하는데 1개교당 400~500억 원이 소요됩니다.

늘어나는 이주 배경 학생에 대한 개별 맞춤형 지원도 확대해야 합니다. 2020년 51억 원이던 이주 배경 및 탈북학생 교육 예산이 2025년 79억 원, 55% 증가했습니다. 고위기 학생에 대한 지원을 늘리고 학생의 마음 건강을 위한 보편적 예방교육인 사회정서교육도 확대해야 합니다. 생태친화적 농촌 유학 프로그램도 더 키워야 합니다.

노후학교 시설사업비도 확보해야 합니다. 일부 학교는 학생의 안전을 위협하는 수준입니다. 40년 이상된 노후학교 개축을 위해 2025년부터 2031년까지 1조 2,000억 원이 소요될 예정입니다. 학생들의 안전과 관련된 석면 제거, 내진 보강, 급식실 환기 개선 등을 위해 2029년까지 약 1조원의 예산이 필요합니다. 그 외 노후화되어 개선이 필요한 주요 교육시설 분야에 대한 교육환경개선사업도 2030년까지 약 1.9조 원의 예산이 필요할 것으로 추정됩니다.

기획재정부와 KDI(한국개발연구원) 등의 연구기관, 일부 언론은 학생 수 감소와 1인당 공교육비 등을 근거로 시·도교육청의 재정을 축소해야 한다고 주장합니다. 물론 시·도교육청도 낭비 요소를 줄이고, 재정을 더 효율적으로 사용하기 위해 노력해야 합니다. 또 이미 노력하고 있다고 생각합니다. 그러나 교육 재정에 대한 논의는 단기적인 재정 운용이 아니라 중장기적인 관점을 유지하는 것이 필요합니다. 이를 위해 염두에 두어야 할 지점이 있습니다.

첫째는 교육환경의 변화입니다. 일례로 AI 시대는 공교육의 근본적인 변화를 요구합니다. 한국의 성공은 상당부분 한국 공교육에 빚지고 있습니다. 한국의 공교육은 7, 80년대 산업화에 필요한 수준높은 산업인력을 적기에 공급했습니다. 90년대 이후 한국 사회와 산업의 빠른 디지털 전환에 기여했습니다. 한국은 현재 세계 최고 수준의 디지털 전환을 달성했습니다.

AI 시대의 도래는 한편으로는 위협이지만 다른 한편으로는 기회입니다. 우리가 디지털 전환에 발빠르게 적응하고 이를 바탕으로 발전했던 것처럼 AI 전환에 빠르게 적응해야 합니다. 그 최일선에 공교육이 있습니다. AI 시대에 요구되는 공교육의 변화는 교육과정 개발만으로 끝나지 않습니다. 전문 인력을 늘리고, 교육 공간과 시설도 바꿔야 합니다. 모두 돈드는 일입니다. 고교학점제, 기초학력 강화를 위한 맞춤형 수업 등도 마찬가지입니다. 우리 공교육의 질적 도약을 위해 도입된 여러 교육 혁신이 경기변동 때문에 좌초된다는 것은 어불성설입니다.

둘째, 한국 교육의 특수성입니다. 산업화와 더불어 공교육이 급속히 확산되었습니다. 공교육 확산 초기에는 양적 확대에 초점을 맞출 수밖에 없었습니다. 교육시설의 질적 수준은 신경 쓸 겨를이 없었습니다. 중등 사립학교는 일정 기준만 채우는 것으로 설립되었습니다. 그 상태에서 우후죽순 학교가 지어지고, 수십 년이 흘렀습니다. 그대로 방치하기 힘든 수준의 학교가 많습니다. 안전에는 문제가 없어도 교육 환경 개선을 학교 공간의 재구성이 필요한 학교도 많습니다. 인구의 수도권 집중이 심해지면서 수도권에는 많은 새로운 학교가 필요해지고, 많은 시골 학교는 폐교되었습니다. 시설투자에 너무 많은 재정이 지출된다는 지적이 있지만 이제는 한국 사회의 압축된 산업화 과정에서 우리가 놓쳤던 것을 바로 잡아야 할 때입니다.

맺음말: 역량기반 협력교육을 향하여

지금 우리 교육은 중대한 전환점에 서 있습니다. 학령 인구가 크게 줄고, AI시대가 도래하고 있지만, 초중등 교육현장에서 10년 이상 지속된 혁신교육의 성과들은 대학입시라는 제도와 서열화된 대학구조의 벽 앞에 막혀 있습니다. 강고한 대학입시제도와 과도한 서열구조의 배후에는 노동시장의 잘못된 분배구조가 자리잡고 있다는 인식도 커지고 있습니다. 이제는 학생 한명 한명의 적성과 진로에 맞는 성장을 지원하고자 했던 초중등 교육혁신의 취지를 살릴 수 있는 대학 혁신 및 사회 개혁의 방안을 찾아 사회적 합의를 이루어내야 합니다.

우선 교실 수업의 변화와 학교 교육의 혁신이 언제까지 대학입시에 가로막혀야 하는지 묻지 않을 수 없습니다. 과도한 점수 경쟁과 사교육비 부담, 줄 세우기식 선발 구조는 더 이상 우리 아이들의 미래를 담보하지 못합니다. 디지털 대전환 시대와 학령인구 급감이라는 인구 구조의 변화는, 기존의 선발 중심 대입 제도를 넘어 고교교육과 대학 교육이 함께 변화하는 새로운 패러다임을 요구하고 있습니다.

인공지능이 인간의 지식 활동을 대체하는 시대에, 단편적인 지식을 암기하는 공부는 의미와 효용을 빠르게 상실하고 있습니다. 전통적

고교교육과 대학교육의 선순환 구축을 위한 미래형 대입 제도 제안 기자회견(2025.12.10)

의미의 학력 변별만을 위한 문제 풀이 교육 역시 시효를 다해가고 있습니다. 세계 교육의 추세 역시 수동적인 지식 습득보다 학생이 주도하는 역량 발현을 중시하고 있습니다. 미네소타대학의 미래역량에 대한 연구에 뒤이어 'OECD 학습 나침반 2030(OECD Learning Compass 2030)'은 학생이 단지 환경에 적응하는 차원을 넘어, 스스로 새로운 가치를 창출하고 갈등을 해소하며 책임을 지는 종합적인 역량을 강조합니다.

교육부도 2023년 2월 발표한 '디지털 기반 교육혁신 방안'에서 인공지능 시대를 살아갈 우리 학생들이 갖춰야 할 주요 역량을 새롭게 규정했습니다. 우리 학생들은 이제 개념적 지식을 깊이 이해하고, 비판적으로 성찰한 바탕에서. 이를 창의적으로 융합하여, 복합적인 문제를 해결하는 역량을 길러야 합니다. 이를 위해선, 기초 개념과 원리를 끊임없이 따져 묻고, 익숙한 관성에서 벗어난 시각으로 문제에 접근해야 합니다. 학생이 주도적으로 질문하고, 낯선 발상을 주저하지 않는 새로운 수업 문화가 자리 잡아야 합니다. 존중과 배려를 가능하게 하는 인성 교육은 더욱 중요해졌습니다. 자신의 생각이나 입장이 다른 상대를 존중하면서 자유로운 토론을 통해 자신을 재정립하고, 서로 다른 문화적 배경이나 지구적 차원의 시야를 가질 수 있도록 지원해야 합니다.

비판적 사고력은 엄밀한 논리와 사실에 기초할 때 의미가 있습니다. 통념을 깨는 창의적 발상은 구체적인 감각과 경험에 갇히지 않는 추상적 사고력과 긴밀한 관계가 있습니다. 그리고 논리력과 추상적 사고력은 최근 더욱 중요해진 컴퓨팅 사고력의 기반입니다. 교육부가 제시한 미래역량을 구성하는 '6C'는 개념적 지식(Conceptual knowledge), 창의성(Creativity), 인성(Character), 비판적 사고(Critical thinking), 융합 역량(Convergence), 컴퓨팅 사고(Computational thinking) 등입니다. 이들은 서로 맞물려 있습니다.

서울교육청은 지식 전달에 치우쳐 있던 공교육의 중심을 미래 세대가 공동체 안에서 협력하며 살아가기 위한 역량을 기르는 쪽으로 전환시키기 위해 앞장서서 노력해 왔습니다. 우리 학생들은 인공지능 발달로 인해 야기되는 일자리 전환의 불확실성을 이겨내는 힘을 길러야 합니다. 답이 정해져 있는 문제 풀이 교육을 통해 그 힘을 기를 수 없다는 사실은 분명합니다. 서울교육이 일찍부터 학생의 미래 역량을 강조했던 것은 그 때문입니다. 또 새로운 시대가 요구하는 창의성과 융합 역량은 혼자서 앞만 보고 달리는 경쟁을 통해서는 기르기 어렵습니다. 창의성은 관행적 사고를 의심하고, 다양한 맥락에 위치시키면서 주변을 두루 살피는 넓은 시선으로 자신과 세상을 접근할 때 비로소 고양됩니다. 융합 역량은 관심사가 서로 다른 친구들과 협력하는 법을 먼저 익혀야만 기를 수 있습니다. 이것이 제가 교육감으로 취임한 뒤, '미래를 여는 협력 교육'을 서울교육의 비전으로 설정했던 배경입니다.

우리나라의 기업들은 최근 신입 인력을 학력중심이 아닌 역량 중심으로 충원하는 경향이 증가하고 있습니다. '교육의 봄' 송인수 대표는 이런 관한 상세한 자료를 저에게 제공해주었습니다. 최근에는 국회에서 학력차별을 금지하는 법 제정 촉구 행사도 열었습니다. 하지만 미래 교육을 향한 서울교육의 끈질긴 노력은 번번이 한계에 부딪히곤 했습니다. 특정 대학 및 학과 진학을 향한 무리한 경쟁, 변별력 확보에만 치우친 입시 제도 등에서 비롯된 한계입니다. 정해진 선택지 가운데서 정답을 고르는 선다형 평가가 바뀌지 않는 한, 창의적 교육이나 공감역량을 기르는 교육은 정착되기 어렵습니다. 교육혁신의 중요한 계기로 기대를 모았던 고교학점제 역시 전면 실시 이후엔 실망스러운 목소리가 높습니다. 서울교육청은 2023년 말, 교육부의 2028학년도 대입 제도 개편안에 대해, 고교학점제의 취지와 맞지 않는 '경로를 이탈한 방안'이라는 우려를 표명한 바 있습니다. 나름대로 열심히 준비했지만 부족한 것이 많이 남아 있습니다.

이에 서울교육청은 내신 평가를 포함한 대입 제도 전반의 개선이 필요하다고 판단했습니다. 그래서 저는 2025년 12월 10일 '미래형 대입 제도'라는 이름으로 새로운 입시 방안을 제안했습니다. 이 제안은 정책 연구뿐 아니라, 대학 교수, 입학사정관 등 전문가들과의 세미나와 정책 포럼, 현장 교원들의 의견수렴과 검토를 거쳐 마련된 것입니다. 단순한 주장이나 선언이 아니라, 현장의 경험과 문제의식을 토대로 한 제안입니다. 이 제안의 주된 내용은 고교교육과 대학교육이 단절된 구조를 넘어, 서로를 살리는 선순환 체제를 구축하기 위해 대입 제도의 단계적 개편입니다. 2028학년도 즉시 개선, 2033학년도 전면 개편, 2040학년도 미래형 대입 체제로 이어지는 3단계 개편 구상입니다.

먼저, 2028학년도 대입 제도는 즉각적인 개선이 필요합니다. 현재 고등학교 1학년 학생들에게 적용되는 제도는 고교학점제의 취지에 맞게 수정되어야 합니다. 진로·융합 선택과목에 적용된 내신 상대평가는 절대평가로 전환되어야 합니다. 학생들이 점수에 유리한 과목이 아니라, 자신의 진로에 맞는 과목을 소신 있게 선택할 수 있어야 하기 때문입니다. 학습의 결과뿐 아니라 과정에서의 성장과 성취를 함께 살피는 평가로 전환해야 합니다. 아울러 수도권 대학에 권고되고 있는 정시 수능 위주 전형 비율은 과감히 폐지할 필요가 있습니다. 정시 확대는 고교 교육과정의 왜곡과 N수생 증가를 불러왔고, 사교육 부담을 가중시켰습니다. 이제는 고교 교육과정에 충실한 학습과 학생의 적성에 맞는 진학이 가능하도록 대입 제도를 재설계해야 합니다. 지역 균형 선발 확대 역시 함께 고려되어야 합니다.

둘째, 2033학년도 대입에서는 내신 평가와 대학수학능력시험의 전면적인 개편이 필요합니다. 내신과 수능 전 과목을 절대평가로 전환하고, 선다형 중심의 평가에서 벗어나 서·논술형 평가를 도입해야 합니다. 문제 해결력과 창의적 사고력, 비판적 사고와 표현 능력 등 미래 역량을 제대로 평가하는 체제로 나아가야 합니다. 이와 함께 수시와 정시의 이원화된 구조를 통합하고, 고3 2학기에 진로 연계형 교육과정이 운영될 수 있도록 제도를 정비해야 합니다. 고3 교실의 공동화를 끝내고, 학생부 중심 전형을 통해 고교교육 정상화를 이루는 것이 목표입니다. 지역 거점 국립대학의 역할을 강화하여, 지역 기반 인재 선발이 가능하도록 하는 제도적 장치도 함께 마련되어야 합니다.

셋째, 2040학년도에는 대입 제도의 근본적인 전환이 필요합니다. 학령인구가 현재의 절반 수준으로 감소하는 상황에서, 변별력 중심의 선발 논리는 더 이상 유효하지 않습니다. 이에 대학수학능력시험을 폐지하고, 학생의 고등학교 교육과정 전반에 걸친 성장 이력을 중심으로 한 입학 체계를 정착시키는 방안을 제안했습니다. 대학의 선발 자율성을 보장하되, 필요에 따라 범교과 융합형 면접이나 서·논술형 평가를 활용하는 방식이 검토될 수 있습니다.

이러한 대입 개편은 고교교육과 대학서열구조의 동반 개혁 없이는 성공할 수 없습니다. 고교교육에서는 서·논술형 절대평가가 학교 수업에서 자연스럽게 이루어지고, 그것이 대입으로 이어지는 평가 체계의 일관성이 확보되어야 합니다. 이를 위해 충분한 교원들이 확보되고, 교육과정과 평가의 질을 체계적으로 관리할 수 있는 공적 시스템이 필요합니다. 학교 유형 간 유불리를 완화하고, 고교 서열화 구조를 완화하는 방향으로 학교 체제 역시 함께 조정되어야 합니다.

대입은 교육의 끝이 아니라, 성장의 다음 단계로 이어지는 관문이어야 합니다. 경쟁의 끝이 아니라, 각자의 성장 경로를 존중하는 길이 열려야 합니다. 고교교육과 대학교육이 서로를 소모시키는 구조를 넘어, 함께 미래 인재를 키워내는 선순환의 구조로 전환되어야 합니다.

최근 정부는 핵심적 대학정책으로 거점 국립대학을 중심으로 '서울대학교 10개 만들기'정책을 채택했습니다. 이 정책을 어떻게 평가해야 할까요? 제가 전남대학교에 처음 부임했던 1980년대 중반만해도 거점 국립대학들은 의과대학, 사범대학과 공과대학들이 상당한 경쟁력을 가지고 있었기 때문에 우리나라의 고등교육은 수도권과 지방 간 차이가 상대적으로 크지 않았습니다. 그러나 1990년대부터 눈에 띄게 어려워지기 시작했습니다. 탈냉전과 세계화에 기초한 1995년 5·31 교육개혁은 많은 성과를 거두었지만, 지역간 균형발전에 대해 충분한 고려가 없었다고 생각합니다. 지방 거점국립대학들은 교원 임용제도가 바뀌면서 사범대학이 쇠퇴하였고, 산업구조가 포스트 포디즘, 즉 다품종 소량생산으로 바뀌고 생산시설이 중국을 비롯한 해외로 이전하면서 공과대학이 쇠퇴하여, 위기에 처하기 시작했습니다.

최근 30년 간 수도권과 지방의 대학간 격차가 심화되었는데 이는 우리나라의 지방 위기와 맥을 같이 합니다. 수도권 집중과 지방의 과소화는 이런 대학들의 불균형발전의 원인이자 결과입니다. 이를 통해 대학의 서열화가 더 극심해졌습니다. 이와 아울러 2000년 이후 과학기술정보통신부가 지원하는 대학들이 대전의 KAIST뿐 아니라 울산, 광주, 대구 등지에 설립되면서 발전했는데, 그 여파로 거점 국립대학의 위상이 더 추락했습니다. 1998년 IMF사태 이후 기초과학 연구자들이 큰 타격을 입고, 의과대학 선호 현상이 강해졌지만, 대학 서열화 구조 자체는 바뀌지 않았습니다. 이를 타파하기 위해서는 정부의 대학정책 뿐 아니라 대학 내부에서의 자기 개혁이 이루어져야 합니다. 한때 서울대학교 폐지론이 서울대학교 외부에서 제기되어 사회적 쟁점이 되었지만, 폭넓은 대학 개혁에는 이르지 못했습니다.

　제가 서울대학교에 재직하고 있을 때, 특히 서울대학교 법인화가 이루어지고 시흥캠퍼스가 조성되던 시기에, 민교협 교수들을 중심으로 국립대학 간 네트웍 강화와 서울대 개혁에 관한 내부적 논의가 있었습니다만 큰 개혁의 물줄기로는 자리잡지 못했습니다. 이 때문에 저는 2018년 서울대학교 총장 선거에 출마했고, 서울대학교 개혁을 축으로 하여 한국 대학의 개혁에 관한 그림을 그리고 싶었습니다.

　최근 핵심 고등교육 정책으로 채택된 '서울대학교 10개 만들기'는 지역 균형발전의 맥락에서 훌륭한 정책입니다. 거점 국립대학을 중심으로 지방을 살리는 정책이 필요합니다. 지역활성화의 거점이 되어야 합니다. 이를 위하여 몇 가지 과제를 검토될 필요가 있습니다. 우선 학력 인플레이션 현상에 기초하여 발전한 대학정책들을 점검해야 합니다. 모든 학문들을 망라하는 종합대학체제의 효율성뿐 아니라 지속가능성에서 취약한 소규모 대학들에 대한 정책들을 점검할 필요가 있다고 생각합니다. 또한 교육부가 지원하는 대학과 과학기술정보통신부가 지원하는 대학으로 이분화되어 있는 상황을 고려하면서 글로벌 연구역량을 향상시키는 방안을 모색할 필요가 있습니다. 글로벌 연구역량 강화를 위해서는 대학간 자원분배 뿐 아니라 최상위권 대학의 연구역량을 생산현장과 결합시키는 방안도 검토해야 합니다. 21세기 한국의 지속가능한 발전을 위해서 의생명산업과 AI 산업에 대한 획기적 지원정책이 불가피하다면 그것을 이끌어갈 수 있는 대학의 핵심연구역량을 산업현장의 중심에 배치할 필요가 있다고 생각합니다. 이런 점에서 대학 내부, 특히 서울대학교 내부에서 이 정책과 함께 할 수 있는 방안이 무엇인가에 관한 목소리가 약하다는 것이 아쉽습니다. 세계적 연구역량의 발전이라는 맥락에서 서울대와 지방 거점 국립대학간 협력방안이 더 구체화되어야 합니다.

또한 우리의 초중등교육과 대학교육의 연계 발전 방안에 대해서도 더 구체적으로 논의할 필요가 있습니다. 서울교육은 초중등교육과 고등교육의 유기적 연계와 상생발전 방안을 시야에 넣고 추진되어야 합니다. 교육 현장의 생생한 목소리가 국가 교육정책에 반영될 수 있도록 끝까지 책임을 다할 필요가 있습니다. 초중등교육 현장에서 형성되고 있는 혁신교육의 성과가 대학으로 이어지고, 대학개혁의 성과가 초중등교육에 영향을 미치는 선순환 구조의 확립 없이는 교육의 위기를 타개하기 어렵습니다.

흔히 교육은 '백년지대계'라고 말합니다. 말 그대로 지난 100년의 한국교육은 지식전수형 경쟁교육이었습니다. 앞으로의 100년은 인공지능과 불확실성의 시대를 헤쳐 나갈 지혜를 만들어가는 새로운 교육 패러다임이 필요합니다. 우리는 그것을 역량기반 협력교육이라고 부르기 시작했습니다. 한국 교육이 미래역량 중심교육으로의 전환이라는 방향을 잡았지만, 아직 본격적인 패러다임 전환은 이루어지지 않았습니다. 우리 아이들이 남과의 비교가 아니라, 자신만의 성장을 통해 미래를 준비할 수 있도록 교육정책을 구상해야 합니다. 저출생으로 인한 급속한 학령인구 감소 시대에 학생 한명 한명이 모두 자신의 적성과 역량을 살리면서 성장할 수 있도록 교육공동체 모두가 노력해야 합니다. 서울교육청을 이끌어가는 교육감은 이런 교육 패러다임 전환의 실질적 근거들을 마련하고, 학생 주도형 학습과 이를 지원하는 교육공동체의 협력을 이끌어내는 역사적 책무를 부여받고 있습니다.

정근식 저작 목록

강명구·정근식 편. 2019. 『아시아 투어리즘』. 진인진.

정근식. 2011. 검열연구회 편. 『식민지검열: 제도·텍스트·실천』. 소명출판.

공제욱·정근식 편. 2006. 『식민지의 일상 : 지배와 균열』. 문화과학사.

구인회·정근식 편. 2014. 『노숙인문제에 대한 대응: 한일 비교연구』. 서울대 출판부.

구인회·정근식·신명호 편저. 2012. 『한국의 노숙인: 그 삶을 이해한다는 것』. 서울대학교 출판문화원. (정근식. 『노숙인 담론과 제도의 역사적 변동』; 신흠·정근식. 『여성 노숙인의 노숙경험과 정체성. 그리고 상흔 관리하기』).

김백영 외 15인 공저. 2016. 『사회사/역사사회학』. 다산출판사. pp.249-271.

김병로·김병연·박명규 외 8인 공저. 2015. 『개성공단 연구』. 진인진.

김병로·정근식 외 공저. 2018. 『탈사회주의 체제전환과 북한의 미래』. 진인진.

김병로·정동준·정근식·천경효·최규빈·황창현. 2017. 『북한주민 통일의식 2016』. 서울대 통일평화연구원.

김영기·김종헌·류재한·정근식. 2003. 『광주복합문화센터를 찾아서』. 전남대 출판부.

김진균·정근식 공편. 1997. 『근대주체와 식민지 규율권력』. 문화과학사.

김진균·정근식 편역. 1984. 『혁명의 사회이론』. 한길사.

나간채·정근식·강창일 편. 2004.『기억투쟁과 문화운동의 전개』. 역사비평사.

드레이퍼 지음. 정근식 역. 1986『계급과 혁명』. 새길.

라우어 지음. 정근식·김해식 공역. 1985.『사회변동의 이론과 전망』. 한울.

문석남·정근식·지병문. 1994.『지역사회와 사회의식』. 문학과지성사.

민주주의사회연구소 편. 2023. "더 나은 민주주의를 향한 공동체주의적 지향."『대안적 민주주의 모색과 마을공동체』. IDS 민주주의사회연구소.

박경서·정근식. 2018.『평화를 위한 끝없는 도전: 박경서와 정근식의 사제간 대화』. 북로그컴퍼니.

박경숙·정근식·최원규·김재형. 2019.『고령화측면에서 본 한센인 인권상황 실태조사』. 국가인권위원회.

박광순·박광서·정근식 외. 2001.『일본산촌의 지역경제와 사회정책』. 경인문화사.

박광순·박광서·정근식 외. 2001.『일본산촌의 지역활성화와 사회구조』. 경인문화사.

박명규·진희관·전현준·정성장·김병로·정근식. 2011.『북한 김정은 후계체제: 구축과정, 엘리트, 정책, 안정성』. 서울대 통일평화연구원.

謝立中·鄭根埴 主編. 2012.『社會轉型:中韓兩國的考察』. 社會科學文獻出版社 (정근식·씨레이종 편저. 2013.『한국과 대만의 사회변동비교연구』. 나남; 정근식·정은미·강동완 공저. 2012.『남북한 교류협력 거버넌스의 구조와 동학』. 서울대 출판문화원).

송철의·노명호·정근식. 2010.『한국학연구사업 10년, 그 성과와 과제』. 규장각한국학연구원.

아브람스 지음. 신용하 외 공역. 1986『역사사회학』. 문학과 지성사.

오소스키 지음. 정근식 역. 1981.『사회의식과 계급구조』. 도서출판 인간.

은기수·정근식·홍일표·최슬기·박상영. 2009.『한국전문가 육성사업의 현황과 발전방안-해외 한국학 연구장학사업을 중심으로』. 한국국제 교류재단.

이호룡·정근식 편. 2013.『학생운동의 시대』. 선인. pp.17-59.

장문정 외 편. 2024. "폭력과 이를 넘어서는 정의에 관하여."『민주주의의 씨 앗뭉치』. 이은북. pp.306-328.

장용석·정은미·정근식·김경민. 2017.『북한사회변동 2016』. 서울대 통일평 화연구원.

정근식. 1999.『축제, 민주주의, 지역활성화』. 새길출판사.

정근식. 2011. "시공간체제론과 통합학문의 가능성:역사학과 사회과학 사 이에서." 김세균 편.『학문간 경계를 넘어』. 서울대 출판문화원. pp.308-349.

정근식. 2012. "서장: 식민지유산과 민주주의 시각과 방법." 정근식·이병천 편저.『식민지 유산. 국가형성. 민주주의』. 책세상.

정근식. 2013. "우즈베키스탄의 민족국가 만들기: 20년의 궤적과 전통의 재 구성." 전경수 편.『우즈베키스탄으로부터 배운다』. 민속원.

정근식. 2014.5 "동아시아의 냉전·분단체제의 형성과 해체: 지구적 냉전하의 동아시아를 새롭게 상상하기." 임형택 편.『한국학의 학술사적 전 망 2』. 소명출판. pp.41-76.

정근식. 2015. "서울대학교의 사회과학의 제도화와 발전." 蔡美花·李梅花 主 編.『高等教育的發展與展望』. 延邊大學出版社.

정근식. 2016. "동아시아 냉전분단체제의 격자구조와 "냉전의 섬."들." 박 명규·백지운 편.『양안에서 통일과 평화를 생각하다』. 진인진. pp.269-296.

정근식. 2023. "지나간 것에 대한 연민 또는 인간에 대한 사랑."『김호석: 검 은 먹 한 점』. 광주시립미술관.

정근식 등 8인. 2016.『2016 남북통합지수』. 서울대학교 통일평화연구원.

정근식 등 9인. 2017.『2016 통일의식조사』. 서울대 통일평화연구원. p.420.

정근식 외 3인. 2005. 『한센인 인권실태조사』. 국가인권위원회.

정근식 외 3인. 2011. 『고양시 평화공원-평화교육관 설립타당성 조사연구』. 고양시.

정근식 외 3인. 2011. 『한센인 피해사건 진상조사』. 보건복지부.

정근식 외 3인. 2012. 『한국전쟁전후 민간인 희생자 위령시설.” 조성방안 연구용역 최종보고서』. 행정안전부.

정근식 외 4인. 2009. 『화해·위령 및 과거사연구재단 설립방안』. 진실·화해위원회.

정근식 외 4인. 2012. 『학문후속세대육성과 국제적 인문사회연구역량 강화를 위한 고등학술연구기관 설립 기본구상』. 서울대 기획처.

정근식 외 6인. 2012. 『관악캠퍼스의 환경개선과 문화화를 위한 기본구상』. 서울대 평의원회.

정근식 외 7인 공저. 2018. 『발트 3국의 탈사회주의 연구』. 서울대학교 출판문화연구원.

정근식 외 공저. 2003. 『구립연구』. 경인문화사.

정근식 외. 2000. 『광주비엔날레 장기발전을 위한 연구』. 광주비엔날레재단.

정근식 외. 2000. 『빛과 생명의 문화광주 2020』. 광주광역시.

정근식 외. 2008. 『오키나와 미군기지의 정치사회학 1: 기지의 섬 오키나와』. 논형.

정근식 외. 2008. 『오키나와 미군기지의 정치사회학 2: 경계의 섬 오키나와』. 서울: 논형.

정근식 외. 2013. 『국립대학법인의 재산관리, 세제 및 재무보고에 관한 연구』. 서울대학교 평의원회.

정근식 책임 집필 겸 편집. 2017. 『소록도 100년 한센병 그리고 사람, 백년의 성찰』: 역사편, 의료편, 사진편. 소록도병원.

정근식 책임. 2016. 『거제도포로수용소유네스코 세계기록(문화)유산등재를 위한 타당성 연구』. 거제시.

정근식 책임. 2018. 『한센병관리 개선방안』. 질병관리본부. pp.1-130.

정근식 책임편집. 2011. 『또 하나의 고향. 우리들의 풍경: 국립소록도병원 100년 구술사료집 1』. 국립소록도병원.

정근식 책임편집. 2012. 『자유를 향한 여정. 세상에 내딛는 발걸음: 국립소록도병원 100년 구술사료집 2』. 국립소록도병원.

정근식 편. 2004. 『지역전통과 정체성의 문화정치』. 경인문화사.

정근식 편. 2005. 『고통의 역사: 원폭의 기억과 증언』. 선인(鄭根埴 編. 2008. 市場淳子 譯. 『苦痛の歷史』. 明石書店.

정근식 편. 2005. 『한센병: 고통의 기억과 질병정책』. 국사편찬위원회.

정근식 편. 2016. 『한국전쟁의 기억과 기념의 문화정치』. 진인진.

정근식 편. 2017. 『북한의 대학: 역사, 현실, 전망』. 진인진.

정근식. 2003. "5월운동과 혁명적 축제." 김진균 편. 『저항. 연대. 기억의 정치 2: 한국 사회 운동의 흐름과 지형』. 문화과학사.

鄭根埴. 2013. "コリアン·ディアスポラの形成と再編成." 松田素二·鄭根埴 編. 『コリアン·ディアスポラと東アジア社会』. 京都大学学術出版 会. pp.1-21.

정근식. 2017. "6월항쟁연구의 흐름과 재해석: 시각과 지평의 조정." 민주화 운동기념사업회 한국민주주의연구소 편. 『6월민주항쟁: 전개와 의 의』. 한울.

정근식. 2018. "한국의 민주화운동과 국제 연대: 방법론적 모색." 민주화운동 기념사업회 한국민주주의연구소 편. 『한국의 민주화운동과 국제 연대』. 한울.

정근식. 2019. "그리피스의 『은둔의 나라 조선』 텍스트 형성과정." 양상현·유 영미 편. 『그리피스 컬렉션의 한국사진』. 눈빛.

정근식. 2019. "비판정신과 수묵현실화." 김은영 편. 『수묵정신』. 전북도립미 술관.

정근식. 2019. "서장: 한국의 인권 100년." 『대한민국 인권 근현대사 1권: 인권의 사상과 제도』. 국가인권위원회.

정근식. 2020. "공공역사의 관점에서 본 민주인권기념관 조성의 쟁점과 과제." 최호근 편. 『지구화 시대의 기념문화: 역사적 장소에서 만들어 가는 민주·인권의 기억』. 민주화운동기념사업회.

정근식. 2020. "동아시아 질서의 변동과 한미갈등, 그리고 부마항쟁." 안병욱 등 9인 공저. 『1979 부마민주항쟁을 기억하다』. 부마민주항쟁기념재단.

鄭根埴. 2022. "朝鮮戦争七〇年, 民間人犠牲者の治癒と和解: 真実·和解のための過去事整理委員会活動を中心に." 崔銀姫 編. 『東アジアと朝鮮戦争七〇年: メディア·思想·日本』. 東京: 明石書店.

정근식. 2022. "한국 국가폭력의 제도적 청산과 기억문화–사죄와 용서를 중심으로." 알렉산더 렌너·최광준 편. 『한국과 독일의 과거청산과 기억문화』. 경희대 출판문화원. pp.49-75. (Vergangenheitsbewaltigung und Erinnerungskultur in Korea. *Vergangenheitsbewaltigung und Erinnerungskultur in Deutschland und Korea.* pp.199-226)

정근식. 2023. 『한국사회와의 대화: 정근식 칼럼집(1992-2022)』. 진인진.

정근식. 김진균 편. 2003. 『저항. 연대. 기억의 정치1』. 문화과학사.

정근식·강성현 공저. 2016. 『한국전쟁의 사진의 역사사회학』. 서울대 출판문화연구원.

정근식·강인화·전갑생. 2020. 『주한 미군 기지촌의 유산과 여성정책방향』. 경기연구원.

정근식·권형택 편. 2010. 『지역에서의 4월혁명』. 선인.

정근식·김민영·김철홍·정호기. 1995. 『근현대의 형성과 지역엘리트』. 새길출판사.

정근식·김민환 편. 2016. 『냉전의 섬 금문도의 재탄생』. 진인진.

정근식·김보미·소현숙 공편. 2014. 『전쟁의 상처와 치유: 전쟁미망인과 상이군인의 전후 경험』. 국사편찬위원회. p.403.

정근식·김용의·김하림 편. 2001.『동아시아와 근대의 폭력 2: 국가폭력과 트라우마』. 삼인.

정근식·김준. 2004.『해조류 양식어촌의 구조와 변동』. 경인문화사.

정근식·나간채 외. 2006.『항쟁의 기억과 문화적 재현』. 선인.

정근식·나오노 아키코 공편. 2013.『기억과 표상으로 본 동아시아의 20세기』. 경인문화사(鄭根埴·直野章子 編. 2014.『記憶と表象から読む東アジアの20世紀』. 花書院).

정근식·서승·정용화·이정은. 2004.『한국형 인권지표의 모색』. 경인문화사.

정근식·신주백 편. 2006.『8·15의 기억과 동아시아적 지평』. 선인.

정근식·신혜선 공편. 2016.『다롄연구: 초국적 이동과 지배, 교류의 유산을 찾아서』. 진인진.

정근식·신혜선 편. 2014.『산동에서 떠오르는 동아시아를 보다』. 진인진. pp.96-113.

鄭根埴·吳俊芳. 2015. "金門的 (脫) 冷戰及民主化 : 著重於其雙重性轉換." 江柏煒·王秋桂 編.『歷史島嶼的未來: 2015年 金門歷史·文化與生態 國際學術研討會 論文集』. 金門國家公園. pp.371-388.

정근식·이문희 공역. 2003.『진실과 화해-남아공 인형극 위비』. 경인문화사.

정근식·이호룡 편. 2010.『4월혁명과 민주주의』. 선인.

정근식·전갑생 외. 2018.『한국전쟁기 포로수용소 세계기록유산 등재 및 자료수집 용역』. 서울대 사회발전연구소. 거제시(『포로, 수용소, 사람들』특별기획사진전).

정근식·전갑생. 2019.『거제도 포로수용소』. 거제시.

정근식·정진성·박명규·정준영·조정우·김미정. 2011.『식민권력과 근대지식: 경성제국대학연구』. 서울대학교출판문화원.

정근식·채규태 책임편집. 2014.『소록도 100년의 기억: 국립소록도병원 100년 역사자료집』. 국립소록도병원.

정근식·채수홍 편. 2018. 『소련형 대학의 형성과 해체』. 진인진.

정근식·최호근·김민환·박강배. 2019. 『민주인권기념관 건립 타당성조사 및 운영계획수립 연구』. 민주화운동기념사업회.

정근식·하종문 편. 2001. 『동아시아와 근대의 폭력 1: 전쟁. 냉전과 마이너리티』. 삼인.

정근식·한모니까·강인화·전원근. 2020. 『DMZ 접경지역의 비평화실태에 관한 인문학적 연구: 전략촌을 중심으로』. 통일연구원.

정근식·헬렌 리·김민환·정영신 공저. 2015. 『포위된 평화. 굴절된 전쟁기억: 히로시마만의 군항도시 구레연구』. 서울대 일본연구소(제이엔씨).

정용욱·정근식 외 3인 공저. 2015. 『한국현대사와 민주주의』. 경인문화사.

최협·김성국·정근식·유명기 편. 2004. 『한국의 소수자: 실태와 전망』. 한울.

紅野謙介·高榮蘭·鄭根埴·韓基亨·李惠鈴 共編. 2014. 『檢閱の帝國: 文化の統制と再生産』. 新曜社(정근식 외 공편. 2016. 『검열의 제국: 문화의 통제와 재생산』. 푸른역사).

Jung Keun-Sik. 2015. *Das Bildungssystem in Sudkorea*. in Lee Eun-Jeung·Hannes B. Mosler (Hrsg.). Länderbericht Korea. Bonn:bpb. 2015.